产品经理与运营丛书

B2B
运营实战
我如何带增长团队做私域获客

罗兰瑞婧◎著

人民邮电出版社
北　京

图书在版编目（CIP）数据

B2B运营实战：我如何带增长团队做私域获客 / 罗兰瑞婧著. -- 北京：人民邮电出版社，2022.3（2024.1重印）
（产品经理与运营丛书）
ISBN 978-7-115-58574-5

Ⅰ. ①B… Ⅱ. ①罗… Ⅲ. ①企业管理－网络营销
Ⅳ. ①F274-39

中国版本图书馆CIP数据核字(2022)第018197号

内 容 提 要

随着C端流量红利基本见顶，阿里巴巴、腾讯等互联网巨头纷纷布局B端业务，市场的热度和资本的加持催生了庞大的B2B运营人才需求。但是，B2B领域缺乏运营方法论的沉淀，也少有成功实践对外分享。

基于这种现状，本书作者围绕自己在多个运营岗位的实战复盘和案头研究展开了深度论述。第1章介绍了即将在我国崛起的企业服务，以及B2B运营的重要性和原因；第2章带领读者全面认识B2B运营，并且为读者准备了B2B运营入门的3个基础知识和必备的三大思维；第3章讲述了作者亲历的金蝶运营岗位培养体系，以及作者当时所在运营部的组织架构，包括产品运营、新媒体运营、内容运营、活动运营、社群与社区运营；第4章—第7章分别介绍了内容营销、KOL运营、裂变式增长、社群与社区四大板块是什么、为什么要做及如何做等知识；第8章讲述了B2B运营进化的三个阶段，并结合企业级SaaS行业当下热议的话题介绍其发展趋势和应用场景，最后作者对B2B运营的未来做出了展望。

本书适合B2B企业的管理者、运营经理/总监、市场经理/总监、B2B运营和增长从业者阅读。

◆　著　　罗兰瑞婧
　　责任编辑　张国才
　　责任印制　彭志环
◆　人民邮电出版社出版发行　　北京市丰台区成寿寺路 11 号
　　邮编　100164　电子邮件　315@ptpress.com.cn
　　网址　https://www.ptpress.com.cn
　　北京虎彩文化传播有限公司印刷
◆　开本：700×1000　1/16
　　印张：17　　　　　　　　　　2022 年 3 月第 1 版
　　字数：200 千字　　　　　　2024 年 1 月北京第 4 次印刷

定价：79.00 元

读者服务热线：(010)81055656　印装质量热线：(010)81055316
反盗版热线：(010)81055315
广告经营许可证：京东市监广登字 20170147 号

推荐语

罗兰瑞婧曾经在 GrowingIO 市场部工作，她通过内容营销、裂变等方式在线上获客方面取得了不俗的增长成绩。我很高兴看到她将自己在 B2B 企业的这些增长实践总结并分享出来。本书在"道、术、器、用"层面均有涉及，并且特别介绍了当下非常火热的 PLG 等增长手段。我相信，本书在通过数据和先进的增长手段增加 B 端的收入方面能给读者带来启发与收获。

——张溪梦　GrowingIO 创始人兼CEO、LinkedIn美国商业分析部前高级总监

本书从思考到动作较全面地介绍了 B2B 运营，更难得的是结合了罗兰瑞婧的工作经验，让我们站在历史的某个时间点上了解到 B2B 业务在国内的演进。其中有很多我们熟悉的方法，更有国内优秀的 B2B 企业——金蝶的运营经验。我在畅读此书的过程中有收获、有思考，更有如同并肩作战一般的感动，感谢罗兰瑞婧为 B2B 领域又贡献了一本好作品。

——何润　致趣百川创始人兼CEO

"运营"是一种以客户为中心的全局视角及系统思路，它能打破产品、市场、服务部门的边界。本书不仅提供了运营工作的理论框架，也通过多个企业的实战案例提供了翔实的操作指引。我推荐以上部门的相关同事探讨和学习。

——吴昊　独立 SaaS 创业顾问、《SaaS 创业路线图》作者

毫无疑问，产业互联网和企业服务是未来 10 年呈上升发展态势的领域。但是，关于在企业服务领域如何做好运营，业界一直存在诸多困惑和争议，毕竟 B 端和 C 端的业务逻辑完全不同。而本书不仅全面科普了很多 B2B 运营的常见手段，也结合案例针对企业服务的业务逻辑做了很多精彩的阐述，值得 B2B 运营从业者阅读和学习。

——黄有璨　有瞰学社创始人兼 CEO、《运营之光》作者

罗兰瑞婧在金蝶深耕了很多年，尤其在内容营销、KOL 运营、裂变式增长等领域沉淀了很多重要的认知，这对我们团队的策略迭代产生了关键指导作用。如果你刚进入这些领域，本书能起到两点关键作用：在基础阶段建立 B2B 运营体系的认知视野、知识脉络；在实践入局阶段作为复盘反思、策略迭代的参考依据。我希望本书能成为大家的路标，指引大家在飞速成长的行业生态中找到自己的使命。

——鉴锋　零一裂变创始人兼 CEO

本书重点讲述了 B2B 运营的实战方法，希望读者能够用更高的视野了解运营岗位存在的价值，从而能够不忘初心地做好运营工作。读了这本书，你或许不能成为某个运营领域的专家，但是我相信，你一定可以有更全局的视角，而这本身就是成为运营专家的必要条件。

——戎斌源　鸟哥笔记 CEO

B2B 运营的核心是建立信任的过程，信任越深，黏性越强。本书详细介绍了 B2B 运营的多种方法，深入浅出，实战性强，我推荐大家阅读。

——黄天文　《引爆用户增长》作者

企业服务的发展态势不容小觑，在这个趋势下，B2B 运营将成为热门岗位，而率先掌握 B2B 运营的核心思维将助力从业者实现能力高效增长。罗兰瑞婧作为人人都是产品经理社区的优秀内容创作者，此次她将多年的 B2B 运营实战经验系统成书，对从业者快速搭建能力体系有很大的帮助。

——曹成明　人人都是产品经理、起点课堂创始人兼 CEO

放在五六年前，"B2B 运营"绝不会受到什么关注，但是在当下，数字经

济热潮带动的企业服务市场崛起及无数新的 SaaS 产品上线已经让"B2B 运营"成了时髦词。然而，"时髦"绝不能是 B2B 运营的最终定位，大众化、普及化、广泛化才应该是 B2B 运营的归宿。只有本土大多数的 B2B 领域从业者都了解B2B 运营，善于 B2B 运营，我国企业服务行业才会出现我们希望的美好前景、远大前程。本书内容生动、易理解，值得新入行 B2B 领域的人学习。同时，作者在书中基于自身对 B2B 运营各个环节的理解，对一些案例进行的拆解，也值得行业老兵细读和探讨。

——海阳　To B 行业头条主编

前言

互联网运营职能是我国互联网发展史上的独特产物，不少快速崛起的明星消费互联网产品背后都有着众多运营人员辛勤劳作的身影。随着产业互联网的到来，运营这个职能或将结合 B2B 行业的特性绽放别样的光芒。

我自 2019 年底从金蝶离职后开始在自己的公众号"B2B 运营笔记"中更新"SaaS 微信生态获客"系列文章，正是由于这一系列文章，有不少出版社找到我商讨出版事宜。但是，本人自知才疏学浅，还未达到著书立说的水平。后来，随着增长、内容营销、社群、KOL、裂变等词语不断在 B2B 行业被广泛提及，而图书市场又少有相关实战案例的著作公开出版，本人秉着为 B2B 运营的整体发展贡献一份绵薄之力的心态，才正式开启了本书的撰写。

加入金蝶前，我的运营经验都在 B2C 领域。大学期间，我先后在宏碁（Acer）、优步（Uber）、微牛（Webull）、链家实习，积累了一定的 C 端运营经验。大学四年级时，我还有一段很神奇的微商经历，一路做到全国总代理，组建了近 300 人的微信销售团队，并获得了人生的第一桶金。与此同时，我还是大学民兵连的一员，作为教官参与每届新生的军训工作，经常 5:30 起床早训，迎接朝阳的升起，晚上 10:30 再夜跑 5 公里，享受寂静的月光。大学期间每天充实而又快乐着，那时我就十分向往步入职场后能有一份工作让自己心无旁骛地全身心投入。

毕业后，我以校招生的身份加入金蝶，入职金蝶的第一个岗位便是产品运营，从传统 PC 端软件到 SaaS PC 端软件，再到独立负责 SaaS App 的产品运营。在这个时期，我基本都是与产品经理协同作战。后来，运营部成立，我亲历了运营部的成长过程，在此期间接触并实践了多种类型的运营岗位。由于跨运营岗位的经验比较丰富，我有幸成为增长团队的负责人，并由此开启了一系列创新型的运营实验。我的工作得到了领导的大力支持，即使运营实验失败，走过不少弯路，他们还是会不断地给予我们团队很大的资源支持与精神鼓励。那时，我感觉整个运营部都在齐心协力地做一件事情，时不时都会有新点子迸发出来并快速投入实践。例如，我们在集团率先投入使用营销自动化（Marketing Automation，MA）工具——致趣百川，后来致趣百川成为内容获客的核心工具。鉴于获客效果不错，领导还让我们陆续对接了全国的代理商，赋能代理商的数字化获客，并由我负责给全国的代理商培训如何使用。经过不断探索，我们从 0 到 1、从 1 到 N 搭建了覆盖 6 位数目标客户群的私域获客转化矩阵，并在零广告投放费用的情况下实现半年获客上万。

离开金蝶后，我加入了将"增长黑客"概念引入我国及率先提出"数据驱动增长"理念的 GrowingIO，继续学习更前沿的增长方法论和硅谷 SaaS 企业的先进增长实践。与在金蝶的多岗位运营不同，我认识到内容是 B2B 运营的核心壁垒，所以在 GrowingIO 主要聚焦于内容营销，在市场部基于内容做获客的增长。得益于领导的充分授权，其间我主导出版了畅销书《用户行为分析：如何用数据驱动增长》，充分运用裂变和其他运营方法帮助 GrowingIO 的多个自媒体实现粉丝数显著增长，最高增长超 700%，并在知乎创造了多个阅读量过 10 万次的问答，通过内容获客数万。在硅谷范儿浓厚、讲究数据驱动的 GrowingIO，我对增长和内容营销有了更深刻的认知，也认识到我国企业级 SaaS 行业与欧美企业级 SaaS 行业的差距，并开始研究国内外领先 SaaS 企业的增长案例。

一方面是在传统企业服务厂商和初创企业的运营实践，另一方面是受到硅谷 SaaS 先进增长理念和增长实践的熏陶，我认为，正如我国不能照搬国外的 SaaS 模式一样，B2B 运营既不能照搬国外的增长方法，也不能照搬国外 B2B 企业设置的、我国 B2B 企业没有的岗位，而是需要互相结合、取长补短，探索出适合我国 B2B 企业自身的增长道路。

这就要求 B2B 运营人员应当向优秀的 B2B 企业学习。首先，B2B 运营人员要了解我国头部传统企业服务厂商多年来积累的成熟经验。在我国企业信息化程度普遍较低的情况下，传统企业服务厂商多年来还能保持一定的增长，其运营有很多值得学习的地方。其次，B2B 运营人员要了解我国头部及新兴 SaaS 企业的成功增长实践，将已经在我国落地并被证明有效的增长方法与企业自身业务相结合。最后，B2B 运营人员要了解国外头部及新兴 SaaS 企业的成功增长实践，借鉴国外先进的增长方法，并基于我国大环境和企业自身业务进行迭代。本书既有以金蝶为代表的传统企业服务厂商，也有 Hubspot、零一裂变、Salesforce、Outreach、领英、北森、GrowingIO、Unbounce、谷歌文档等多家国内外头部及新兴 SaaS 企业的增长方法详解或略解，供读者参考。

同时，B2B 运营人员还要向 B2C 运营学习。B2C 运营玩法数量多、迭代快，尽管有很多人质疑 B2C 运营玩法的可迁移性，但它确实十分适用于我国的互联网环境。不论是 B2C 运营，还是 B2B 运营，其本质都是 B2H，任何一个成功的 B2C 运营玩法如果能结合企业自身的业务并被 B2B 运营借鉴，都将是降维打击。本书中的理论和实战部分均有借鉴 B2C 运营的众多玩法。

B2B 运营是一个很大的范畴，其下面的每个细分板块都完全可以单独写一本书。所以，本书不求大而全，如 SEM、会议营销等虽然传统但如今依然有效的运营方式在本书中并未涉及。本书仅根据作者有限的经验，尽力为读者呈现 B2B 运营的全貌，分享 B2B 运营中如今比较热门或代表未来趋势的板块。

本书主要写什么

第 1 章通过对比中美两国的消费者市场与企业服务市场现状、企业级 SaaS 行业发展历程，以及简要介绍阿里巴巴、腾讯、美团三家互联网巨头的企业服务布局，介绍即将在我国崛起的企业服务；接下来，以世界汽车的发展史为例，分析企业经营的核心导向已经进入用户导向的时代，并由此讲述 B2B 运营的重要性和原因。

第 2 章从消费者行为分析模型和海盗模型的变迁，讲述从市场、运营到增长黑客的变迁，带领读者更全面地认识 B2B 运营，了解 B2B 运营有哪些常规岗位，以及不同岗位的运营人员应该如何选择让自己快速成长的企业；接下来，为读者准备了 B2B 运营入门的 3 个基础知识和必备的三大思维。

第 3 章从金蝶的发展史与业务简介出发，讲述作者亲历的金蝶运营岗位培养体系，主要包括入职集训营、跨部门轮岗和以产品运营为例的岗位晋升机制；

紧接着，详解了作者当时所在运营部的组织架构及作者亲历过的运营岗位的具体职责和能力要求，包括产品运营、新媒体运营、内容运营、活动运营、社群与社区运营；最后是本书承上启下的核心小节，从增长团队的由来，讲解增长团队应如何开启准备工作、建立怎样的增长框架和微信私域获客转化矩阵。这一节与第4章—第7章的实战部分紧密相连。

第4章—第7章包括内容营销、KOL运营、裂变式增长、社群与社区四人板块，分别介绍这四大板块是什么、为什么要做及如何做等知识。为了避免过于理论化，每个板块都搭配了作者的实战复盘；为了避免作者个人经验的局限性，每个板块还分别搭配了四家各领域的头部企业——Hubspot、阿里云、零一裂变、Salesforce的对应案例拆解。

第8章包括数字化、数据化、智能化等相关内容，讲述了B2B运营进化的三个阶段，并结合企业级SaaS行业当下热议的话题，介绍其发展趋势和应用场景，并且对B2B运营的未来做出展望。读者可据此判断自己目前的运营工作正处在哪个阶段，并发掘新的增长机会。

本书主要写给谁看

本书适合对B2B运营感兴趣的非B2B运营从业者、"0～5岁"的B2B运营和增长从业者，以及渴望在传统运营方式之外找到第二增长点的B2B企业的管理者、运营经理/总监、市场经理/总监阅读。作者希望这样一本由浅入深、有理论和实战案例、有历史回顾和未来畅想的书能够对广大读者有所启发和裨益。

致谢

本书得以正式出版，离不开众多业界专家、导师、同事、朋友及家人的支持，我在此表示诚挚的谢意（排名不分先后）；

感谢GrowingIO创始人兼CEO张溪梦先生、零一裂变创始人兼CEO鉴锋先生、致趣百川创始人兼CEO何润先生、《运营之光》作者黄有璨先生、《引爆用户增长》作者黄天文先生、独立SaaS创业顾问吴昊先生、人人都是产品经理创始人曹成明先生、鸟哥笔记CEO戎斌源先生、To B行业头条主编海阳在百忙之中抽空阅读拙著的初稿并做出点评；

感谢敬爱的导师伍红女士、崔丹女士对拙著提出中肯的修改建议；

感谢人民邮电出版社张国才先生自写作初期以来的耐心指导；

感谢我工作中的历任领导和并肩作战过的同事；

最后，特别感谢我的家人，感谢他们多年来对我工作的一贯支持，以及伍先生在我撰稿期间承担了绝大部分家务。

当然，我自知才疏学浅，读者如发现拙著的不足、不当之处，欢迎通过微信公众号"B2B运营笔记"与我联系，我期待与读者共同探讨。

罗兰瑞婧

2021年12月18日于北京

目录

第 1 章
B2B 运营的黄金时代   1

1.1   正在崛起的企业服务   2

1.2   企业级SaaS的爆发   3

    1.2.1   美国企业级SaaS发展简史   4

    1.2.2   中国企业级SaaS发展简史   7

1.3   互联网巨头纷纷布局企业服务   10

    1.3.1   阿里巴巴的商业操作系统   11

    1.3.2   腾讯的产业互联网   12

    1.3.3   美团的"Food+Platform"   13

1.4   B2B运营的时代到来   15

    1.4.1   企业服务终究拼的是运营   15

    1.4.2   人才稀缺的B2B运营   17

第 2 章
走进 B2B 运营   19

2.1   从市场、运营到增长黑客   20

    2.1.1   从AIDMA模型到SICAS模型   20

    2.1.2   从AARRR模型到RARRA模型   23

2.2   认识B2B运营   26

2.2.1　常规的 B2B 运营岗位　　　　　　　　26

2.2.2　B2B 运营的企业选择　　　　　　　　28

2.3　B2B 运营入门的 3 个基础知识　　　　31

2.3.1　企业客户生命旅程　　　　　　　　31

2.3.2　企业客户采购角色链　　　　　　　34

2.3.3　企业客户采购类型　　　　　　　　35

2.4　B2B 运营必备的三大思维　　　　　　35

2.4.1　闭环思维　　　　　　　　　　　　36

2.4.2　框架思维　　　　　　　　　　　　37

2.4.3　数据思维　　　　　　　　　　　　39

第 3 章
金蝶的 B2B 运营　　　　41

3.1　重新认识金蝶　　　　　　　　　　　42

3.1.1　3 次转型：从财务软件到ERP，再到企业云服务　　42

3.1.2　金蝶的业务布局　　　　　　　　　45

3.2　运营校招生的培养体系　　　　　　　47

3.2.1　金蝶集团的"纯金"集训营　　　　47

3.2.2　跨部门的全方位轮岗　　　　　　　48

3.2.3　产品运营的进阶之路　　　　　　　49

3.3　运营部的组织架构　　　　　　　　　51

3.4　运营部的常规岗位　　　　　　　　　54

3.4.1　产品运营　　　　　　　　　　　　55

3.4.2　新媒体运营　　　　　　　　　　　56

3.4.3　内容运营　　　　　　　　　　　　58

3.4.4　活动运营　　　　　　　　　　　　59

3.4.5　社群与社区运营　　　　　　　　　60

3.5　运营部的增长团队　　　　　　　　　61

3.5.1　增长准备：聚焦点+北极星指标+增长模型　　62

3.5.2　增长框架：内容+触点+工具　　65

3.5.3　构建微信私域获客转化矩阵　　68

第4章
内容营销　　**73**

4.1　走进内容营销　　74

4.1.1　内容营销的起源　　74

4.1.2　什么是内容营销　　75

4.2　迫在眉睫的B2B内容营销　　77

4.3　内容营销的4P策略　　79

4.3.1　规划：一个基础，三个维度　　80

4.3.2　制作：宁缺毋滥　　83

4.3.3　推广：有的放矢　　85

4.3.4　完善：数据驱动　　88

4.4　实战：开启白皮书营销　　92

4.4.1　B2B白皮书营销的4种类型　　93

4.4.2　白皮书营销的8个步骤　　96

4.5　案例：MA SaaS巨头HubSpot的内容营销秘籍　　104

4.5.1　创造集客式营销新概念，树立思想领导地位　　105

4.5.2　工具营销，每年免费获取百万新客户　　107

4.5.3　优质内容布局，将企业官网打造成超级流量池　　108

第5章
KOL运营　　**113**

5.1　从渠道运营到KOL运营　　114

5.2　KOL对B2B企业的作用　　116

5.2.1　提供信任背书　　118

5.2.2　共创优质内容　　119

	5.2.3	辅助咨询服务	120
	5.2.4	推荐潜在商机	121
5.3	企业客户的商机推荐		121
5.4	实战：搭建KOL运营体系		126
	5.4.1	准备环节：需求转化为权益	126
	5.4.2	招募环节：仪式感贯穿始终	129
	5.4.3	包装环节：人物专访与课程打造	132
	5.4.4	运行环节：5个维度综合评估	137
5.5	案例：创造百万富翁的阿里云云大使		139
	5.5.1	"傻瓜式" 的推荐返利流程	140
	5.5.2	等级化的KOL激励体系	141
	5.5.3	有故事的成功案例包装	143

第6章
裂变式增长 147

6.1	惊艳传统营销的裂变		148
	6.1.1	裂变的本质是分享	148
	6.1.2	裂变的底层是人性	150
6.2	微信生态内的裂变		152
	6.2.1	微信裂变的5种玩法	152
	6.2.2	B2B微信裂变的常规3件套	155
6.3	一场裂变活动的必要组成		158
	6.3.1	裂变群体	159
	6.3.2	裂变诱饵	159
	6.3.3	裂变势能	160
	6.3.4	裂变任务	160
	6.3.5	裂变载体	161
	6.3.6	裂变海报	161

6.4　实战：打造裂变"永动机"——财会黑卡　　165

　　6.4.1　确定裂变活动的 5 个必备要素　　166

　　6.4.2　找到文化母体提升吸引力和可信度　　168

　　6.4.3　基于裂变载体开发和设计裂变活动　　170

　　6.4.4　浪潮式推广裂变活动　　175

6.5　案例：0 推广费用裂变获取 8 万商家注册的零一
　　　裂变SaaS　　177

　　6.5.1　"T形"发展战略，先聚焦，后延展　　177

　　6.5.2　底部版权裂变，个人IP号承接　　179

　　6.5.3　知识付费集训营，赋能转化和客户成功　　182

第 7 章
社群与社区

187

7.1　认识社群和社区　　188

　　7.1.1　微信群 ≠ 社群　　188

　　7.1.2　社群 ⊆ 社区　　190

7.2　社群运营：高效渗透目标圈层　　191

　　7.2.1　融入社群或创造社群　　191

　　7.2.2　社群运营的三大支柱　　194

7.3　社区运营：连接客户全生命周期　　195

　　7.3.1　在线社区的强大作用　　195

　　7.3.2　游戏化的社区运营　　198

7.4　实战：从 0 到 1 建立万人财会社群　　200

　　7.4.1　4 个步骤定位社群　　201

　　7.4.2　微信群矩阵下的社群引流与转化路径　　203

　　7.4.3　支撑社群运营的 3 套SOP　　207

　　7.4.4　社群成员的金字塔结构　　214

7.5　案例：SaaS鼻祖Salesforce的社区运营历程　　217

7.5.1　战术指导战略，偶然发现并复制产品型社群　218

7.5.2　保持创新的秘密武器——IdeaExchange　219

7.5.3　连接全球百万用户的Trailblazer社区　221

第8章
未来的 B2B 运营　227

8.1　客户全生命周期互动数字化　228

8.1.1　触点和内容的集中管理　228

8.1.2　客户互动的重点向私域转移　230

8.1.3　数据的融合打通　236

8.2　数据驱动客户终身价值增长　238

8.2.1　有效线索的量质转化点　238

8.2.2　PLG成为SaaS增长新潮流　241

8.2.3　客户成功从被动到主动　244

8.2.4　基于账户的精准营销　246

8.3　运营自动化迈向智能化　248

8.3.1　自动化工作流　248

8.3.2　悄然而至的AI　251

第 1 章

B2B 运营的黄金时代

1.1　正在崛起的企业服务

如果说过去十年是以消费者服务为代表的移动互联网爆发的十年,那么未来十年将会是以企业服务为代表的产业互联网爆发的十年。

在互联网时代,消费者服务(Business to Customer,B2C)是指企业与个人之间通过互联网进行产品、服务及信息的交换,企业服务(Business to Business,B2B)是指企业与企业之间通过互联网进行产品、服务及信息的交换。例如,淘宝、京东、微信、抖音等主要面向个人使用的 App,以及元气森林、泡泡玛特、喜茶等消费品品牌,这些由企业为个人提供的服务都属于消费者服务。企业服务就是为企业提供的服务,包括软件、硬件、软硬件、实施、咨询等各种服务形态,只不过为其付费的主体是企业,而不是个人。

2021 年是我国接入国际互联网的第 27 年。在这 27 年间,从蹒跚起步到开辟引领全球的"中国互联网发展模式",我国的互联网浪潮经历了从门户网站到搜索、从搜索到社交化网络、从 PC 互联网到移动互联网的三大飞速发展阶段。其间诞生了不少以提供消费者服务为主要业务的互联网巨头企业,如阿里巴巴、腾讯、美团、拼多多、京东、百度、字节跳动、网易等。但是,在企业服务市场至今还没有出现能比肩全球的巨头企业。

在消费者服务市场,截至 2021 年 1 月 15 日,阿里巴巴的总市值已近 4.36 万亿元人民币,腾讯的总市值已近 5.17 万亿元人民币,美团也超过百度和京东成为总市值近 1.51 万亿元人民币、在我国排名第三的互联网巨头企业,这三者的总市值大约为 11.04 万亿元人民币。再来看美国,在消费者服务市场,亚马逊的总市值已近 10.09 万亿元人民币、谷歌的总市值已近 7.61 万亿元人民币、Facebook 的总市值已近 4.64 万亿元人民币,这三者的总市值大约为 22.34 万亿元人民币。从排名前三的互联网巨头企业总市值来看，我国和美国的消费者服务市场大约相差 2.02 倍。

随着字节跳动、滴滴、快手等独角兽企业的上市，我国企业在消费者服务市场与美国企业的差距将会越来越小，甚至反超美国企业。但是在企业服务市场，截至 2021 年 1 月 15 日，美国有总市值已近 10.42 万亿元人民币的微软、1.26 万亿元人民币的 Salesforce，还有 1.18 万亿元人民币的甲骨文（Oracle），这三者的总市值大约为 12.86 万亿元人民币。而我国可以对标这三家企业且市值排名靠前的 B2B 企业分别为总市值已近 0.19 万亿元人民币的金山办公、0.14 万亿元人民币的用友和 0.08 万亿元人民币的金蝶，这三者的总市值大约为 0.41 万亿元人民币。从排名前三的 B2B 企业总市值来看，我国和美国的企业服务市场大约相差 31.4 倍。

虽然以上对比不是绝对严谨的完全匹配关系，但不难发现，相比消费者服务市场，我国企业服务市场还有巨大的增长空间。在 C 端流量红利逐渐消失、B 端降本增效需求迫切，且还有国家政策支持的大背景下，我国企业服务市场整体崛起，甚至诞生市值超过 1 万亿元人民币的世界级 B2B 企业巨头，相信也只是时间问题。

1.2 企业级SaaS的爆发

说到企业服务，就不得不提到软件即服务（Software as a Service，SaaS）这个当下最热门，也是未来企业服务发展趋势的模式。

SaaS 模式最早在 1999 年由美国的客户关系管理（Customer Relationship Management，CRM）软件服务商——Salesforce 提出。当时，美国几乎所有的企业服务软件都还是以本地部署安装、付费买断的形式为主。而 Salesforce 一枝独秀，高举"No Software"的大旗，以挑战传统企业服务软件巨头的颠覆者形象，提出软件在线服务、按需订阅式付费的模式，开启了美国企业服务的新纪元。

Salesforce 将 SaaS 定义为"一种在互联网上以服务的形式交付集中托管

应用程序的模式"（Software as a service is a way of delivering centrally hosted applications over the internet as a service）。SaaS 模式与传统企业服务软件的区别如表 1-1 所示。

表 1-1　SaaS 模式与传统企业服务软件的区别

比较项目	SaaS模式	传统企业服务软件
安装方式	基本是云端部署	本地部署
付费方式	订阅式付费	一次性付费
是否可免费试用	大多数支持	基本不支持
如何升级更新	自动更新	安装补丁或购买新版本
使用条件	有网络且有浏览器的任一电脑	只有安装软件的电脑
数据存储方	大多为乙方的服务器	大多为甲方的服务器

1.2.1　美国企业级 SaaS 发展简史

继 Salesforce 开创先河后，美国的企业级 SaaS 大概经历了 4 个发展阶段。

启蒙期：2001—2005 年

在这个阶段，美国的企业服务市场整体都还处于启蒙教育 SaaS 模式的状态。一方面，市场还需要教育，客户还处在半接受 SaaS 模式的状态；另一方面，也有越来越多的 B2B 初创企业开始试水。

紧随 Salesforce 之后，为企业提供定制企业管理软件应用程序的 Netsuite、为企业提供绩效与人才管理软件的 SuccessFactor 等以 SaaS 模式为主的 B2B 初创企业相继成立，它们大多以通用型 SaaS 且以服务乐于接受新鲜事物的互联网科技类企业和成本管控严格的中小型企业为主。

与此同时，基础设施即服务（Infrastructure as a Service，IaaS）作为云计算最简单的交付模式出现，使 IT 基础设施通过网络对外租用成为现实，也为 SaaS 的发展奠定了一定的基础。

高速发展期：2005—2010 年

经过第一个阶段的启蒙期，美国的企业服务市场开始慢慢接受 SaaS 模式，接下来就进入了第二个阶段，即高速发展期。

在这个阶段，亚马逊、谷歌、微软、IBM 等巨头企业纷纷开始布局云计算产业。例如，2006 年 3 月，亚马逊成立了 AWS（Amazon Web Services）云平台，提供计算、存储、数据库等多种云计算服务。IaaS、PaaS[1]、SaaS 作为云计算最主要的三种模式，在巨头企业的支持下也得到了进一步的完善。得益于 PaaS 的发展，SaaS 获得了更加安全、稳定的底层架构和应用环境。

与此同时，发展相对成熟的 SaaS 企业开始逐步由单一产品向多种产品组合的解决方案演进。其中比较有长远眼光的 SaaS 企业也开始着手搭建自己的生态。例如，Salesforce 开始搭建 PaaS 开放平台，开放编程语言 Apex，允许其他企业的开发者在自己的平台上开发新产品。

也正是由于 PaaS 模式，Salesforce 不再仅仅是一家 CRM SaaS 企业，而是成了现在覆盖多个行业和多个细分领域、市值超过 1.26 万亿元人民币的 SaaS 巨头。总之，越来越多的 B2B 初创企业、B2B 传统企业开始加入 SaaS 模式的浪潮中，并且从通用型 SaaS 拓展到多领域、多行业 SaaS，企业级 SaaS 迈入高速发展期。

稳定发展期：2010—2015 年

高速发展期过后，进入稳定发展期。在这个阶段，美国的云计算技术已经发展得相当成熟，并且形成了相对完善的产业链（见图 1-1），SaaS 模式也已经得到企业服务市场的广泛认可。

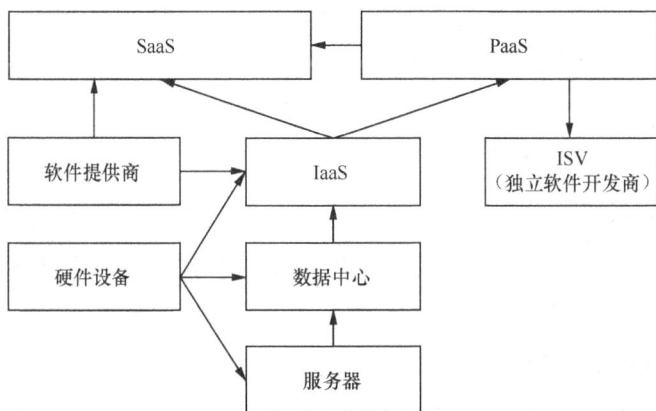

图 1-1 云计算产业链

随之而来的是更多 B2B 初创企业加入其中。例如，2011 年成立的视频会议 SaaS 企业 Zoom 用 8 年时间即在纳斯达克上市，截至 2020 年 10 月 2 日，

---

1 Platform as a Service，平台即服务。

Zoom 的市值已经超过 1300 亿美元，较上市时上升了 5 倍。2015 年成立的办公协作 SaaS 企业 Slack 更是成为史上增长最快的 SaaS 企业，它仅用短短 4 年时间即在纽交所上市，开盘股价暴涨 48.5%，上市不到 7 个月又被 Salesforce 以近 1800 亿元人民币的天价直接收购。

在美国，相比消费者服务市场，企业服务市场可以说更受风险投资的青睐。我们通过 Zoom 和优步的资本投资回报率对比，就不难发现这一点，如图 1-2 所示。

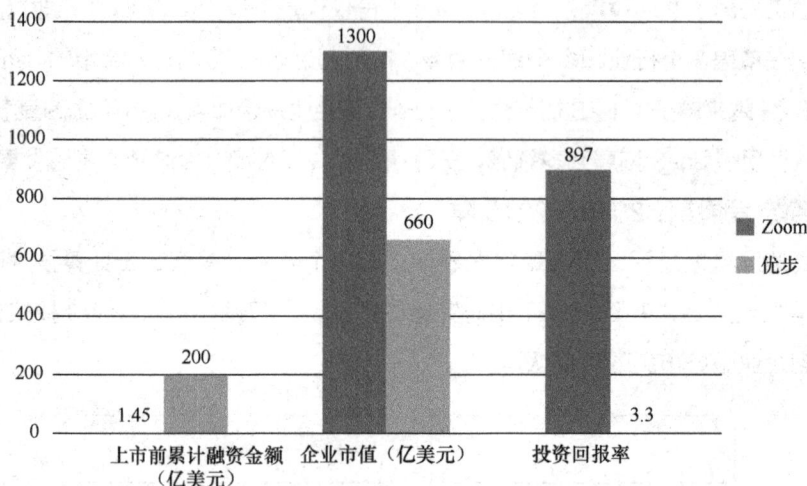

图 1-2　Zoom 和优步的资本投资回报率对比

Zoom 在上市前的累计融资金额为 1.45 亿美元，而早于 Zoom 两年成立的优步在上市前的累计融资金额为 200 亿美元。截至 2020 年 10 月 2 日，优步的市值仅大约为 Zoom 的一半，即 660 多亿美元。论风险投资的投资回报率（即企业市值与上市前累计融资金额的比值），Zoom 以 897 倍远超优步的 3.3 倍。

虽然这只是个例的对比，但有一点确实不可忽视，即相比前期需要大量"烧钱"的消费者服务，企业服务在前期基本不用"烧钱"（因为"烧钱"也没用），而且其订阅式付费的模式只要保持一定的客户续约率和客户续费率，后续将会有非常可观的、持续的现金流。

成熟期：2015 年至今

自 2015 年以来，美国的企业级 SaaS 就已经进入了成熟期，各个细分领域的玩家都在不断增加并日趋饱和。例如，数据分析 SaaS 企业 Talend、营销自动化 SaaS 企业 Hubspot、人力资源 SaaS 企业 Workday、财务 SaaS 企业 Blackline 等纷纷涌现。

与此同时，各个细分领域的龙头企业也相继出现。2020 年可以说是美国企业级 SaaS 龙头企业的巅峰年。SaaS 企业的代表 Salesforce 的市值首次超过传统企业服务软件厂商甲骨文，这似乎标志着一个时代的结束；Snowflake[1] 完成全球企业软件史上最大规模 IPO，似乎又标志着一个新的 SaaS 时代正在到来。无论如何，美国企业级 SaaS 行业的效益已在资本市场凸显，未来也将会有资本持续不断地涌入这个赛道并维持其蓬勃发展。

1.2.2　中国企业级 SaaS 发展简史

我国的企业级 SaaS 行业整体落后于美国 5 ～ 10 年，如图 1-3 所示。而且，我国的企业级 SaaS 行业发展得并不像美国那样一帆风顺，可以说是在曲折中奋力攀登，终于在 2020 年迎来了转折点。

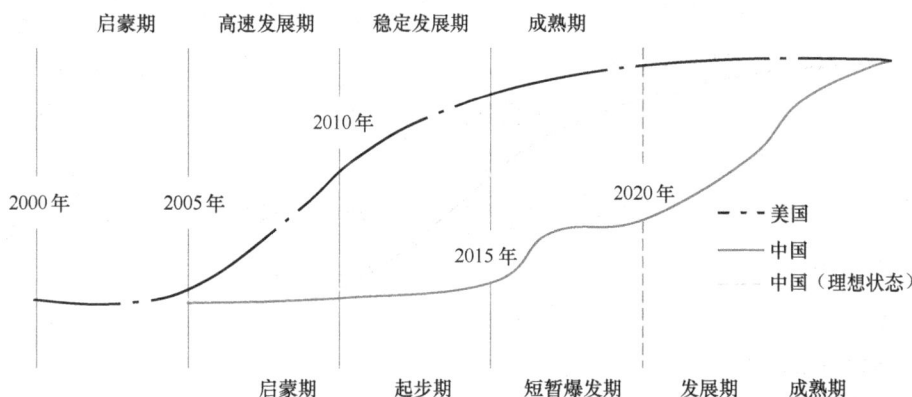

图 1-3　我国与美国的企业级 SaaS 行业发展阶段对比

启蒙期：2004—2009 年

2004 年 6 月，随着八百客公司成立并推出 800 CRM SaaS，我国的 SaaS 才开始萌芽。随后，传统企业服务软件厂商金蝶率先加入 SaaS 模式的探索中，

1　Snowflake 是全球最新一代的数据仓库产品，构建于亚马逊云、谷歌云、微软云等公有云之上。其收费模式不同于目前大多数 SaaS 企业的订阅式付费，Snowflake 根据客户的数据量和计算时间，能真正做到按需付费，即"用多少收多少"，这也被众多业内人士誉为未来 SaaS 模式的发展方向。

于 2005 年开始投入研发，2006 年收购香港会计网，并于 2007 年正式发布友商网在线会计（金蝶·精斗云的前身）。但由于当时我国企业的信息化程度还远低于美国，传统企业服务软件尚未普及，所以这段时期 SaaS 模式的推行并未取得很好的反响。

起步期：2009—2015 年

2009 年，阿里云成立，阿里巴巴集团开始进军云计算领域。在这期间，随着阿里巴巴、腾讯、百度等互联网巨头开始入场云计算，我国的互联网也在迅猛发展，SaaS 模式开始被一批中小型互联网企业接受，因而酝酿出一大批 SaaS 初创企业。例如，2011 年，团队协作工具 SaaS 企业 Teambition、CRM SaaS 企业纷享销客成立；2012 年，零售科技 SaaS 企业有赞成立；2013 年，智慧商业 SaaS 企业微盟成立；2014 年，阿里巴巴集团旗下的钉钉筹划启动。

短暂爆发期：2015—2020 年

2015 年被誉为中国企业级 SaaS 的元年。在这一年，随着 O2O、共享经济等热门概念偃旗息鼓，互联网流量红利逐渐消失，消费者服务市场日趋饱和，各大资本纷纷将目光转向企业服务市场。仅在这一年，我国企业服务领域（包括企业级 SaaS 领域）的投融资数量就高达上千起，总金额近 40 亿元人民币，获投金额相当于 2013 年的 10 倍左右。

资本的加码使从各种细分领域切入的 SaaS 初创企业如雨后春笋般涌现，现在比较知名的数据分析 SaaS 企业 GrowingIO、人力招聘 SaaS 企业 Moka、电子签约 SaaS 企业上上签、企业社保 SaaS 企业 51 社保、营销自动化 SaaS 企业致趣百川等都在这个阶段成立并获得 A 轮融资。

然而，现实是残酷的。由于我国企业的信息化程度较低、企业客户的需求敏感度不一致、企业服务相关从业人才匮乏等各种原因，我国企业级 SaaS 的发展进程并不像美国企业级 SaaS 那样一帆风顺。

自 2015 年企业级 SaaS 元年以后，资本的热度开始下降，SaaS 模式增长遇到瓶颈，我国新成立的 SaaS 企业数量逐步下滑，如图 1-4 所示。2017 年下半年，一大批 SaaS 初创企业陷入了业绩增长停滞不前、融资难的困境，昔日的纷享销客、今目标等 SaaS 明星企业甚至陷入了裁员风波。我国的企业级 SaaS 行业不仅没有迎来期望的爆发，SaaS 模式似乎还遇到了水土不服的问题。

企业数量

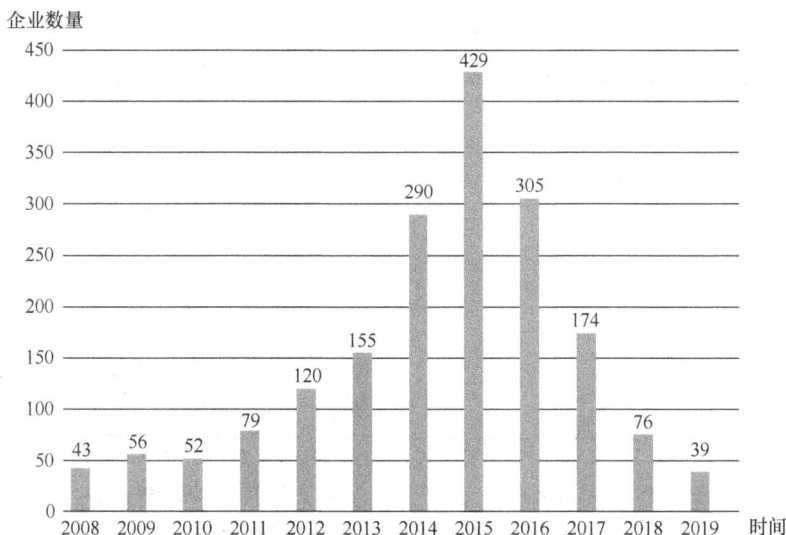

图 1-4　2008—2019 年我国新成立的 SaaS 企业数量（家）[1]

发展期：2020 年至今

经历了短暂的低迷后，2020 年初，一场突如其来的新冠肺炎疫情让企业级 SaaS 成为受益行业之一，再次迎来高光时刻。

每一次危机的到来也意味着机遇的到来，危机背后总蕴藏着意想不到的机会。2003 年，一大批线下实体零售门店因为 SARS 的冲击而倒闭，用户被迫养成线上购物的习惯，淘宝和京东随即乘势而起。2020 年，一大批企业开始进行线上办公，移动办公 SaaS、远程协作 SaaS、视频会议 SaaS 等均成为企业线上办公的刚需。除此之外，直播工具类 SaaS 也随着直播带货火了一把，线下实体门店都在借助企业微信沉淀私域流量以增加复购。一时间，各行各业似乎都在借助方便、高效的 SaaS 颠覆传统作业模式，快速适应当下环境以寻求生存和突破。在疫情的催化下，SaaS 模式的需求更是得到了跨越式的提前释放。

除此之外，还有国家政策的推动与支持。2020 年 3 月，工业和信息化部印发了《中小企业数字化赋能专项行动方案》，鼓励中小企业加速上云；2020 年 8 月，国务院印发了《新时期促进集成电路产业和软件产业高质量发展若干政策》，支持大力发展国产软件。

企业级 SaaS 行业的"天时、地利、人和"似乎都集中在 2020 年到来。据

1　数据来源于IT桔子。

艾瑞咨询《2021年中国企业级SaaS行业研究报告》的数据统计，预计2022年，我国的企业级SaaS市场规模将达到991亿元，如图1-5所示。

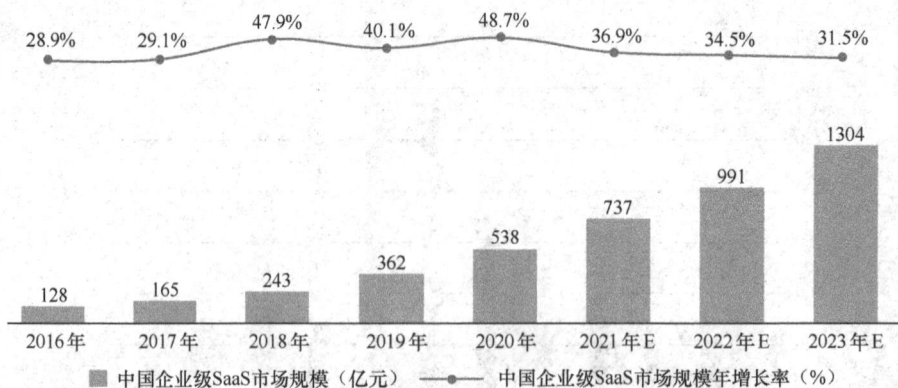

图1-5　中国企业级SaaS市场规模趋势（亿元）

在发展期，各个细分领域的SaaS初创企业数量还会不断增加，传统企业服务软件厂商也在加大云转型的力度。

过去，未能盈利的企业只能选择赴美上市。现在，我国的科创板和创业板都实行了注册制，还有新设立的北京证券交易所，都在积极为有发展潜力但暂未盈利的企业提供上市机会，同时也为我国企业级SaaS行业的蓬勃发展增添了动力。预计不用10年的时间，我国企业级SaaS行业也将进入成熟期，并迎来一波B2B企业上市的热潮。

1.3　互联网巨头纷纷布局企业服务

除了初创企业和传统企业服务厂商以外，阿里巴巴、腾讯、美团、百度、字节跳动等互联网巨头企业也都在纷纷加速企业服务的布局。一方面，互联网巨头借助自身的平台效应开始选择性地涉足一些企业服务领域，例如，企业办公领域阿里巴巴有钉钉，腾讯有企业微信，字节跳动有飞书；另一方面，互联网巨头也开始投资或收购一些优秀的B2B企业，以扩大自身企业服务的生态版图。

1.3.1 阿里巴巴的商业操作系统

阿里巴巴以 B2B 业务起家，可以说是互联网巨头里面最具有 B2B 基因的一家企业，其知名度最高的 B2B 业务非企业办公软件钉钉莫属。在 2020 年的新冠肺炎疫情期间，由于远程办公的需求，钉钉获得了爆发式的增长，其直播课堂被小学生疯狂吐槽，但钉钉迅速以"在线求饶"的方式打了一场漂亮的营销战，可谓品牌形象和用户流量双丰收。

目前，阿里巴巴集团的战略重心正在逐渐从 B2C 向 B2B 转移。2019 年 1 月 11 日，在全球品牌新零售峰会上，阿里巴巴正式发布酝酿已久的阿里巴巴商业操作系统（见图 1-6），旨在从人、货、场三个方面（或商业的全流程）帮助更多企业全面实现数字化转型，助力更多企业实现盈利及从盈利到上市的跨越。

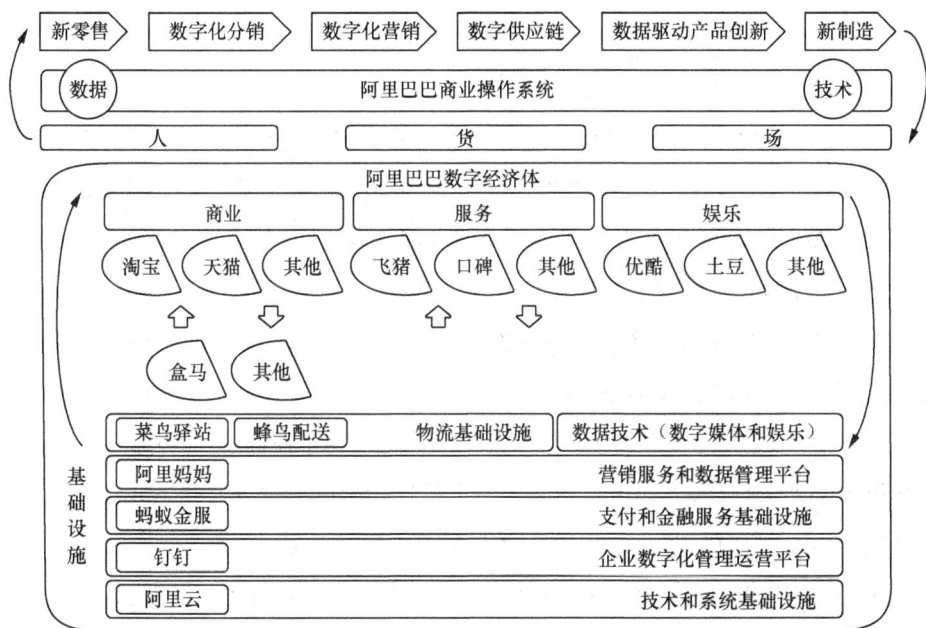

图 1-6 阿里巴巴商业操作系统示意图

PC 互联网时代有微软的 Windows 操作系统，移动互联网时代有谷歌的安卓操作系统和苹果的 iOS 操作系统，这些手握操作系统的企业无一例外均是全球市值排名靠前的巨头。在阿里巴巴商业操作系统中，阿里云（技术和系统基础设施）、钉钉（企业数字化管理运营平台）、蚂蚁金服（支付和金融服务基础设施）、阿里妈妈（营销服务和数据管理平台）、菜鸟驿站和蜂鸟配送（物流基础设施）等作为基础设施，支撑着商业、服务、娱乐三大板块，共同构成了阿里巴巴数字经济体。在此基础上，阿里巴巴商业操作系统通过数据和技术，打通新零售到新制造的各个环节，为企业提供商业全流程的数字化能力。

近几年，阿里巴巴组织架构的调整越来越频繁，但核心目的都是在阿里巴巴这艘"巨轮"上不断地合理配置资源与分工，让这套商业操作系统能够带领"巨轮"乘风破浪驶向远方。例如，2018 年末，阿里云事业群升级为阿里云智能事业群直接向张勇汇报，阿里云主要为企业提供云计算及人工智能服务。2021 年，阿里云的市场份额已经在亚太市场排名第一，并且超过谷歌在全球市场排名第三。2019 年年中，钉钉并入阿里云智能事业群，进一步整合 B 端资源。2019 年末，盒马事业群并入 B2B 事业群，全面打通盒马生鲜、村淘、智慧农业等业务，继续壮大 B2B 事业群。

1.3.2　腾讯的产业互联网

2018 年，马化腾在公开信中提到："移动互联网的上半场已经接近尾声，下半场的序幕正在拉开。伴随着数字化进程，移动互联网的主战场正在从上半场的消费互联网向下半场的产业互联网方向发展。"此外，他还指出腾讯接下来将扎根消费互联网，拥抱产业互联网。

产业互联网需要将互联网服务的主体从 C 端转向 B 端，这也就要求具有浓厚的社交基因的腾讯拥有更多提供企业服务的能力。其实早在 PC 互联网时代，腾讯就已经开始布局企业服务，如企业 QQ、腾讯企业邮箱；在移动互联网时代，腾讯也有布局，如企业公众号、企业微信等。只不过企业服务一直不是腾讯的战略重心，这也就间接导致了腾讯在企业服务上的布局整体要比阿里巴巴慢 5 年左右。因此，同样是在 2018 年，腾讯进行了时隔 6 年后首次组织架构的调整，在组织架构上从内到外进行系统性的梳理，目的是使自己具备更多的提供企业服务的能力。

此次组织架构调整将七大事业群重组为六大事业群（见图 1-7），解散了社交网络事业群（SNG）、移动互联网事业群（MIG）和网络媒体事业群（OMG），整合成立平台与内容事业部（PCG）和云与智慧产业事业部（CSIG），微信事业群（WXG）、互动娱乐事业群（IEG）、技术工程事业群（TEG）和企业发展事业群（CDG）保持不变。

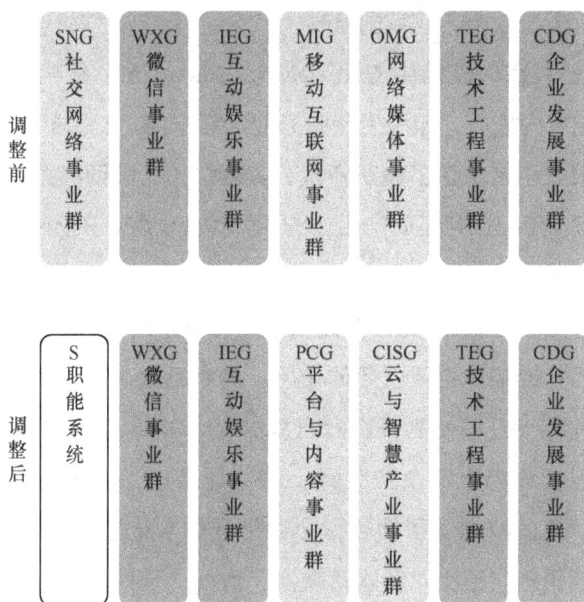

图 1-7　调整前后腾讯组织架构的对比

新成立的云与智慧产业事业部（CSIG）是腾讯向产业互联网发力的关键支点，承担着消费互联网与产业互联网生态融合的作用，旗下包括腾讯云、智慧零售、智慧出行、安全产品等核心产品线，帮助企业迈向数字化和智能化。此外，此次组织架构调整为了优化资源配置，整合了原本分散在各个事业群的广告业务，并将其命名为"腾讯广告"，为企业提供腾讯系产品的一站式营销服务。

除了组织架构为产业互联网保驾护航以外，坐拥微信、QQ 两大超级流量入口的腾讯，也正在借助其 C 端的流量优势推动 B 端服务能力的升级。最明显的当属企业微信与微信之间的打通，两者打通后将能让任何企业都有机会通过企业微信连接 12 亿多微信用户，实现人即服务的升级。

1.3.3　美团的"Food+Platform"

从"百团大战"中"拼杀"出来的美团经历了从团购业务、外卖业务到本地生活服务平台的迭代升级，俨然已经发展成为我国互联网史上的又一家明星巨头企业，并且正在以服务电商为切入点挑战阿里巴巴的实物电商。2020 年第三季度美团公布的财报数据显示，美团的年度交易用户数已达 4.8 亿、年度活跃商户数也增长至650万，双双创新高。

2018年，王兴在内部信中提出"Food+Platform"战略，对外正式公开美团正在以"吃"为核心，建设生活服务业从需求侧（C端）到供给侧（B端）的多层次科技服务平台。除了美团外卖、美团打车、美团买菜等面向消费者的业务，美团还有一部分业务是面向企业的，如美团快驴、美团餐饮系统等。

早在公开提出"Food+Platform"战略之前，王兴就在2016年的内部讲话中提到："下一波互联网的方向是供应链和B2B行业的创新。"那个时候，美团内部就已经开始加速企业服务的布局。商家后台系统——美团快驴也早在2016年2月低调上线，开始为美团商家提供财务对账、商品管理、进货等服务。

相比阿里巴巴和腾讯在企业服务上的广泛布局，美团主要聚焦于餐饮产业链。一方面，美团致力于帮助餐饮企业提升数字化能力和营销能力。例如，2020年10月美团外卖推出"餐饮新掌柜"计划，预计培养100万名具备数字化经营能力的"餐饮新掌柜"。另一方面，美团也与餐饮企业合力共同满足消费者更加多元化的需求。美团在餐饮供给侧的布局如图1-8所示。

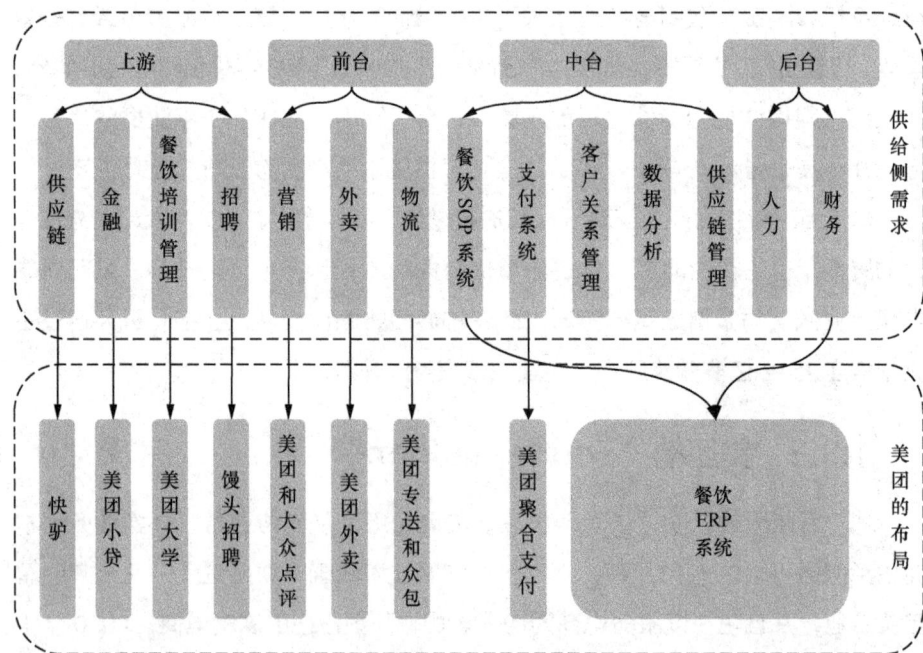

图1-8 美团在餐饮企业服务领域的布局

除了阿里巴巴、腾讯、美团以外，还有字节跳动、百度、网易等多家头部互联网企业在近几年纷纷开拓企业服务市场。例如，字节跳动的企业协作平台——飞书、广告投放平台——巨量引擎、企业智能技术服务平台——火山引擎等；百度的 B2B 垂直搜索引擎平台——百度爱采购、人工智能（Artificial Intelligence，AI）开放平台——百度大脑等；网易的客服平台——网易七鱼、商业增长服务平台——网易云商等。各头部互联网企业的高管们也频频对公众、媒体及资本方透露企业服务的战略规划和布局。

1.4 B2B运营的时代到来

目前，企业服务市场上由初创企业、传统企业服务厂商、互联网巨头组成的三大竞争格局已经形成。随着资本的涌入及我国企业服务市场环境的日趋成熟，越来越多的创业者将会涌入这个潜在市场规模达万亿的企业服务赛道。与此同时，随着企业服务市场的蓬勃发展，随之而来的便是 B2B 运营的需求井喷。

1.4.1 企业服务终究拼的是运营

自工业革命以来，从生产导向、产品导向、销售导向到营销导向，再到如今的用户导向，企业经营的核心导向共经历了五个代表性的时代。

以世界汽车的发展史为例。"任何顾客都可以选择他所中意的汽车颜色，只要它是黑色的"（Any customer can have a car painted any color that he wants, so long as it is black），在奉行"顾客就是上帝"的今天，我们很难想象这是福特汽车创始人兼 CEO 亨利·福特先生的亲述，但结合当时的时代背景却又显得十分合理。

1903 年，福特汽车公司成立，并将研发设计出的 4 缸 20 马力的新型 T 型汽车成功推向市场。为了降低生产成本，让大众阶层都能买得起福特汽车，亨利·福特将泰勒的流水生产线技术应用到汽车生产上。大批量的生产和分装使汽车的生产成本逐渐下降，也让汽车走进了美国的千家万户。但是，批量式的生产并不能满足顾客定制化的需求，这也是在 20 世纪初的美国几乎只能看到黑色 T 型汽车的原因。这一时期的福特汽车公司便是典型的生产导向。以生产为导向的企业，主要将注意力集中于增加产量和降低成本。

到了 20 世纪 50 年代，大部分汽车厂商都掌握了流水生产线技术，供给逐渐接近需求，汽车产品开始朝着多样化发展。这一时期不管是车型（轿车、SUV、MPV、跑车等）还是外形、颜色等都在不断地推陈出新，汽车美学飞速发展，新的竞技场从生产转移到产品。肌肉车、跑车、皮卡、甲壳虫、敞篷车等各式各样的汽车产品纷纷涌现，并诞生了诸多造型经典、美轮美奂、至今仍具收藏价值的汽车产品。这一时期的汽车公司便是典型的产品导向。以产品为导向的企业，主要将注意力集中于产品的性能和特性。

汽车公司如果想要突破地域限制，打开更广阔的全国市场、全球市场，在互联网尚未普及的情况下更多只能依靠销售人员和销售渠道。在欧洲，整车销售（Sale）、零配件（Spare part）、售后服务（Service）、信息反馈（Survey）的汽车 4S 店模式应运而生。在美国，汽车公司会设立地区销售分公司，负责某个地区汽车经销商、汽车代理商的招募。以销售为导向的企业认为，只要企业努力推销什么产品，顾客就会更多地购买什么产品。

之后，大众对汽车的产品多样化和销售服务模式已是司空见惯，每种车型基本都有不同售价区间的多种品牌可供消费者选择。例如，百万级跑车有兰博基尼、法拉利、保时捷等品牌；十万级轿车有大众、比亚迪、别克等品牌。汽车品牌的数量也从最初仅有通用、福特、克莱斯勒等几个汽车品牌，增长到现在的奥迪、奔驰、宝马、大众、保时捷、比亚迪、沃尔沃、吉利、长城、红旗、雪佛兰、别克、凯迪拉克、林肯、雷克萨斯等上百个汽车品牌。

为了让自己的品牌从众多汽车品牌中脱颖而出，各大汽车公司不断开展了铺天盖地的"广告战"、精彩激烈的"公关战"。以营销为导向的汽车公司相比前三个时代已经进步很多，它们会确定并满足目标市场的需求，通过广告、公共关系等营销战术提升品牌知名度和美誉度，以影响用户的购买决策。这一时期找到定位并提前抢占用户心智的汽车品牌拔得头筹，例如，宝马定位在"极致驾驶体验的汽车"，沃尔沃定位在"最安全的汽车"，等等。

如今，企业经营的核心导向已经开始逐渐转向用户导向。用户导向的企业会以用户为中心，通过不断满足目标用户的需求，建立用户忠诚度，提升用户的生命周期总价值（Life time value，LTV）。这一时期，典型的汽车公司代表便是蔚来。通过用户运营，蔚来不仅赢得了用户口碑，还获得了业绩的长期增长。即使在 2020 年的新冠肺炎疫情期间，蔚来的销售量也基本维持稳定，并且还有接近 70% 的订单来自于老用户推荐。这一惊人且羡煞同行的数字背后，则是蔚来以用户为导向的企业经营体系。

以用户为导向，运营这项职能便显得尤为重要。因为运营就是一项围绕某项业务，通过各种互联网手段建立与用户的联系，最终实现用户增长、用户活跃度提升或获得收入等各种特定目的的职能[1]。与用户接触的各个运营岗位如何与用户进行沟通、交流、服务等互动，将决定企业是否能与用户构建亲密关系、获得良好的用户口碑、建立深入人心的品牌形象等，从而影响企业核心竞争力的构建。

回到企业服务，是否建立以客户为导向的企业经营体系，将决定 B2B 企业能否在商业竞争中占有一席立足之地。要做到以客户为中心，B2B 企业便需要通过运营这项职能，不断满足目标客户生命旅程各阶段的需求，与客户建立更牢固的信任关系，向客户传递更多的企业服务价值，形成互惠共赢的稳定合作关系，最终提升客户的 LTV。

1.4.2 人才稀缺的 B2B 运营

在数字化时代，运营职能的重要性不言而喻。与此同时，近些年有关 B2B 运营岗位的需求也在不断扩大。目前，从整个企业服务行业来看，B2B 运营还处于供不应求的阶段，符合企业要求的 B2B 运营人才难招聘也是业界公认的事实。

（1）大量B2C运营人才难以100%过渡至B2B行业

不论是早期的论坛运营，还是后来的淘宝、京东等电商运营，再到后来比较规范化的互联网运营的各种细分岗位，如产品运营、内容运营、用户运营、活动运营等，我国的互联网运营基本都生长和成长在 B2C 行业。而 B2C 运营与 B2B 运营的战略、战术还是有很大差别的。也就是说，B2C 运营人才的能力模型和从业经验并不能完全复制到 B2B 行业。例如，一些负责过千万级日活跃用户数（Daily Active User，DAU）产品运营的优秀 B2C 运营人员转行到企

1　关于运营职能的定义来自黄有璨的文章《为什么我们有必要重新思考和定义"运营"？》。

业服务行业，也很有可能会出现水土不服、不知所措的情况。

（2）传统企业服务厂商流出的B2B运营人才稀少

2000 年以前成立的一批传统企业服务厂商，如金蝶、用友等，伴随着我国互联网的发展也尝试设立了各种运营岗位，经过 20 多年的发展和迭代，已经形成规范化的岗位技能培养和体系化的岗位进阶路径。但是，至今发展较好的传统企业服务厂商本来就少，对应的 B2B 运营人才也就更少，难以满足如雨后春笋般的需求。

（3）国外企业服务行业的运营人才不仅成本高，而且难以在本土落地

招聘人才最快速、最有效的方式，就是从比自己做得好的同类企业中挖掘。但不论是从国情，还是从企业服务生长的基础环境来看，国内外都是有一定差别的，我们可以学习，但不能照搬。例如，国外的 B2B 营销基本都是围绕邮件做自动化线索培育，但这放在我国就很难行得通，因为我国的邮件打开率普遍较低。所以，从国外挖掘相应的人才这条路不仅成本高，而且很难在本土落地。正如我国互联网行业衍生出一批独特的 B2C 运营岗位一样，我国的企业服务行业也将诞生一批符合自身特色的运营岗位。

（4）B2B运营的入门门槛高、稳定性强

B2B 运营人员既要懂产品，又要懂客户，还要懂客户的业务。以金蝶财务软件为例，使用产品的都是财务人员，而财务本身就是一个有门槛的职业，不仅需要就读相关专业，还需要考取会计职称、国际注册会计师资格（ICPA）、注册会计师（CPA）等各种专业证书。非财务专业出身的运营人员要想理解财务软件的基本逻辑，可能就需要花费半年左右的时间，还要结合客户的业务为客户解答财务问题，可能又需要花费半年的时间。B2B 运营人员在前期专业知识的积累、业务逻辑的熟悉、行业资源的沉淀上都需要比 B2C 运营人员花费更多的时间，整体入门门槛较高。这也导致 B2B 运营人员的跳槽成本较高，在一家企业的职业稳定性相对较强。

第 2 章

走进 B2B 运营

2.1 从市场、运营到增长黑客

从市场（包括品牌和公关等）、运营到增长黑客，似乎每过几年便会有一些与市场营销相关的新职能冒出来，拨动老一辈营销人的神经。在正式进入 B2B 运营之前，我们先了解运营的发展史，以及根据不同年代各种模型的演变，理清市场、运营和增长黑客之间的区别及联系，从而更全面地认识 B2B 运营。

2.1.1 从 AIDMA 模型到 SICAS 模型

以史为鉴，可以知兴替。消费者行为往往最能影响企业的营销行为。近百年来，消费者行为分析模型主要经历了 3 个阶段的演变。

第 1 阶段：AIDMA 模型

1898 年，美国广告学家刘易斯基于传统的营销手段提出了 AIDMA 模型。该模型认为消费者从接触信息到最后达成购买会经历引起注意（Attention）、激发兴趣（Interest）、唤起欲望（Desire）、留下记忆（Memory）、产生购买行动（Action）五个环节。

在这个阶段，企业营销的媒介十分有限，只有报纸、杂志、户外广告位、电视、广播等传统媒体，消费者几乎只能被动接受企业的营销信息。这也就意味着谁能引起消费者的注意，在消费者心中留下深刻的记忆，谁就能在销量上拔得头筹。于是，广告在这个阶段被捧上神坛，一大批广告公司如雨后春笋般涌现，并诞生了大卫·奥格威、斯坦利·里索等广告界巨匠。很多经典广告流传至今，仍然被业内人士奉为圭臬。例如，1959 年，世界顶级广告公司奥美让劳斯莱斯汽车销量攀升的广告——"在时速 60 英里时，这辆新型劳斯莱斯车内最大的噪音来自车上的电子钟"[1]。

第 2 阶段：AISAS 模型

随着互联网的发展，日本第一大广告公司电通发现传统的 AIDMA 模型已经不再适用，于是在 2005 年针对互联网时代消费者行为的变化提出了一种全新的消费者行为分析模型——AISAS 模型，如图 2-1 所示。该模型由引起注意（Attention）、激发兴趣（Interest）、进行搜索（Search）、产生购买行动（Action）、主动分享（Share）组成，其优化了 AIDMA 模型中只对用户进行单向理念灌输的做法，强调互联网时代搜索和分享的重要性。

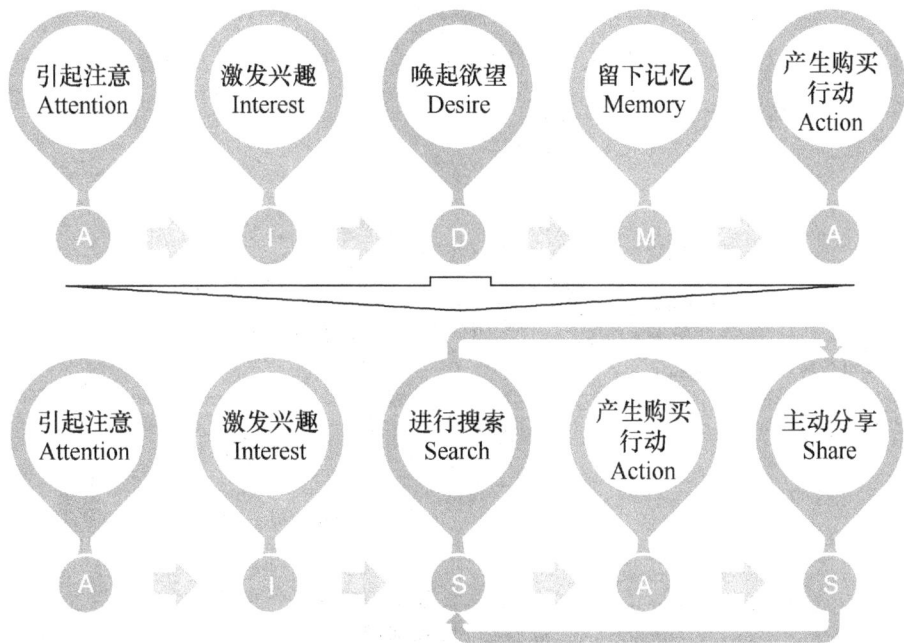

图 2-1　从 AIDMA 模型到 AISAS 模型

20 世纪 90 年代以后，我国企业陆续开始设立市场部，开展市场营销工作。而在这之前，大多数企业都只设立了销售部。同期，随着我国逐渐从卖方市场转向买方市场，市场营销理论开始在我国被一些有远见的企业率先采用，并获得了巨大的成功。例如，1995 年，白加黑感冒药凭借差异化的定位和"白天服白片，晚上服黑片"这句脍炙人口的广告语，以及众多媒体自发报导的新闻

1　原文：At 60 miles an hour the loudest noise in this new Rolls-Royce comes from the electric clock.

稿等,上市仅 180 天就突破了 1.6 亿元的销售额,并迅速晋身为感冒药领域第二品牌。

2000 年以后,菲利普·科特勒的《营销管理》《市场营销:原理与实践》及杰克·特劳特的《定位》等营销界的经典著作逐渐被我国众多市场人、品牌人、公关人学习和应用,并本土化传播。与此同时,企业市场部的配置也逐渐完善,包含品牌、公关、营销策划等多种职能,并成为大多数企业的标配。

第 3 阶段:SICAS 模型

到了数字化时代,随着人工智能、云计算、物联网等新技术及移动互联网的发展,基于以上两种消费者行为模型,中国互联网数据中心(Data Center of China Internet,DCCI)于 2011 年提出了一种全新的消费者行为模型——SICAS 模型,如图 2-2 所示。

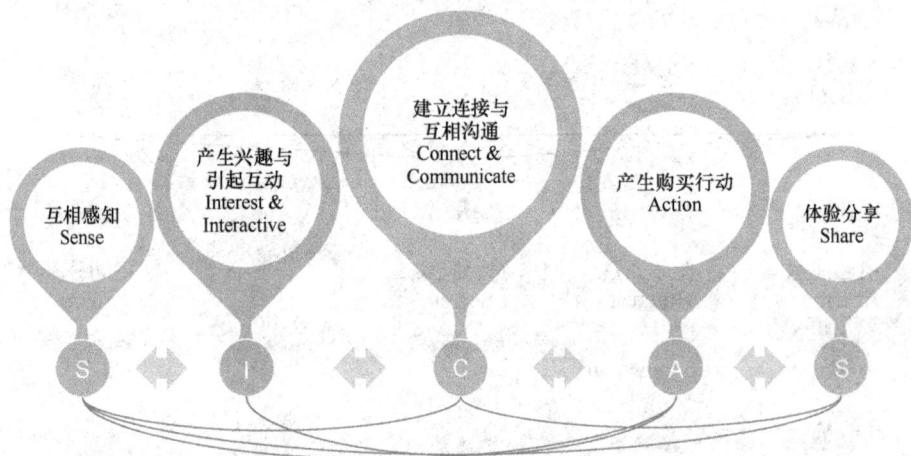

图 2-2 SICAS 模型

在 SICAS 模型中,消费者不仅可以通过数字媒体主动获取信息,还可以作为发布信息的自媒体与更多其他消费者分享。从 AIDMA 模型到 SICAS 模型是从广告、营销到对话的转变。仅靠广而告之的传统方式不仅会使成本越来越高,而且无法让消费者产生持续的购买行为。数字化时代,消费者行为正在从线性向网状无序发展,企业更需要关注如何及时响应消费者,与消费者互动,为消费者提供全渠道舒适的购买体验。因此,企业中被称为运营的相关岗位逐渐出现。

正是由于"对话"这个需求，运营这个职能常被笑称为"打杂的"。从在论坛上发帖与用户互动，到在产品内做活动以提升用户活跃度，再到不断收集用户反馈以提升产品体验等，这些围绕用户的相关工作几乎都被运营承包了，以至于后来很多新成立的互联网公司在没有市场部、只有运营部的情况下也能发展得很好。一时间，有关运营和市场孰高孰低、有何区别等话题不断引发热议。但是，运营作为新兴职能似乎稳居上风，不仅成为互联网头部企业每条产品线的标配职能，还被视为互联网下半场争夺用户与用户时间的主力职能。各大传统企业也都在纷纷效仿，区别于市场部，开设新的运营部。

市场和运营很容易被区分开。目前，我国大多数互联网企业对市场和运营的区分就是前者做的事情更务虚、重曝光、工作成果不太容易用数据指标衡量，后者做的事情更务实、重转化、工作成果比较容易用数据指标衡量。例如，同样是举办一场活动，市场人员会进行活动关键信息（Key Message）的制定、活动报道的媒体联络等工作，衡量其工作成果的往往是品牌曝光量、影响潜在客户数等无法精确计算的数字；运营人员会进行活动报名落地页的规划、互动抽奖环节的设计等工作，衡量其工作成果的往往是活动报名量、有效线索数等能精确计算的数字。随着数字技术的发展，市场和运营的界限正在变得越来越模糊。

2.1.2　从 AARRR 模型到 RARRA 模型

2015 年，"增长黑客之父"肖恩·埃利斯（Sean Ellis）受 GrowingIO 的邀请首次来华演讲。这位传奇人物不仅创造了通过病毒式传播让 Uproar（一款在线游戏软件）免费传播至 40000 多家网站、带领 Dropbox（一款云存储软件）实现年均 500% 的增长等众多增长奇迹，还提出了被硅谷互联网企业奉为宝典的增长黑客理念。一时间，首席增长官、增长运营、增长产品经理等各种与增长相关的职能名称的风头似乎又盖过了运营。

其实，这两者是一类岗位。因为美国没有运营这类岗位，可以说运营职能是我国互联网发展史上的独特产物。美国的增长职能和我国的运营职能都承担着与增长相关的工作，目标都是实现用户 LTV 的最大化，核心指标都是用户增长或利润增长。只不过美国的人力成本较高，倾向于用较少的人力和先进的技术实现增长，而我国的人力成本较低，倾向于在各个需要增长的环节先投入人力。

与此同时，有关增长的 AARRR 模型也被传至我国，被视为入门增长的基础知识和基本门槛。AARRR 模型又被称为海盗模型，最早由美国硅谷著名投资人戴夫·麦克卢尔（Dave McClure）于 2007 年提出（见图 2-3）。

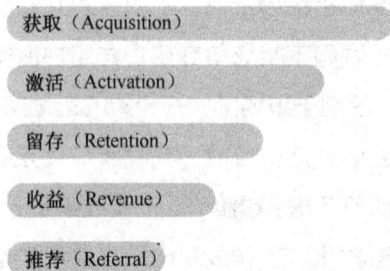

获取（Acquisition）

激活（Activation）

留存（Retention）

收益（Revenue）

推荐（Referral）

图 2-3 AARRR 模型

AARRR 分别代表获取（Acquisition）、激活（Activation）、留存（Retention）、收益（Revenue）、推荐（Referral），同时分别对应用户生命旅程的 5 个阶段。

- **获取阶段**：通过不同的渠道获取用户，并引导用户进入产品。
- **激活阶段**：用户在产品内进行了某个关键行为，在产品内得到了良好的体验。
- **留存阶段**：用户产生"啊哈时刻"（Aha moment），持续不断地使用产品。
- **收益阶段**：用户在产品内发生付费行为，或者产品找到盈利模式。
- **推荐阶段**：用户成为忠实用户或铁杆粉丝，不断推荐他人也使用产品。

AARRR 模型的漏斗从上至下依次变小，强调大规模获客的重要性，只要把控产品的整体成本和收入的关系，维持 LTV 大于用户获取成本（Customer Acquisition Cost，CAC）和用户运营成本（Customer Operation Cost，COC）之和即可。2007 年前后，在互联网获客成本不高的情况下，很多互联网创业公司根据该模型都能取得不错的增长。

然而，随着获客成本的水涨船高，只注重"烧钱"获客的互联网创业公司逐渐陷入困境，用户大批量进来，但同样也大规模流失，犹如"竹篮打水一场空"，钱和新用户都相当于打了水漂。只注重获客而不注重留存的互联网初创公司虽然短期内表面上的数据会很漂亮，但如果没有资金支持大规模获客，企业的生存也将难以得到保障。

于是在 2017 年，美国移动应用增长专家托马斯·佩蒂特（Thomas Petit）和 The Pitch[1] 的 CEO 贾博·帕普（Gabor Papp）在 AARRR 模型的基础上提出了 RARRA 模型，如图 2-4 所示。RARRA 模型的漏斗从上至下依次为留存（Retention）、激活（Activation）、推荐（Referral）、收益（Revenue）、获取（Acquisition），强调用户留存的重要性，并将用户获取放在了最后一位。

获取（Acquisition）

激活（Activation）

留存（Retention）

收益（Revenue）

推荐（Referral）

留存（Retention）

激活（Activation）

推荐（Referral）

收益（Revenue）

获取（Acquisition）

图 2-4　从 AARRR 模型到 RARRA 模型

首先，我们需要打造一款具有核心价值的产品，前期不需要通过"烧钱"的方式大规模获客，而是要让用户心甘情愿地觉得产品对他有价值，养成使用习惯并能够自回访，进而拥有一定的用户留存率。然后，我们可以通过数据分析和不断地迭代实验找到用户的"啊哈时刻"，确保新用户在首次使用产品时就能感受到产品的核心价值，进一步提升新用户留存率。

接下来，我们要开始运用运营手段培养产品的忠实用户，让用户主动分享、主动讨论产品，以此带动老用户推荐新用户的推荐率，进一步验证产品对于用户的价值，在此基础上探索产品的盈利模式。当产品顺利渡过产品市场契合度（Product Market Fit，PMF）阶段、有了一定的口碑和铁杆粉丝时，我们再去大规模地变现和获客。根据 RARRA 模型发展的产品能实现更健康的增长，也更符合以产品为核心的 B2B 企业。

从 AIDMA 模型到 SICAS 模型，从 AARRR 模型到 RARRA 模型，企业营销热门职能变化的时间从百年缩短到几十年，再缩短到几年，新理念和

1　匈牙利领先的在线营销和搜索优化企业。

新模型产生的速度也越来越快，营销人似乎也越来越焦虑。但不管是市场、运营，还是增长黑客，变化的是职能名称，不变的是我们需要掌握底层的基础知识，即市场营销学、传播学、广告学、品牌学、公共关系学等前人浓缩的经典学科知识。数字化时代对运营的要求只会越来越高，我们只有熟练掌握这些底层的基础知识，打好"基座"，才能游刃有余地根据环境的变化搭起更高的"建筑"。

2.2 认识B2B运营

理清了市场、运营和增长黑客之间的区别和联系后，下面我们正式走进 B2B 运营。

说到运营，很多人可能都会联想到策划丰富多彩的活动、撰写紧跟热点的爆款文章、统筹成上千上万的社群、负责用户量上千万甚至上亿的产品运营等，但这些其实都属于 B2C 运营。作为一名 B2B 运营人员，其实很难体会到 B2C 运营人员偶尔做出阅读量超过 10 万人次的爆款文章时的心潮澎湃，也很难体会到一场直播就带货几千万元甚至上亿元时的热血沸腾，更难体会到一场裂变活动就拉新几十万甚至上百万用户时的欣喜若狂。

如果把 B2C 运营比作一个充满活力的 18 岁少年，那么 B2B 运营就更像一个不动声色的 38 岁青年。前者更多通过颜值、有趣、新奇等打动消费者，后者则是更多通过专业、有用、沉稳等打动企业客户，二者各有千秋。

2.2.1 常规的 B2B 运营岗位

作为我国互联网发展史上的独特产物，运营岗位经过不断地发展迭代，在 B2C 互联网企业已经初步形成了活动运营、产品运营、内容运营、用户运营等不同的运营岗位，并划分了比较明确的岗位职责。虽然不同企业的同一运营岗位在一些细节和执行上会有差异，但大体对不同运营岗位应该负责哪些事情都处在同一认知上，如表 2-1 所示。

表 2-1　常规 B2C 运营岗位的职责示例

岗位名称	所属部门	岗位职责
产品运营	产品部 / 运营部	通过用户调研、用户反馈、用户分析等方式改进产品功能，提升用户体验
活动运营	运营部	通过举办线上或线下的活动提升用户活跃度和用户转化率
内容运营		通过加工、整理、原创等方式产出高质量的内容
用户运营		围绕用户进行一系列运营，提升用户全生命周期价值
社群与社区运营		围绕社群、社区做全方位的运营，以提升社群、社区活跃度、人员数量、转化率等
新媒体运营		负责企业各个新媒体渠道的运营，包括内容发布、粉丝管理、新媒体账号形象打造等
短视频运营		通过选题、拍摄、剪辑等将内容视频化呈现，并分发至抖音、快手、视频号等视频渠道，为视频渠道的粉丝量、播放量等负责
电商运营		运营淘宝、京东、拼多多等电商平台的网店，通过店铺装修、商品优化、促销活动、用户服务等提升商品交易总额
数据运营	产品部 / 技术部	负责部门或企业的数据规划、数据采集、数据可视化及数据分析工作，为部门或企业的决策提供数据支持

相对于已经比较清晰的 B2C 运营岗位的职责划分，B2B 运营岗位的职责划分还处在比较混沌的发展进化阶段。最近几年，内容营销经理（Content Marketing Manager，CMM）、产品市场经理（Product Marketing Manager，PMM）、客户成功经理（Costumer Success Manager，CSM）、销售发展代表（Sales Development Representative，SDR）等舶来 B2B 岗位概念的引进，一方面冲击着传统 B2B 运营岗位并敦促其融合进化，另一方面也促使 B2B 运营岗位的职责划分变得更加系统和适应当下的数字化时代。

但是，各家 B2B 企业的业务存在差异，它们对运营的重视程度及自身发展阶段等各种因素都不同，使大家对不同的 B2B 运营岗位应该具体负责哪些事情还是没有划分得很清晰。这就导致在不同的 B2B 企业里虽然是同一个运营岗位的人员，但可能做着完全不一样的事情。一些头部互联网企业和传统企业服务厂商早先为 B2B 运营设置的岗位也大多以产品运营统称。

所以，这里仅以普适性的 B2B 运营岗位为例，罗列大多数情况下行业内已经普遍达成一致认知的少数 B2B 运营岗位职责，如表 2-2 所示。

表 2-2　常规 B2B 运营岗位的职责示例

岗位名称	所属部门	岗位职责
内容运营	运营部 / 市场部	规划内容营销体系，借助内外部资源整合或原创并推广内容，通过内容降低获客成本，打造企业的思想领导力
活动运营		定期自办 / 联合举办 / 赞助线上公开课、线下会议等活动，缩短企业客户的成交路径
新媒体运营		负责微信公众号、今日头条、知乎等新媒体渠道的运营，为渠道的粉丝量、内容的阅读量等指标负责
广告投放运营		负责搜索引擎投放、信息流投放、户外广告投放等付费投放相关工作，并通过数据分析迭代投放策略
产品运营	产品部	通过客户调研、客户分析等方式，参与产品的迭代优化、产品的亮点包装及产品的内部培训和外部推广
客户运营	客户服务部	服务付费客户，通过主动或被动的方式帮助客户解决产品应用中的问题，帮助客户更好地使用产品，为客户续约率或续费率负责

B2B 运营通过各种互联网手段与客户接触，不断满足企业客户生命旅程各阶段的需求，与客户建立更牢固的信任关系，向客户传递更多的企业服务价值，形成互惠共赢的稳定合作关系，最终提升客户的 LTV。所以，虽然销售运营、渠道运营等岗位名称中有运营的字眼，但其主要服务对象不是客户，故不在本书的讨论范围内。

销售运营一般属于销售部，主要服务企业内部的销售人员，负责销售培训、销售数据分析、协调其他部门落地销售需求等，为销售效益的提升负责。渠道运营一般属于渠道部，主要拓展及维护分销渠道，为渠道伙伴提供培训支持、市场支持、销售支持等，为分销业绩负责。

2.2.2　B2B 运营的企业选择

B2B 运营分散在企业内各个不同的部门。不同的 B2B 企业对各部门运营岗位的重视程度是不一样的，与之对应，企业对各运营岗位的培养力度也是不一样的。在确定 B2B 运营岗位的方向后，我们还应该选择能让自己快速成长的 B2B 企业。

消费者服务通常离不开衣、食、住、行、吃、喝、玩、乐，而企业服务则离不开赚钱、省钱。只有这样，我们提供的企业服务才会有被企业采购的机会。

能赚钱的企业服务通常是对外的，我们通过采购该企业服务能与自己的客户直接接触，以此获取更多客户、销售更多产品等，如微信生态裂变工具——零一裂变、销售名片工具——加推。能省钱的企业服务通常是对内的，仅供企业内部员工使用，以此节约人力成本、提升工作协同效率等，如企业办公协同软件——钉钉、CRM 软件——纷享销客。

此外，我们还需要考虑市场接受程度。市场接受程度的高低决定着"采购哪家""采购与否"的问题。例如，金蝶的财务软件经过 20 多年的发展，市场接受程度已经非常高，对于企业而言就是"采购哪家"的问题；而近些年才引入我国的 MA 工具、数据分析工具等，市场接受程度还比较低，对于企业而言则是"采购与否"的问题。

以"省钱 / 赚钱"为横轴，以"市场接受程度"为纵轴，可将企业服务划分为四个象限，如图 2-5 所示。赚钱的企业服务比省钱的要更好销售，市场接受度高的要比市场接受度低的更好销售。市场接受程低的企业服务更需要教育客户。就目前我国的整个企业服务市场环境而言，对于所有 B2B 运营来说，在第二象限的 B2B 企业会更容易取得成绩，在第四象限的 B2B 企业则面临着更大的挑战。

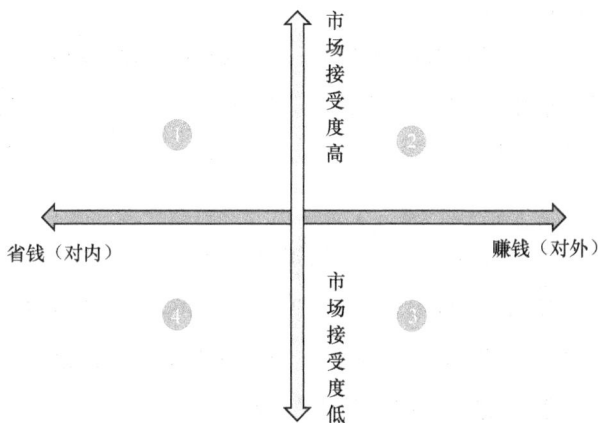

图 2-5 "省钱 / 赚钱—市场接受程度"企业服务划分矩阵

以 2.2.1 节中的 B2B 运营岗位为例，分别有内容运营、活动运营、新媒体运营、广告投放运营、产品运营和客户运营。接下来，按照不同的维度为这些岗位选择合适的 B2B 企业。

按照企业服务使用者的职级，我们可以将企业服务分为高层决策者使用的、中层管理者使用的和基层执行者使用的。职级越高，越依赖大客户销售，越要服务好客户，所以企业会更重视客户运营；职级越低，越依赖线上获客，所以企业会更重视内容运营、活动运营和新媒体运营。

按照企业客户的规模，根据国家统计局对企业规模的最新划分，依据从业人员、营业收入、资产总额等指标或替代指标，我们可以将企业划分为大型、中型、小型、微型。我们决定服务什么规模的企业，也就决定了自己提供的企业服务是标准化，还是定制化。

- 随着企业规模越来越大，企业的组织架构和业务流程也会变得越来越复杂。企业在发现标准化的产品满足不了其日新月异的需求时，就会要求进行定制化开发，可能是开发全新的产品，也可能是在现有产品上开发全新的功能，对销售人员的要求会更高，也更重视客户运营。
- 服务的企业规模越小，产品会不断打磨得更标准化，再通过线上进行批量式销售，更重视产品运营和负责线上获客的运营。由于我国小微企业的平均寿命不到 3 年，这就意味着客户流失的核心原因不是售后服务和产品问题，而是小微企业的存活率太低。所以，这样的 B2B 企业一般不会太重视客户运营。

按照 B2B 企业的成长阶段，我们可以将 B2B 企业目前所处的成长阶段划分为天使轮、A 轮、B 轮、C 轮、D 轮、E 轮、F 轮和上市公司。广告投放运营更适合前往 C 轮以上的创业公司和上市公司，这样的公司才有充足的预算供其投放，施展才能。

费曼学习法是公认的能帮助我们快速学习的方法，可以简化为四个单词：Concept（概念）、Teach（教给别人）、Review（回顾）、Simplify（简化）。其核心就是"用教给别人的方法巩固知识，以快速掌握并迅速让自己成长"。作为 B2B 运营人员，如果能进入一家"费曼"企业，就是让自己快速成长的最佳选择。例如，致趣百川是一家面向 B2B 行业的一站式营销云平台企业，如果你是致趣百川的内容运营人员，那么你在平时工作中积累的关于 B2B 内容营销的经验都可以总结提炼出来教给致趣百川的目标客户。这种"工作职责 = 成长方向"的企业是 B2B 运营人员快速成长的最好的选择。

2.3　B2B运营入门的3个基础知识

了解了分散在企业内各个部门的一些常规 B2B 运营岗位及其职责，以及 B2B 运营人员应该如何选择能让自己成长更快的企业后，我们还需要了解 B2B 运营入门的 3 个基础知识。

不管是哪个部门、哪个岗位的 B2B 运营人员，都应该能对企业客户生命旅程、企业客户采购角色链及企业客户采购类型有清晰的认知和全局的视野。这样才能在对部门协作要求更高的 B2B 企业中找到自己的定位，发挥更大的价值。

2.3.1　企业客户生命旅程

顾名思义，客户生命旅程即客户从接触企业到与企业发生互动、完成采购、开始使用产品，再到复购或流失，直到与企业完全失去关联的整个过程。

企业根据自身业务的不同，对客户生命旅程会有不同的划分。对于大部分 B2C 企业而言，AARRR 模型基本能够满足客户生命旅程的描述，即分为获客阶段、激活阶段、留存阶段、收益阶段及推荐阶段。

个人客户的付费转化周期通常以天甚至分钟为单位，但企业客户的付费转化周期基本都是以月甚至年为单位。这就要求 B2B 企业更加细化客户生命旅程的每一个阶段，因为每个阶段可能都涉及两个甚至以上的部门，需要更加合理的分工协作，加强部门与部门之间的紧密联系，以确保客户生命旅程的每一个阶段都能无缝衔接，把握和服务好每一位客户。

企业客户生命旅程通常分为 10 个阶段，如图 2-6 所示。每个阶段都由相应的部门负责，重叠部分便是各个部门传递"交接棒"的部分。全程就像是一场漫长的马拉松式接力跑，"交接棒"便是客户，参与接力跑的"运动员"便是各个部门。各个部门需要互相配合，才能又快又准地交接客户并赢得最终胜利。随着企业客户生命旅程越来越非线性，其整个过程更像是一场篮球比赛，"篮球"便是客户，而"篮球"距离篮筐的位置可能迂回环绕、忽远忽近，B2B 企业要想取得最终胜利，更加依赖组织协作能力。

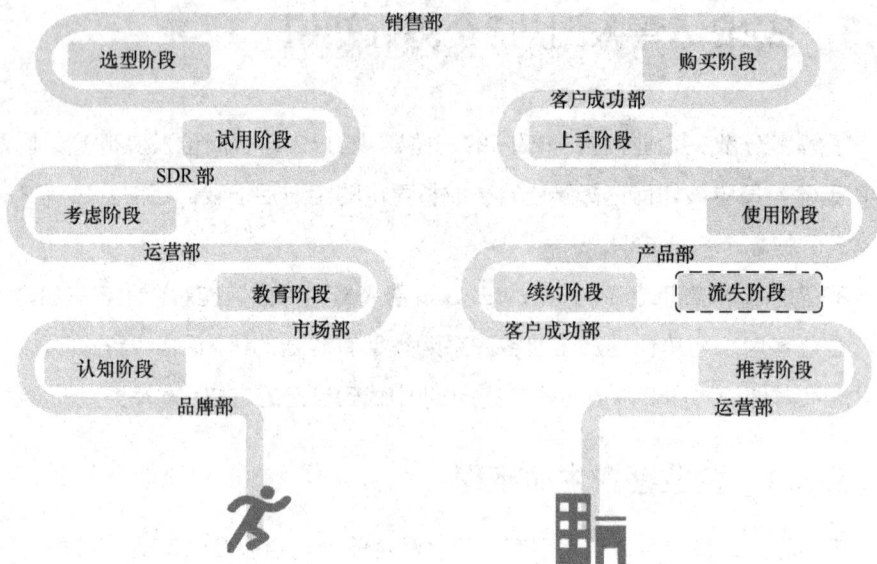

图 2-6　企业客户生命旅程

认知阶段

客户刚开始对 B2B 企业的品牌或产品有一定的了解，可能是通过线上线下的各种渠道、各种方式眼见或耳闻。这个阶段通常由品牌部负责，通过建立品牌声浪让更多客户对品牌或产品建立初步的认知，并拥有良好的印象。

教育阶段

在客户有一定的认知后，如何将目标客户逐步发展为有需求的客户，便是教育阶段需要做的事情。这个阶段通常由运营部或市场部负责，通过开展线上课程、举办线下沙龙、发布白皮书等方式逐步引导客户的采购需求。

考虑阶段

经过教育阶段被逐层引导的客户，到了考虑阶段面对的则是"买不买"的问题。在这个阶段，对于客单价比较高的产品，SDR 部通常会开始介入进行筛选，符合条件的客户则会被移交给销售部进行下一步的跟进。对于客单价比较低的产品，电话销售人员通常会直接进行跟进。

试用阶段

客户开始注册试用产品。到了这个阶段的客户，一般都已经有比较明确的采购需求。对于可以直接注册试用的产品，客户会注册试用一段时间，看是否能真正满足企业现阶段的需求。

选型阶段

考虑阶段的客户还在犹豫买不买，选型阶段的客户则是在犹豫买哪家。例如，财务、招聘等刚需型 SaaS 的客户通常都会直接跳到这个阶段。这个阶段通常由销售部负责，提供竞品分析报告等客户需要的选型材料。对于客单价较高的产品，可能还会有售前人员进行解决方案的讲解，销售人员进行方案验证测试（Proof of Concept，POC），最后才进入招投标环节。对于客单价比较低的产品，随着互联网的发展，信息越来越对称，有些客户则会独立完成需采购产品的对比分析报告，然后直接进入下一阶段。

购买阶段

客户已经选型完毕，进入正式的购买阶段。这个阶段主要由客户进行企业内部的合同审批流程，一般主要会经历送审、部门审核、法务审核、管理层审核、签章备案 5 个环节。

上手阶段

对于比较简单的产品，客户可以自行根据产品的新手指引上手产品；对于比较复杂的产品，客户成功部通常会在客户采购后进行一系列的上手培训，包括上手文档的准备、远程或上门进行产品操作培训等，直到客户能独立使用产品为止。

使用阶段

客户已经上手进入产品使用阶段。在这个阶段，客户使用产品的实操体验基本取决于产品部设计和技术部开发出来的产品，产品的稳定性、体验的流畅度、功能的完善性等都将被产品使用者很直接地感受到。在使用产品的过程中遇到的问题、提出的新需求等会由客户成功部负责。为了让客户感受到产品的核心价值，一些 B2B 企业还会提供相应的咨询服务。这二者将很大程度上决定客户进入下一个阶段是续约还是流失。

续约 / 流失阶段

客户的续约 / 流失取决于很多因素，有些是可控的，有些是不可控的。例如，客户使用产品后是否达到预期、在使用产品的过程中服务如何、现有的产品功能是否满足企业下一阶段的需求是可控的因素，但明年客户是否还有这部分的预算、某个负责该项目的高管是否还在职就是不可控的因素。这些都有可能影响客户是续约，还是流失。客户成功部主要为客户的续约率和续费率负责。

推荐阶段

企业服务为客户带来了良好的体验、达到了采购的预期、取得了业绩的增长、降低了管理的成本、提升了协同的效率等，都是可能产生口碑效应、让客户主动推荐的原因。此外，还有由于利益刺激带来的被动推荐，通过给老客户提供一定的推荐返利，他们也会推荐比较精准的新客户。

2.3.2　企业客户采购角色链

个人客户购买与否，基本都由客户自己决定。例如，我们购买一件 T 恤，通常情况下自己就可以根据品牌、价格、颜色、款式等决定是否购买，不会邀请亲朋好友或 T 恤专业爱好者参与讨论和决策。然而，企业服务的采购与否不是企业中某一个员工就可以决定的，一般都会涉及企业内其他部门的人员。除了提出采购的人员、使用产品的人员及影响采购决策的人员，可能还会有一系列的相关人员，企业需要综合他们的建议，再决定是否采购。

在企业进行采购决策的过程中，从采购开始到采购结束的所有参与人员被称为企业客户采购角色链。企业客户采购角色链分为发起者、使用者、影响者、决策者、批准者、采购者、控制者，如表 2-3 所示。

表 2-3　企业客户采购角色链

角色	职责
发起者	发现存在某种需求，提出和要求采购的人员
使用者	使用所采购的企业服务的人员
影响者	有权评价采购方案、指导和影响采购决策的人员
决策者	有权决定采购要求和供应商、制定最终采购决策的人员
批准者	有权批准或否决采购方案的人员
采购者	被授权挑选供应商和制定采购条件的人员
控制者	有权控制销售人员或销售信息是否触达其他人员的人员

通常情况下，对于客单价较低的企业服务，使用者可能同时会兼顾发起者、影响者、决策者等角色。例如，运营部的活动运营人员需要采购 800 元 / 年的

在线表单工具，用于收集参与活动的表单。该活动运营人员经过多方对比，最终选择 A 品牌。由于 800 元在运营部的年度预算范围内，也在该企业的自提报销范围内，活动运营人员在向运营总监口头申请后，即自行在 A 品牌的官网完成采购、开通账号、进行使用，同时申请发票后在企业内申请报销。在整个企业客户采购角色链中，除了运营总监是批准者，活动运营人员几乎扮演了其他所有角色。对于客单价较高的企业服务，以上 7 种角色基本都会由不同部门的不同人员担任，有时甚至会牵涉二三十人。此外，对于专业要求越高的企业服务，使用者基本就是影响者，甚至是决策者。

2.3.3　企业客户采购类型

从采购的复杂程度来看，企业客户的采购可以分为新任务采购（New Task）、更新再采购（Modified Rebuy）和直接再采购（Straight Rebuy）三种类型。

（1）新任务采购是指企业第一次采购某企业服务的行为。这是最复杂、耗时最长、涉及企业客户采购角色链最多的采购类型。随着时间的推移，B2B 企业需要尽力将新任务采购转变成直接再采购。

（2）更新再采购是指企业期望修改产品价格、规格、类型或其他条款的采购行为。更新再采购时，在原有企业客户采购角色链的基础上可能会出现新的参与人员，这是最容易造成客户流失、断约的采购类型。B2B 企业在这时应该尽量避免友商与企业客户接触。

（3）直接再采购是指企业依据惯例，从供应商批准名单中再采购同一企业服务的行为。这是最理想的采购类型，但前提是 B2B 企业能保证产品质量、服务质量及合理的价格区间。

2.4　B2B运营必备的三大思维

畅销书《拆掉思维里的墙》中有一个发人深省的故事。一个一贫如洗且整日酗酒的父亲有一对双胞胎儿子，他们在同样的童年环境下长大后，一个成了百万富翁，另一个成了和父亲一样的人。有人就好奇地问这两个儿子同一个问题："是什么导致你过上了今天这样的生活？"两个儿子的回答竟然出奇的一致："没办法，谁让我摊上了这样一个父亲！"同样的起点却有不同的结局，思维的重要性不言而喻。

在工作中，我们看待事情的角度、解决问题的方法、为人处世的态度、沟通协作的效率等衡量一个职场人工作水平高低的要素，都和思维有着莫大的关系。针对"0～5岁"的B2B运营人员，闭环思维、框架思维、数据思维是能够帮助其打好基础、快速成长、让自己更值钱的思维。

2.4.1 闭环思维

闭环思维来源于美国质量管理专家沃特·阿曼德·休哈特（Walter A. Shewhart）博士提出的PDCA循环。该循环由计划（Plan）、执行（Do）、检查（Check）、行动（Act）四个步骤组成。这四个步骤不是一次循环就结束，而是依据解决问题的情况，将成功解决的纳入标准，将未成功解决的纳入下一次循环去解决，以此循环往复，直到成功解决所有问题，如图2-7所示。

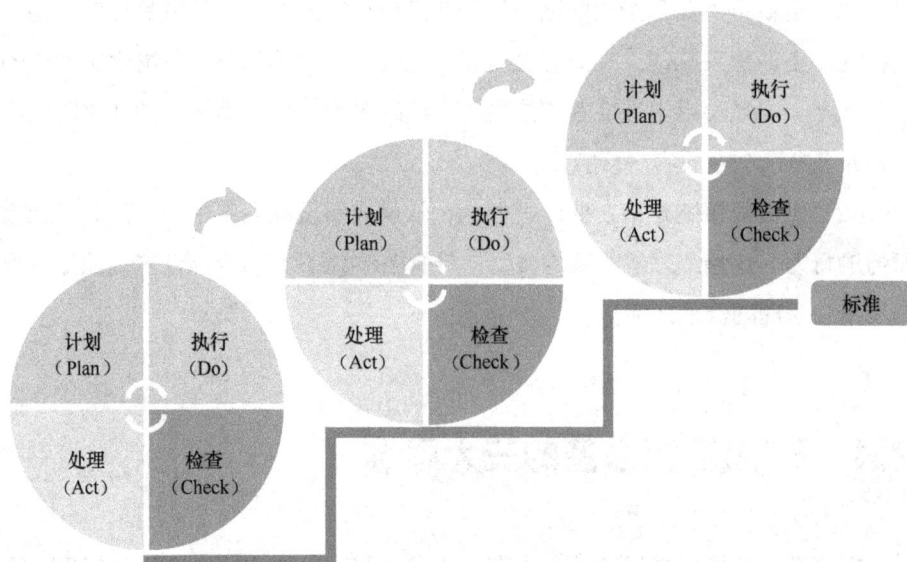

图 2-7　PDCA 循环

对于 B2B 运营来说，我们可以应用的闭环思维有两个方面：一个是对外（工作中的接触者）的闭环思维；另一个是对内（自己）的闭环思维。

对外的闭环思维是指我们在工作中，接受并开始执行领导下派的任务时、与上下级同事共同就某项工作进行协作时及与外部伙伴对某个项目进行合作时，都要做到"凡事有交代，件件有着落，事事有回音"，也就是说要做一个靠谱的人。例如，领导安排给你的工作，你准备如何开展、工作的推进情况如何、在执行时遇到哪些困难需要帮忙解决及工作完成的情况等，不要等到领导来问你才同步工作的进度，而是要做到在关键节点主动与领导进行同步和沟通，把每一件事情都完成得清清楚楚、明明白白、漂漂亮亮。这样日积月累，在工作中为自己建立良好的口碑、树立良好的信誉，将会终身受益。

对内的闭环思维是指就我们自己而言，对任何工作都要做到计划、执行、检查、行动这四个步骤的循环往复，把已经做到极致的事情定成标准作业程序（Standard Operating Procedure，SOP），把暂未做到极致的事情不断迭代和优化直至做到极致。例如，新媒体运营经常会涉及微信公众号的排版工作，运营之初，字体、字号、字间距、行间距、各级标题规则、引导关注文案等都是需要新媒体运营人员不断调整和优化的，当优化到最美观或最符合品牌调性的版本时，这个版本就可以确定下来并形成文档规范，今后一直沿用即可。排版的问题解决后，就可以把工作重心转移到更能提升自己能力的其他地方，同样可以通过 PDCA 循环直至做到大家都认可或你自己认可的极致。

2.4.2　框架思维

框架思维并不是我们要把自己的思维框住，而是要学会从更宏观的视角看待整个大局，更深层次地理解所负责工作的本质，再抽丝剥茧到具体的工作细节，触类旁通，最终掌控大局。

以画画为例。普通的画者拿到画纸后即落笔，结果往往是画到中途才发现这里需要修改、那里需要重画。而画家往往会在正式画画前打好整幅画的框架，将一些基本的几何图形、图形比例等布局在画纸上再落笔。没有框架思维和有框架思维的对比，如图 2-8 所示。

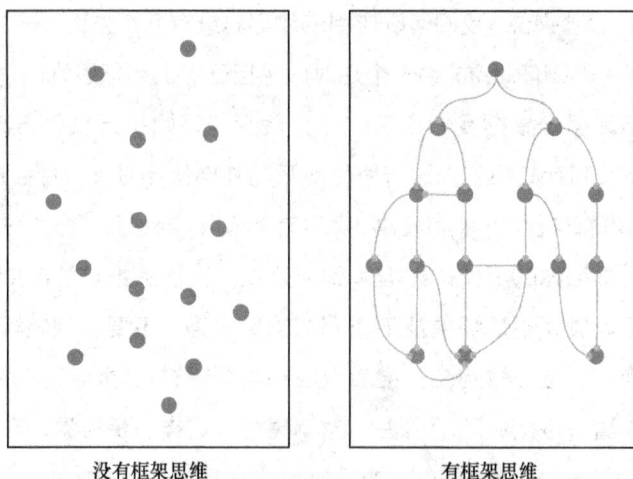

没有框架思维　　　　　　　有框架思维

图 2-8　有无框架思维的对比

企业内部的组织架构往往是由数个岗位组成团队，由数个团队组成部门，再由数个部门组成企业。企业的正常运转离不开各个部门之间的分工与协作，尤其 B2B 企业对自身各个部门之间的协作效率的要求要比 B2C 企业更高。没有框架思维的 B2B 运营人员看待工作犹如一盘散沙似的单点存在，会局限在自己所负责工作的单点内，进而局限了自身的发展。而具备框架思维的 B2B 运营人员会从整个企业的高度了解各个部门的职责和作用，理清自己所在部门存在的意义及核心指标，再探究自己工作的本质，为什么会有这个岗位存在，该岗位在整个企业中起到什么作用，自己还能做哪些投资回报率（Return on Investment，ROI）更高的事情为企业带来更大的价值。B2B 运营人员切记不要做企业中可有可无、定位不清晰的岗位，让自己随时都有可能面临失业的风险。

回到工作本身。经验丰富的 B2B 运营人员在做任何工作之前都有一套自己摸索出的成熟的框架，他们只需要结合不同的工作任务向框架内填充不同的内容即可。例如，活动运营人员在活动前、中、后需要做什么事情都有一整套框架，只需要根据不同的活动调整活动前、中、后的内容便可以快速开展一场活动；内容运营人员在写一篇文章之前先打好框架，会比没有框架漫无目地写更顺畅、更高效，经验丰富的内容运营人员在写不同类型的文章时基本都有不同的框架可以直接套用。

框架思维不同于运营技巧。面对不同的工作问题，框架思维是告诉你解决问题的思路，让你面对任何问题都能说出一二三。而运营技巧可能只适用于解决众多问题中的某一些，甚至只有某几个。所以，B2B 运营人员需要在工作中不断总结和优化属于自己的框架思维，才能高效应对不同的工作任务，提升工作能力的可复制性和可迁移性。

2.4.3　数据思维

随着数据正式成为继土地、劳动力、资本、技术之后的第五大生产要素，各行各业对数据都开始重视起来，数据驱动增长的理念也逐渐深入企业管理层的心中。同时，是否具有数据思维也渐渐被视为衡量是否属于跟得上数字化时代的职场人的标准之一。

那么，到底什么是数据思维呢？数据思维需要我们把"业务问题"定义成"数据可分析问题"，可以通过数据发现问题并解决问题。这不仅需要我们具备一定的数据洞察力，还需要我们掌握一定的数据分析方法。在一堆纷繁复杂的数据中如何提取有效信息、如何在这些有效信息中发掘异常点、在异常点的背后有可能发生了什么问题、问题应该会发生在哪里等，面对数据在大脑中的这一连串反应链便是数据洞察能力。数据分析方法包括定量分析和定性分析，以及漏斗分析、路径分析、留存分析、分布分析等各种分析模型。目前，我们借助 GrowingIO、易观方舟等数据分析工具即可快速自定义各种分析模型。

对于 B2B 运营人员来说，一是可以通过数据驱动工作效率的提升，二是要学会用数据证明自己的工作价值。

数据驱动工作效率的提升有 5 个层次，从描述性分析、探索性分析、诊断性分析、预测性分析到规范性分析，如图 2-9 所示。第 1 个层次最浅，我们通过数据快速了解发生了什么，找到问题所在。第 2 个层次是通过探索数据之间的关系，我们能发现原本不相关事情之间的潜在关联。第 3 个层次是通过数据分析找到发生问题的原因，进而制定解决问题的策略。从第 4 个层次开始，更多依赖 AI、机器学习等大数据技术。我们通过预测性分析能预测将来会发生什么。规范性分析是最高的层次，我们通过模拟对将来可能发生的事情采取的不同策略，预测不同组合可能带来的结果，并根据结果得知哪个才是最佳行动方案。

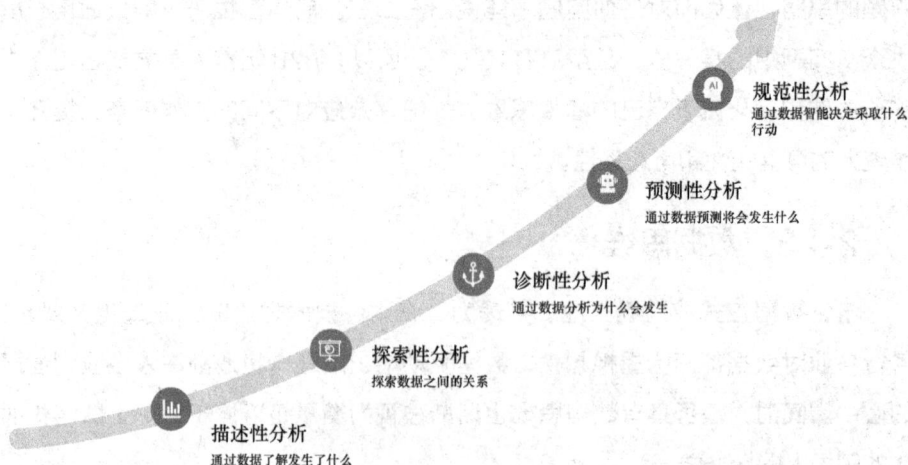

图 2-9　数据驱动工作效率提升的 5 个层次

不能用数据证明工作价值的岗位，往往也是最容易被优化的岗位。在工作中，B2B 运营人员要学会用数据证明自己的工作价值，这就要用到核心指标和对比分析。

核心指标是衡量我们工作成果的、可被数据量化的第一关键指标，我们所在的运营岗位的核心指标是什么，该指标的增长是否能对企业的业务增长带来直接帮助，如果答案是肯定的，这样的运营岗位才是值得我们选择的。

对比分析包括两个方面。一方面是需要和过去对比，用数据证明因为你的到来绩效才会有更显著的增长。例如，内容运营人员 A 于 2020 年 1 月入职，半年后通过内容带来 1000 条有效线索，对比 2019 年 1 月—2019 年 6 月同比增长了 50%。另一方面是要和自己对比，用数据证明你有不断学习和挑战自我的能力。同样以内容运营人员 A 为例，入职 1 年后累计为企业带来 3000 条有效线索，其中 2020 年 6 月—2020 年 12 月带来 2000 条，环比增长 100%。

第 3 章

金蝶的 B2B 运营

3.1 重新认识金蝶

一提到金蝶，很多人都会联想到财务软件，但金蝶涉及的远不止于此。从财务软件到企业资源计划系统（Enterprise Resource Planning，ERP），再到企业云服务，经历了 3 次转型的金蝶已经拥有能够服务于不同规模企业的多条产品线、适用于不同行业的多种解决方案，以及适用于不同领域的多种云产品，并致力于成为"最值得托付的企业服务平台"。

3.1.1 3 次转型：从财务软件到 ERP，再到企业云服务

软件行业流行一句话，"一部金蝶创业史，半部中国软件史"。金蝶成立于 1993 年，经过 8 年时间即在香港联合交易所上市。一路走来，到 2021 年已经 28 岁的金蝶共经历了 3 次重大的企业转型，实现了从第一曲线到第二曲线的完美跨越，并正努力在新的第二曲线上找到破局点，如图 3-1 所示。

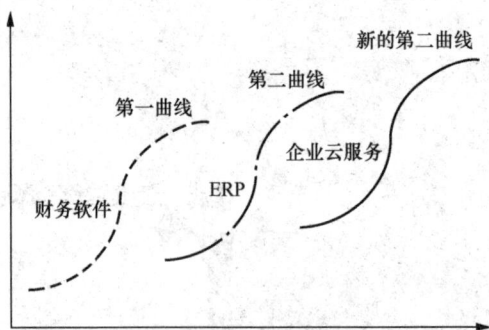

图 3-1 金蝶的第二曲线

第 1 次转型：从 DOS 版财务软件到 Windows 版财务软件

金蝶刚成立时，Windows 操作系统尚未普及，我国大部分企业使用的都还

是 DOS 操作系统，财务软件也基本全都是基于 DOS 操作系统开发的。在徐少春董事长的带领下，金蝶管理层一直都在密切关注全球软件行业的发展。1994年，微软刚推出第一个中文版 Windows 操作系统时，金蝶便投入大量的研发人员，开始基于新的操作系统进行研发。这在当时是一个很冒险的举动，因为几乎所有的业内人士都认为 Windows 操作系统的普及还需要很长时间，而金蝶的竞争对手们也都还在基于 DOS 操作系统做迭代升级。

随后不到一年时间，金蝶便推出了我国第一款基于 Windows 操作系统的财务软件——金蝶财务软件 For Windows 1.0 版。这款简单、易操作的财务软件一上市便受到了客户的热烈欢迎。金蝶也趁此机会，相继推出了工业版、集团版、商业版等多个版本的财务软件，以满足不同企业的需求，均获得了广泛的好评。

这一次的成功预判让金蝶拥有了技术领先的产品，直接为金蝶带来了连续 3 年超过 300% 的年均增长率，也让金蝶成为推动我国财务管理从传统珠算时代进入电算化新时代的领军者。

第 2 次转型：从财务软件到 ERP

随着我国企业的高速发展，企业对信息化建设的需求越来越迫切。如何提高企业的生产效率、降低企业的运营成本，进而提升企业的整体管理水平和持续经营能力，成为众多企业管理者的重要关注点之一。但在当时，我国的 ERP 高端市场基本都被 SAP、甲骨文等国外的跨国企业垄断，我国急需出现一款本土的企业管理软件。而我国企业的信息化建设基本都是从财务软件开始，再逐步渗透到采购、供应链、制造等环节。为了顺应客户需求，金蝶开始逐渐从财务软件向 ERP 转型。

1998 年，金蝶推出了第一款基于三层架构的 ERP 系统解决方案——金蝶 K/3。这款 ERP 系统解决方案服务于企业的财务、采购、仓储、销售和生产等部门，通过一套系统将这些部门串联起来，实现了企业资金流、物流、信息流的三流合一。

金蝶 K/3 一经推出，便赢得了我国众多本土企业的喜爱，并收获了万科、TCL 等一大批知名企业的订单。到 2000 年底，金蝶 K/3 的营业总收入超过财务软件收入，占金蝶总收入的 60%。这也标志着金蝶又一次成功完成了企业转型。

随后，金蝶从单一的 ERP 产品厂商升级为企业信息化解决方案供应商，相继推出了面向大型企业的 ERP 解决方案——EAS，以及面向小型企业的 ERP 解决方案——KIS。加上面向中型企业的 ERP 解决方案——K/3，金蝶逐步建立了覆盖大、中、小型企业的整体信息化解决方案。

第 3 次转型：从 ERP 到企业云服务

随着云计算技术的发展，金蝶深知软件已成为过去，云才是未来。早在 2005 年，金蝶便开启了企业云服务的探索，收购香港会计网并改名为友商网，从最擅长的财务入手，试水 SaaS 模式。但由于 SaaS 模式在当时还太超前，我国很多企业并不认可，这一举措并未取得很好的反响。

2010 年，金蝶开启了"下一代企业服务平台"的探索，集团所有产品线都在实施云升级，同时也在不断孵化和拓展新的云业务，积极布局云生态。

（1）云升级

例如，金蝶 K/3 升级为我国第一款基于云平台的社交化 ERP——金蝶 K/3 Cloud；友商网升级为精斗云，为小微企业提供一站式云服务；金蝶云 ERP 全面升级为金蝶云，金蝶云涵盖财务云、HR 云、全渠道营销云、生产制造云、供应链云、大数据云服务等，目前已为腾讯、华为、可口可乐等众多大型跨国公司提供服务。2018 年，金蝶又推出了我国第一款自主可控的新一代企业级云原生 PaaS 平台——金蝶云·苍穹。

（2）云孵化

例如，金蝶孵化的移动办公平台——云之家，目前在我国企业团队 SaaS 协同软件市场中占有率排名第一；汽车行业信息化解决方案——车商悦，目前已覆盖我国汽车经销商集团百强榜中 47% 的企业；为我国医疗健康行业提供信息化和互联网化整体解决方案的金蝶医疗，目前已服务 3000 多家医院与医疗卫生机构；小微企业信用融资服务平台——金蝶效贷，已获得蚂蚁金服的战略投资。

（3）云投资

例如，2016 年，2.5 亿元人民币收购我国最大的电商企业管理软件服务商——管易云；2018 年，1.84 亿元人民币 C 轮战略投资企业级人力资源 SaaS 服务商——薪人薪事；同年，5000 万美元战略投资我国 CRM 第一品牌——纷享销客；2020 年，1.5 亿元人民币 B 轮战略投资我国第一家提供数据中台服务的独立供应商——数澜科技。

（4）云生态

例如，金蝶与金山集团在移动办公云服务、云存储、云安全等领域展开合作，与亚马逊 AWS 在金蝶 ERP 云服务业务转型、自动化运维等领域展开合作，与京东在中小企业的 ERP 云服务整合解决方案等领域展开合作。此外，金蝶与阿里巴巴、腾讯、华为等企业在企业云服务市场均有不同程度的战略合作。

2021 年 3 月，金蝶公布 2020 年全年业绩，云业务收入达 19.1 亿元人民币，同比增长 45.6%。同时，云业务收入超过传统 ERP 业务收入，占总收入的 57%，这也标志着金蝶再一次成功完成企业转型。

目前，金蝶已经连续 17 年蝉联我国成长型企业应用软件市场占有率第一，连续 4 年蝉联 ERM SaaS[1] 及财务 SaaS 市场占有率第一，并成为唯一入选高德纳（Gartner）全球市场指南的中国企业级 SaaS 云服务厂商。作为全球领先的企业云服务提供商，金蝶已经为世界范围内超过 680 万家企业、政府等组织提供服务。

3.1.2 金蝶的业务布局

金蝶的主要业务布局如图 3-2 所示。PaaS 层有金蝶云·苍穹作为支撑，提供开发服务云、社交服务云、数据服务云、智能服务云、区块链服务云等平台级应用服务，支持企业的快速接入和个性化定制。SaaS 层针对不同规模的企业，主要有金蝶云·星瀚、金蝶云·星空、金蝶云·星辰、金蝶·精斗云，分别为大、中、小、微型企业提供整体解决方案；针对不同领域，提供覆盖财务管理、供应链、人力资源、办公协同等十几个领域的云产品。不同规模企业的解决方案与不同领域的云产品相结合，为工业制造、食品、餐饮、家具、日化、教育、房地产等 20 多个行业提供服务。

大型企业 SaaS 解决方案——金蝶云·星瀚

金蝶云·星瀚主要为大型企业、央企、国企提供数字化转型 SaaS 解决方案，其基于金蝶云·苍穹 PaaS 平台构建，提供生产、采购、销售、办公协同、财务、人力资源管理等 200 多个标准应用及 500 多个生态应用。标杆客户有华为、中

---

1 ERM全称Enterprise Resource Management，翻译为企业资源管理。ERM SaaS可等同于云ERP。

石油、顺丰、国家电力投资集团等大型企业。

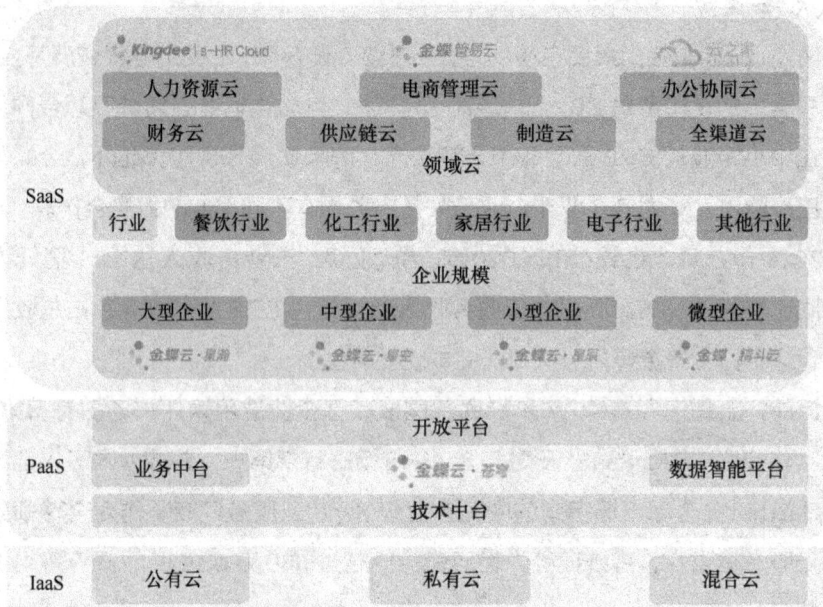

图 3-2　金蝶的主要业务布局

中型企业 SaaS 解决方案——金蝶云·星空

金蝶云·星空是新一代战略性企业管理软件的代表，提供的服务涵盖财务、电商、HR、供应链、智能制造、阿米巴管理、全渠道营销及企业互联网服务，主要为中型企业提供开放的 ERP 云平台，致力于帮助企业提升数字化营销和管理的能力。标杆客户有桃李面包、舍得酒业、祖名豆制品等中型企业。

小型企业 SaaS 解决方案——金蝶云·星辰

金蝶云·星辰主要为小型企业提供在线经营和数字化管理的整体解决方案，涵盖进销存、财务、税务、订货商城等产品，支持小型企业拓客开源、智能管理、实时决策，帮助小型企业在财税管理上进行创新、在经营上掌握全渠道营销的能力。标杆客户有大宋官窑、宝宝王国、张萃凤、客家婆等小型企业。

微型企业 SaaS 解决方案——金蝶·精斗云

金蝶·精斗云主要为微型企业提供一站式的经营管理云服务，涵盖云进销存、云会计、云 POS、云电商、订货商城等标准化的产品，覆盖食品、3C 数码、外贸、科技服务、家居建材、医药六大行业，帮助微型企业提升在线经营和数字化管理的能力。

3.2 运营校招生的培养体系

3.2.1 金蝶集团的"纯金"集训营

金蝶集团每年都会在全国各地招聘约 200 名应届毕业生，这批应届毕业生通常会被金蝶的在职员工亲切地称为"纯金"。"纯金"在到各子公司或各业务线入职之前，都会统一参加集团组织的集训营。集训营分为 2.5 天的室外军事化团建训练和 5 天的室内系统化入职培训。

集训营共分为 4 个阶段，从认识同学、认识金蝶到认识职场，再到最后的总结畅想，通过系统的培训让校招生初步完成从校园到职场的跨越（见图 3-3 ）。

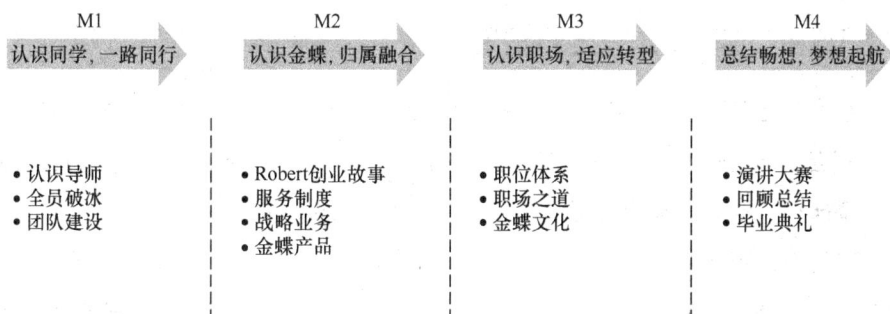

M1 认识同学，一路同行	M2 认识金蝶，归属融合	M3 认识职场，适应转型	M4 总结畅想，梦想起航
• 认识导师 • 全员破冰 • 团队建设	• Robert创业故事 • 服务制度 • 战略业务 • 金蝶产品	• 职位体系 • 职场之道 • 金蝶文化	• 演讲大赛 • 回顾总结 • 毕业典礼

图 3-3 金蝶集团"纯金"集训营安排

"纯金"踏入金蝶集团总部——金蝶深圳软件园的第一天，会由导师前来认领并带着参观园区，熟悉工作环境。接着，来自全国各地的"纯金"都会被邀请至园区内最大的室内会厅，约 200 名"纯金"里外围成两个圈，一个顺时针、一个逆时针缓慢转动，轮流向每一个人进行面对面的自我介绍。

紧接着，"纯金"会被带到海边，面向大海、蓝天和白云，开启一系列的室外军事化团建训练。从"上刀山"到"下火海"，各种各样的游戏化训练都是为了培养"纯金"的团队意识，以及通过团建熟悉和了解周围的同事。这些同事将在集团内各种各样的岗位上施展才能、发挥作用，与他们建立良好的人际关系，也是为"纯金"今后开展跨部门协作奠定基础。

室外的军事化团建训练完毕后，"纯金"会被平均分为多个小组，开始接受金蝶校招生的系统化入职培训。"纯金"会观看金蝶创始人徐少春（Robert）的创业故事，熟悉金蝶的组织架构、服务体系、职位体系，以及金蝶的业务线、产品线，了解金蝶没有家长的大家文化的职场之道等。

通过一系列的培训，"纯金"会对金蝶的使命（全心全意为企业服务，让阳光照进每一家企业）、愿景（做最值得托付的企业服务平台）、价值观（致良知、走正道、行王道）有更深刻的认知。时至今日，致良知、走正道、行王道依然是我的职场价值观。

最后，集训营会以小组的结业作业展示落幕。所有"纯金"都会以小组的形式上台进行作业展示，可能是小品、朗诵、舞蹈、歌唱等各种形式。"纯金"的导师也会前来观看，并为"纯金"颁发结业证书，然后带"纯金"回到工作岗位，正式开启职场生涯。

3.2.2 跨部门的全方位轮岗

金蝶对运营岗位的"纯金"一般都会设置轮岗机制。通过轮岗，"纯金"可以了解自己所在业务线的各个部门具体是做什么的、核心指标是什么、存在的意义是什么，以及各部门之间是如何分工协作、互相配合的。

产品部、销售部、客服部、渠道部、运营部一般是运营岗位轮岗的必选项，在各部门轮流实习一个月左右。如果是运营部的"纯金"，还会拥有轮流实习运营部内部各个细分运营岗位的机会，从而能够找到自己最喜欢和最擅长的运营岗位。每到一个部门轮岗结束后，HR 会组织对"纯金"进行不同形式的考核，包括 PPT 演讲、产品演示和试卷答题。考核不达标的"纯金"会再次回到该岗位实习，直到考核通过。

通过轮岗机制，"纯金"不仅能更深刻地理解企业服务，打好在金蝶开启 B2B 运营必备的专业知识基础，还能接触和认识到各个部门的领导和相关同事，为将来的跨部门协作减少摩擦。最重要的是，"纯金"能更深刻地意识到该岗位存在的意义是什么、该岗位最关键的职责和指标是什么、该岗位主要会和哪些部门的哪些员工打交道、该岗位未来的职业发展路径会是怎样的等很多问题。

3.2.3　产品运营的进阶之路

产品运营是金蝶最早设立的一个运营岗位，也是我入职金蝶的第一个岗位。在金蝶，基本每一条产品线都会视产品的成熟度、用户规模等因素配备一到多名产品运营人员，承载大量的客户沟通、产品推广与培训及产品管理工作，相当于客户与产品经理、产品经理与销售和市场之间的桥梁。产品运营的所有工作几乎都围绕产品展开，所以也隶属于产品部门。

通常情况下，产品运营会比产品经理更懂客户，比其他运营岗位更懂产品，会成为企业内部产品经理的最佳储备人选之一。对于以提供产品为核心的企业服务来说，一款好用、易用的产品是企业发展的根本。而如何打造一款好用、易用的产品，除了产品经理以外，产品运营也不可或缺。

客户沟通

产品运营负责直接或间接地与客户沟通，再将与客户沟通的有效信息传递给产品经理，相当于一个过滤器，帮助产品经理减轻负担的同时，也很大程度上提升了产品经理的效率。面对成千上万来自四面八方的客户反馈，如果让产品经理独自面对，无异于大海捞针，并且产品经理往往也没有时间逐一去挖掘有效信息，这时候产品运营的作用就体现出来。

客户在产品使用过程中遇到的问题、提出的新需求等，通过直销购买的客户会直接反馈给客服或售后，通过分销购买的客户会直接反馈给代理商。产品运营则负责处理和梳理客服、售后、代理商反馈过来的问题和新需求：

- 对于系统漏洞，产品运营会判断优先级后同步给产品经理，并提交给研发人员处理；
- 对于客户的产品操作问题，一般是客服、售后、代理商等解决不了的问题才会给到产品运营，产品运营则会第一时间在取得客户授权的情况下，通过远程或直接登录客户的账号，帮助客户解决问题；
- 对于客户提的新需求，产品运营会汇总各处直接或间接的客户需求，进行归纳整理。

对于以上问题和新需求，产品运营会以周为单位将这些内容整理成文档给到产品经理。久而久之，汇总的客户问题会形成产品操作手册、产品 100 问等知识文档，又能反过来赋能客户、客服、售后、直销和代理商；汇总的新需求则是产品经理衡量新功能开发优先级的重要参考依据，优秀的产品运营能够敏锐地发掘客户真正的需求。

对于还在最小可行性产品（Minimum Viable Product，MVP）阶段或公司战略级的重点产品，产品运营则会直接接触或服务于客户，第一时间为客户解答疑问，并通过远程等方式第一时间为客户解决问题。此外，产品运营还会与用户体验部共同完成一些定性和定量调研，再整理给到产品经理作为产品迭代的参考。

产品推广与培训

产品上线新功能、发布新版本，产品运营都会进行线上或线下的推广。例如，产品上线新功能后，产品运营需要在产品内、公众号、代理商群等渠道发布新功能上线通知。产品发布新版本后，产品运营需要及时更新官网文案、宣传手册、易拉宝等物料。

此外，产品运营还会化身为培训师，编写产品培训资料，然后为客服、直销、代理商等进行培训。为客户提供的产品操作视频也一般都由产品运营录制。金蝶每年至少都会有一次培训计划，产品运营会和产品经理一同前往全国各地，给代理商进行几天几夜的培训。培训完后还有考试，考试分为笔试和实操，在规定时间内考试合格的代理商才能销售金蝶的产品。

产品运营要能够非常熟练地操作产品的每一项功能，并具备用通俗易懂的语言讲解的能力。在招聘方面，金蝶会更倾向于招聘有一定相关背景的新运营人员。例如，财务软件的产品运营会更倾向于招聘具有会计专业背景的应届生，他们理解产品和业务相对来说会快很多。产品运营人员入职后，金蝶会视产品难易程度给新人 1～3 个月的时间去学习，并且会以周为单位让新人在内部反复演讲，演讲结束后还会有抽查，直到新人能独立讲解和演示产品的所有功能为止。

产品管理

在产品经理的安排下，产品运营会通过一些数据分析工具，不定期地协助产品经理做一些用户行为数据分析的专项，获取哪些功能的留存率偏高、哪些按钮的点击率偏高、哪个产品操作步骤执行到哪一步的流失率偏高等数据洞察，再与产品经理共同制定产品版本迭代计划，以及确定新版本的产品运营目标。

新功能或新版本上线后，产品运营也会承担相应的数据分析工作，客观分析产品迭代的效果是"正向"还是"负向"，与产品经理一起持续不断地迭代优化产品。总体而言，产品运营从初级到高级一般会经历 3 个发展阶段：

- **初级产品运营**：主要学习和熟悉产品，作为客户与产品经理之间的桥梁，帮助产品经理梳理总结客户反馈，只有从海量的客户反馈及与客户接触中才能更深入地理解产品和客户；
- **中级产品运营**：对产品已经十分熟悉，能独立演示产品并独立培训，而且能够辅助产品经理做一些产品调研、版本迭代分析等；
- **高级产品运营**：对产品、客户及市场都十分熟悉，能独立负责新功能或新版本上市的推广，并与产品经理实现互补、互驱的合作关系，共同驱动产品持续迭代、健康增长。

B2B 企业要么通过外部招聘，要么通过内部培养产品经理。但是，B2B 产品经理对行业背景和业务理解都有一定的要求，门槛相对 B2C 产品经理会高很多。所以，外部招聘到具有相同行业背景、对业务也非常理解的产品经理，可以说是难上加难。以财务软件为例，一个具有 8 年经验、在 B2C 企业负责过千万级 DAU 产品的产品经理，即使有非常丰富的增长经验，也不一定能做好财务软件的产品经理。因为没有专业背景，更不具备会计专业的相关知识，不可能像在 B2C 企业一样能短时间内理解业务需求、功能需求和客户需求。

为了避免人才断层，产品运营往往是企业内部培养产品经理的最佳人选。一般到了高级产品运营，会有两个职业发展方向：一是往产品经理方向转岗，先成为助理产品经理，再成为负责某个产品线的产品经理；二是继续在产品运营岗位，朝着这条产品线的运营经理发展。相比初级、中级和高级产品运营，运营经理更加具有体系化思维和全局思维，能站在整个产品的角度思考如何搭建产品运营体系，实现产品营收和客户规模的双增长。

3.3　运营部的组织架构

相比 B2C 行业伴随互联网在我国起步之初便开始萌芽运营岗位，并区别于市场部开设新的运营部，B2B 行业的运营岗位普及则整体要慢一些。时至今日，仍然有不少 B2B 企业只有市场部（有些市场部内会设立一些运营岗位），没有运营部。

金蝶·精斗云率先在集团内部开始区别于市场部，成立新的运营部。金蝶·精斗云的 CEO 最开始从各条产品线挑选 3 名产品运营，组成初步的运营团队，并和产品副总裁（Vice President，VP）亲自带队教授互联网运营的新思路。后来，经过多次的内部组织磨合与外部招兵买马，整个运营部的组织架构逐步成型，所负责的业绩指标也逐步增长，并在最后顺利晋升为金蝶集团的运营部。

金蝶·精斗云运营部的核心 KPI 指标为直销的签约订单总金额，参与企业客户的全生命旅程，并主要负责旅程中的"一头一尾"。"一头"涵盖认知阶段、教育阶段和考虑阶段。由于客单价平均不超过 1 万元，到试用阶段的线索会直接交由电话销售团队（简称"电销"）跟进转化，电销的新客户 100% 来源于运营部。"一尾"主要指推荐阶段。其他阶段以其他部门为主、运营部为辅。

运营部由品牌市场团队、活动运营团队、内容运营团队、官网运营团队、产品运营团队和数据运营团队组成，如图 3-4 所示。

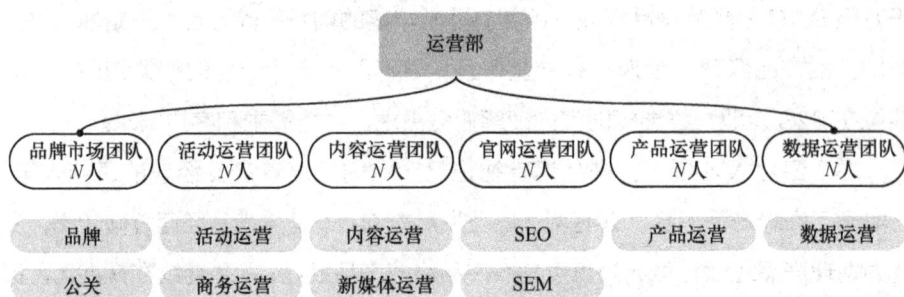

图 3-4　金蝶·精斗云运营部的组织架构

品牌市场团队

品牌市场团队主要负责金蝶·精斗云的品牌管理与推广，以及公共关系管理。具体而言，这些工作包括金蝶·精斗云官方品牌微信公众号的运营、客户案例包装、新闻稿件撰写及年度大型品牌活动的策划落地等。其他团队涉及对外推广的任何物料都需要接受品牌市场团队的管理，以保证品牌传递的一致性。同时，金蝶集团的品牌部会根据金蝶的品牌定位制定月度、季度、年度的品牌策略和品牌规划，下发到各子业务的品牌市场团队进行一定程度的配合工作。

品牌市场团队一方面需要完全负责金蝶·精斗云的品牌工作，另一方面需要配合集团进行品牌合力。品牌市场团队的核心指标是品牌声量，不为具体的线索指标负责。因为一旦为线索指标负责，品牌市场团队就有可能做出一些短期获利、但有损品牌形象的事情。

活动运营团队

活动运营团队主要负责对外商务合作，以及线上和线下的各种活动开展。线上活动主要围绕官网、App、小程序等线上触点展开，包括金蝶集团"8·8"司庆日、"11·11"和"6·18"等购物狂欢节和一些法定节假日的促销活动，以及贴合目标客户群体、老客户群体的促活活动。例如，在金蝶·精斗云感恩月活动中，客户将自己与金蝶·精斗云的故事以在线投稿的方式参赛，就有机会赢取千元豪礼。线下活动主要负责除了大型品牌活动以外的其他活动，如线下沙龙、线下展会、线下讲座等。

活动运营团队的核心指标是活动带来的新老订单金额。活动运营团队一方面需要通过各种线上和线下的活动获取新客户，另一方面也对老客户的促续约和老线索的促成单效果负责。

内容运营团队

内容运营团队主要负责金蝶·精斗云的内容营销工作，包括内容规划、内容制作、内容推广和内容完善的全流程，为通过内容带来的新线索数负责。内容运营团队会结合公司战略、产品规划、品牌策略等进行内容规划，然后通过原创及内外部专家的支持制作内容，最后将制作的内容推广至各个渠道，并进行数据复盘。

内容运营团队有专门负责制作图文型内容、视频型内容和条漫型内容的人员，并各自负责对应新媒体渠道的分发工作和数据监测工作。例如，短视频运营人员主要负责微信视频号、抖音、快手、哔哩哔哩等视频渠道的内容分发和数据监测。

官网运营团队

官网运营团队主要负责金蝶·精斗云官网的运营工作，为官网带来的有效线索数负责。一方面，官网运营团队需要负责官网整体的架构设计，包括导航栏如何设置、页面层级如何把控、页面交互如何设计、视觉设计如何与品牌调性一致等，以及其他团队的活动、内容等上下架的需求。负责官网的产品经理可以随时调用中台的研发资源和设计资源。另一方面，官网运营团队还需要负责官网的搜索引擎优化（Search Engine Optimization，SEO）和搜索引擎营销（Search Engine Marketing，SEM），负责 SEM 的人员掌握了运营部的很大一部分预算。

产品运营团队

产品运营团队相当于运营部的产品经理，他们有一小部分工作是协助部门其他人员进行产品设计。例如，活动运营团队做活动需要制作落地页时，会申请产品运营团队的协助，设计规划更规范的活动落地页面。他们还有一大部分工作是自主设计一些创新型的运营产品，可以是产品内的，也可以是产品外的。例如，金蝶·精斗云的"用户 + 企业"双积分商城（产品内）和金蝶个税筹划小程序（产品外）就是产品运营团队的工作成果。产品运营团队为自己设计的运营产品的用户活跃度及能带来的有效线索数负责。

数据运营团队

数据运营团队为整个运营部的决策提供数据支持，主要负责运营部的数据规划、数据采集和数据分析。

数据规划方面，数据运营团队会整合运营总监及运营部各个团队的数据需求，进行整体的数据规划。数据采集方面，他们会协调中台的产研资源进行数据埋点采集。数据分析方面，他们会借助相应的工具让这些数据可视化呈现，并定期产出数据分析报告。数据运营团队提供的数据可视化看板包含运营部整体及各团队负责的指标总览、次要指标详情，是运营部每周周会必看的报表。

3.4 运营部的常规岗位

"修之于身，其德乃真"，接下来我将以亲身经历过的运营岗位为例，为大家详细介绍运营部的产品运营、新媒体运营、内容运营、活动运营、社群与社区运营具体是做什么的，以及需要具备哪些能力。

3.4.1　产品运营

成立运营部后大家会发现，对于 B2B 企业不管是树立品牌形象还是获客培育来说都非常重要的企业官网常常处于"两不管"的地带，主要原因有以下 3个方面：

（1）企业官网不会像 B2C 产品那样需要频繁地快速迭代以满足用户不断变化的需求，基本以"季"或"年"为单位才会进行一次升级或改版，大多数B2B 企业并不会为企业官网配备专门的产品经理、研发和设计；

（2）B2B 企业产品经理的核心职责是负责自己所属产品线的产品规划、产品迭代、产品调研等工作，企业官网并不在他们的工作范围内；

（3）大多数运营人员不擅长官网的整体架构设计、页面开发等需要一定技术知识基础的工作。

所以，运营部需要有一名具备产品思维和运营思维的产品运营，把企业官网当成一款产品，从长远的角度规划和迭代。当企业官网需要升级或改版时，产品运营需要担任产品经理的角色，协调开发资源和设计资源，使其落地。同时，产品运营在平时需要通过新增或减少一些页面、优化页面的排版布局、调整引导产品注册试用文案等方式，提升企业官网的注册转化率、网站访问时长等指标。

此外，像运营部做活动时需要用到的活动落地页，开展一些创新型项目时需要用到的小程序、H5 等，凡是涉及开发资源的协调、需要有一定产品思维的工作都会由产品运营负责。产品运营除了配合部门其他成员的需求以外，自己也会主导一些项目，如商机推荐系统的设计和运营、平台积分系统的设计和运营等客户采购产品以外的产品运营。产品运营相当于运营部的产品经理，需要和其他部门建立良好的合作关系，具备很强的协作沟通能力。

当同一个职位隶属于不同的部门时，其岗位的核心职责及所需具备的能力和思维也会有不同程度的侧重。隶属于产品部和运营部两个不同部门的产品运营岗位的区别如表 3-1 所示。

表 3-1 隶属不同部门的产品运营的区别

对比项目	隶属产品部的产品运营	隶属运营部的产品运营
工作范围	客户采购的产品	非客户采购的产品
直接汇报对象	产品经理	运营总监
主要目标	打造一款好的产品	帮助产品获得更多新客户
主要指标	产品留存率、客户活跃度等	注册数、有效线索数等
思维占比	产品思维占 80%，运营思维占 20%	产品思维占 50%，运营思维占 50%
主要能力	表达沟通能力、总结归纳能力、数据分析能力	沟通协调能力、产品设计能力、运营推广能力

3.4.2 新媒体运营

新媒体运营在 B2B 企业中一般是比较基础但不可或缺的岗位，主要负责 B2B 企业各个媒体账号的运营，如微信公众号、微博、抖音、今日头条、知乎等。鉴于 B2B 内容的专业性，一般情况下新媒体运营需要自己原创的内容会比较少，更多是汇总各个需求方的内容推广需求，通过整理、转载、翻译等方式优化内容，再结合各个新媒体账号的特点有针对性地发布内容。

总体而言，新媒体运营的工作主要分为 5 个模块，如图 3-5 所示。

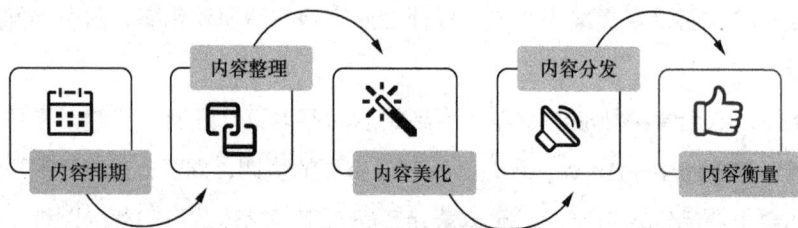

图 3-5 新媒体运营的工作

内容排期

新媒体运营通常会以月为单位，汇总产品部、客户成功部、解决方案部等其他部门及运营部的内容推广需求，并提前协调、确定好下个月的排期。

内容整理

对于需求方给到的"成品"内容，如产品部的产品运营提供的需要推广的产品新功能介绍，新媒体运营则无须花太多精力再去整理，只需仔细检查有无错别字即可。还有一些内容则是需要新媒体运营人员自己主动整理的，如内部财务专家线上、线下的演讲内容，新媒体运营人员需要结合财务专家演讲的PPT、音频、视频等整理成可读性强的内容。

将演讲内容整理成可读性强的内容，是 B2B 企业的新媒体运营人员必须具备的软实力。以整理文章为例，通常情况下，新媒体运营人员在整理文章的过程中会经历以下 3 个阶段。

- 第 1 个阶段是能按照演讲者的内容，没有语病地加以整理。整理出的文章的好坏完全取决于演讲者的水平。
- 第 2 个阶段是能理清演讲者的逻辑，将口语化的表达精简提炼，并能梳理文章的脉络。整理出的文章是很有逻辑且适合阅读的，但大部分仍然取决于演讲者的水平。
- 第 3 个阶段是不仅能理清逻辑，还能结合演讲者的内容"查漏补缺"。整理出的文章的好坏仅少部分取决于演讲者的水平，最终形成一篇逻辑清晰、通俗易懂、有货有料的文章。

内容美化

内容整理完毕后紧接着就是内容美化，这一步非常重要，对外的内容风格、设计风格将在无形中影响客户对 B2B 企业的潜在印象。如果是发布在微信公众号上的文章，则需要用秀米、135 编辑器等第三方工具排版。如果是发布在抖音上的视频，则需要用剪映、Premiere 等视频剪辑工具美化。在这一步，新媒体运营人员需要管控内容整体的表达方式和视觉呈现效果，与企业品牌形象保持一致。

内容分发

内容美化完毕后，新媒体运营人员需要将内容有针对性地分发至不同的新媒体平台。例如，为了使文章的打开率最大化，同一篇文章发布在微信公众号上的标题和发布在今日头条上的标题可能是不一样的；长视频适合发布在 B 站，短视频适合发布在抖音，干货类文章适合发布在微信公众号或知乎等平台上。新媒体运营人员需要跟随时代的变化，熟练掌握多种新兴媒体的运营方法。

内容衡量

内容衡量是新媒体运营工作中的最后一步，也是非常重要的一步。新媒体运营的指标通常是各个新媒体渠道的粉丝数、内容的阅读量或内容带来的注册量等，新媒体运营人员需要结合数据分析指导下一步的运营计划。

3.4.3　内容运营

新媒体运营的进阶便是内容运营。内容运营在 B2B 企业中更多扮演的是一个八面玲珑的"整合者"角色，而不是 B2C 企业中"原创者"的角色。

作为 B2B 企业的内容运营人员，一是需要具备一定的专业知识积累，能深刻理解产品、业务、行业；二是需要有一定的写作能力，能够独立完成内容营销的全流程；三是需要有一定的跨部门协作能力，能够独立推动内容项目的顺利进行。通常情况下，每名内容运营人员都会配备一到多名侧重于文章、视频等不同内容呈现形式的新媒体运营人员。

在 B2B 企业中，内容运营相当于一个"中转站"，如图 3-6 所示。

图 3-6　内容运营在 B2B 企业中的作用

对于内部专家提供的内容，如隶属于产品部的产品运营产出的产品操作手册、售前部的解决方案专家产出的行业解决方案、售后部的 CSM 产出的产品问答文档等，和外部专家提供的内容，如人物专访、线下演讲等，内容运营人员需要进行汇总、分类、整理和归纳。在对外把关输出方面，各个部门计划对外发布的所有内容都需要经过内容运营人员的审核、美化等，达到对外发布的标准才能对外发布。

内容规划

内容运营人员需要结合公司战略和产品规划，找到贯穿全年的关键词，提前制定全年的内容计划。例如，2020 年金蝶云的关键词是"重构数字战斗力"，那么围绕关键词，按照 5W1H1E 模型进行拆分，全年应该按照什么样的节奏、制作什么样的内容、覆盖什么类型的渠道、触达什么画像的客户、如何落地已规划的内容、计划达到什么样的效果等都需要内容运营人员提前规划。

内容原创

内容运营人员所需原创的内容大多属于配合型的工作，有一些也会直接交给具有一定经验的新媒体运营人员完成。因为线上的传播渠道基本掌握在内容运营人员和新媒体运营人员的手中，所以活动运营、产品运营或其他部门想要借助运营部的渠道做一些宣传时都会集中向内容运营人员提需求。例如，某条产品线需要举办新版本的发布活动，内容运营人员则需要配合需求方制定线上和线下的传播方案，并负责活动预热稿、新闻稿、观点稿等稿件的原创内容写作。

内容整合

内容运营人员通过整合各方内容，帮助其他部门更好地服务处于企业客户生命旅程不同阶段的客户，其中，客户案例和解决方案的包装是内容运营的重中之重。例如，对售前部的解决方案专家产出的行业解决方案进行再包装，内容运营人员会结合行业知识和已有的内容沉淀，对行业解决方案进行增、删、改，最终美化达到对外发布的标准，这样既可以帮助售前部更好地签约客户，也可以帮助运营部更好地获客。

内容运营的指标通常比新媒体运营在企业客户生命旅程中更靠后，一般包括内容带来的注册数、商机数、订单量或订单金额。

3.4.4 活动运营

活动运营主要负责线下活动和线上活动的统筹，根据不同性质的活动对活动结果负责。有些活动的目的就是品牌曝光，活动运营需要做的就是通过宣传尽可能地吸引更多目标客户报名和关注活动，以及考虑活动过后如何最大限度地二次曝光。而有些活动则需要落实到通过活动带来的有效线索数及老线索的转化数等具体指标，这就需要活动运营人员与销售人员互相配合，客户邀约提前到位，活动内容准备充分。

线下活动包括大会、沙龙、私享会等自办的活动，以及展会、论坛、峰会等合办和外部赞助的活动。过去，传统的 B2B 企业基本依靠线下活动与陌生客户建立信任、推进潜在客户做决策。时至今日，线下活动依然是让客户对 B2B 企业有更加深刻和准确认知的重要方式。规模稍微大一些的 B2B 企业基本每年都会自办规模宏大的年度大会，以传递产品信息、展现领先技术、彰显企业实力。

线上活动主要围绕 B2B 企业与客户接触的线上触点，如产品内、官网、微信公众号等，结合节假日等热点，展开提升新客户数量、新客户付费转化率及老客户活跃度的相关线上活动。

不论是线下活动，还是线上活动，活动运营人员都需要具备一定的项目管理能力、商务谈判能力和创意策划能力。

活动运营的细节非常多。以线下活动为例，大到整个场地的设计，小到每一个座椅上的摆设，活动运营人员都需要具备极强的项目管理能力。通过项目管理，合理分配人力和资源，让活动有条不紊地进行。一场活动如何邀请到有名气、有干货的讲师，如何邀请到更多的媒体记者到场报道，如何与更多的上下游企业联合发声等，都很考验活动运营人员的商务谈判能力，要尽量用最少的内部资源置换最多的外部资源。B2B 企业的活动大多数千篇一律，如何通过有创意的策划让活动二次传播甚至出圈，是 B2B 活动运营人员需要向 B2C 活动运营人员学习的。

3.4.5 社群与社区运营

一般只有发展到一定规模的中大型或集团型 B2B 企业才会有多余的资源开始筹建社群、搭建社区，相应地才会设立社群运营和社区运营的独立岗位。

"金蝶明珠会"于 2002 年在上海东方明珠电视塔成立，是金蝶集团面向企业管理者的高端俱乐部，由郭广昌、董明珠、金志国、陈育新等知名企业家担任名誉顾问。只有各行各业知名企业家、高层领导、优秀管理者才有资格成为"金蝶明珠会"的社群成员。加入"金蝶明珠会"的社群成员能享受人脉资源、合作资源、参会等多种福利，共同挖掘各行业标杆企业的价值，分享成功管理的经验。

B2B 社群运营主要围绕企业服务的目标客户群体，这些人可能是企业服务的使用者，也可能是发起者、决策者等其他企业客户采购角色链上的角色。通常情况下，围绕决策者的社群运营 ROI 是最高的，"金蝶明珠会"主要围绕 CIO 和 CFO 等大部分决策者展开运营。但是，由于决策者的职级一般都比较高，社群运营的难度会更大，同时对社群运营人员的沟通、交际等各方面能力的要求也会更高。

运营一个社群不亚于运营一款产品。社群运营不仅需要能为社群成员提供有价值的内容和资源，以增强社群成员的黏性，还需要策划线上、线下活动，以维持社群的活跃度。作为一名社群运营人员，最需要的就是吃苦耐劳的精神。因为不管哪位社群成员有什么问题，在什么时间找你，社群运营人员都必须及时回复，让社群成员满意；否则，一旦某个社群成员产生负面反馈，都有可能让社群运营人员已经做出的努力付诸东流。

多个社群汇聚在一起，便会形成社区。B2B 的社区大多以网站的形式存在于企业官网的某个子页面中，既包括正在使用的老客户群，也包括暂未采购的新客户群。这些老客户和新客户又会根据不同的兴趣爱好、使用不同的产品、不同的岗位等维度组成多个社群。

因为要同时运营不同类型的多个社群，社区运营的要求会比社群运营更高。金蝶集团的社区运营主要负责金蝶云社区的重点规划和运营推广，并对社区的流量变现负责。

3.5 运营部的增长团队

在获客成本日益攀升、流量获取日益困难的大背景下，常规的运营部组织架构即使投入与以往相同的经费、人力、时间，也很难达到同样的效果。

百度搜索引擎是 B2B 企业重要的精准获客来源，在投入 1 名全职 SEM 和 1000 万元投放经费的情况下，今年能获取的意向客户数大概率会比去年少。在相同投入的情况下维持业绩稳定已属不易，更何况制定月度、季度、年度目标时通常还会要求所负责的指标有所提升。此外，运营部分团队后，各团队很容易各自为政，互相之间缺少"1+1>2"的协同效应。

所以，这就需要设立增长团队，结合当下的背景和趋势，通过不断提出假设去开拓新的运营渠道并尝试新的运营方法，以小步快跑、快速迭代的数据驱动增长的理念联通其他部门和运营部的其他团队进行创新型的运营工作，为产品的客户增长和企业的利润增长找到新的突破口。

得益于高层领导的支持，金蝶运营部的增长团队建立之初就已经具备一定的群众基础，不仅可以调用运营部内各团队的资源，还能调用其他部门的研发、测试、设计等资源。因此，一个隶属于运营部的跨部门虚拟增长团队形成（见图 3-7），包括 1 名增长团队负责人和多名增长运营，以及可随时调用的产品运营、数据运营、产品经理、工程师（包括前端、后端、测试）、设计师。

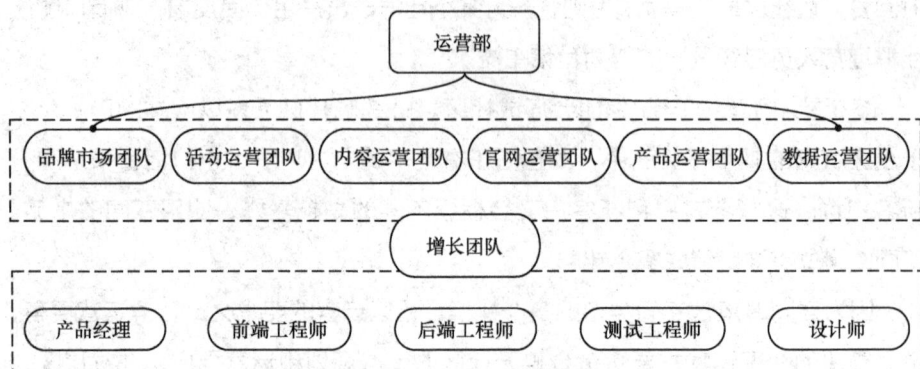

图 3-7　跨部门的虚拟增长团队

3.5.1　增长准备：聚焦点 + 北极星指标 + 增长模型

有了高层的支持和人才的储备后，增长团队在正式投入运营工作前还需要做好以下 3 点准备。

寻找聚焦点

增长团队要想在短时间内取得一定的增长成绩，建立增长信心，聚焦是前提。聚焦点是增长团队需要在前期通过大量的历史数据分析和调研去寻找并明晰的。因为对于增长团队来说，找到"做什么"比"怎么做"往往会更重要，正所谓"方向不对，努力白费"。

第一步，结合历史的新签、续约、客户满意度等数据，增长团队对金蝶·精斗云旗下的云会计、云进销存、云 POS、云报销、云零售、小程序商城等系列产品进行了全面的数据分析，发现云会计产品的各项数据指标表现最优。考虑到金蝶以财务软件起家的背景，以及企业内部拥有大量的财务专家资源，增长团队在产品上确定聚焦云会计。

第二步，通过对云会计产品的历史采购客户数据进行分析，增长团队发现虽然 CEO 在采购云会计时往往拥有一票否决权，但决策者大部分还是会计人员，因为财务软件非常专业且具有一定的使用门槛。于是，增长团队在目标客户上确定聚焦会计群体。因为金蝶·精斗云面向微型企业，进一步聚焦以初、中级会计职称为主，高级会计职称为辅的会计群体。

第三步，通过对企业客户生命旅程的各个阶段进行分析，增长团队聚焦在云会计最容易增长的试用阶段。排除其他阶段的原因如下：

- 经过早期"账海无边，金蝶是岸""用金蝶软件，打天下算盘"等脍炙人口的广告语宣传抢占用户心智，金蝶的财务软件在会计群体已经有一定的品牌知名度，所以排除认知阶段；

- 财务管理软件已经基本普及，现在是"买哪家"的问题，而不是"买不买"的问题，所以排除教育阶段和考虑阶段；

- 自 2005 年成立至今，云会计的相关资料、电销培训体系已经很完善，客户可以十分流畅地在官网自行完成注册试用、采购付款、开具发票的全流程，选型采购率也处于较高水平，所以排除选型阶段和购买阶段；

- 经过多年的打磨，产品部和用户体验部对云会计的新手引导（Onboarding）流程已经迭代得十分友好，优化空间较小，所以排除上手阶段；

- 云会计已经积累了大量的产品上手手册和产品操作视频，还有金蝶·精斗云在不断"投喂"的产品问答机器人，所以排除使用阶段；

- 鉴于我国小微企业的平均寿命不到 3 年，续费阶段存在的增长机会要"靠天吃饭"，所以排除续费阶段；

- 推荐阶段是运营部的产品运营团队在负责，已经有相应的商机推荐系统在迭代和优化，所以排除推荐阶段。

明确北极星指标

通过寻找聚焦点，增长团队确认在产品上聚焦云会计产品、在目标客户上聚焦会计群体、在企业客户生命旅程上聚焦试用阶段。那么，如何评估增长团队的阶段性进步和成功就需要一个统一的指标，即北极星指标。北极星指标一旦确立，就将像北极星一样引领增长团队所有成员的行动方向。

北极星指标的确立有以下 3 个标准。

标准1：该指标是否可及时监测、直接作用。

增长是由数据驱动的，如果一个指标要在增长团队执行运营策略后的几周、几个月才能看到波动，就不是适合的指标，因为无法及时衡量运营策略的执行效果，也就无从迭代。此外，增长团队还要对该指标的波动产生直接的影响，如果运营策略执行后运营效果的好坏取决于其他团队，就不是适合的指标。例如，B2B企业的营收就是一个相对滞后的指标，且影响因素太多，就不适合作为北极星指标。

标准2：该指标是否能易于团队成员理解。

易于理解的指标将极大地减少沟通成本，也便于增长团队在初期率先达成统一的认知。通常情况下，北极星指标一般选取绝对值，而非百分比、比例。例如，"总活跃客户数"就比"采购金额大于1万元的活跃客户的比例"易于理解。

标准3：该指标是否能让客户体验企业服务的核心价值。

增长团队要为企业的客户增长和利润增长负责，只有让客户体验到了企业服务的核心价值，才有使客户转化为付费客户、进而贡献利润的可能。否则，该指标就会沦为无用指标，即使该指标增长得再快，对企业的增长也没有实质性帮助。

最终，增长团队将北极星指标定为云会计产品的注册试用数。运营部的数据运营团队搭建有可视化的数据看板，并可以及时监测该指标，且该指标增长团队可直接作用，符合标准1。简单易于理解，符合标准2。注册试用的客户有30天免费使用产品的权限，加上产品Onboarding流程，客户可以体验到产品的核心价值，符合标准3。

搭建增长模型

明确北极星指标后，接下来就是搭建增长模型。通过将北极星指标作为输出变量，将影响北极星指标的其他指标作为输入变量，再结合输入变量和输出变量之间的关系形成公式，即增长模型。例如，最简单的增长模型：活跃用户数 = 新用户进入数 − 老用户流失数。

最终，增长团队得到：云会计产品的注册试用数 = 直接注册试用数 + 间接注册试用数。直接注册试用数是指直接在企业官网、产品型小程序、App上进行产品注册试用的线索数;间接注册试用数是指通过内容(包括公开课、白皮书、信息图等)和活动(包括线上活动和线下活动)未直接在官网进行产品注册试用,但线索成熟度被判定为意向客户的线索数。客户采购产品的意向程度,前者高于后者。

进一步对直接注册试用数和间接注册试用数进行拆分,即可得到以下增长模型,如图 3-8 所示。

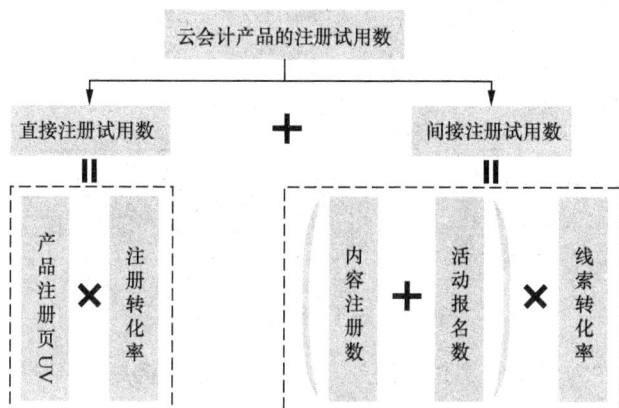

图 3-8 云会计产品注册试用数的增长模型

根据增长模型,增长团队即可针对各个环节制定相应的运营方法,并通过数据驱动快速验证不同运营方法的可行性。一方面,增长团队会持续探索和实践新的运营方法;另一方面,增长团队会对有效的运营方法持续迭代和优化,直到接近该运营方法的增长临界点。

3.5.2 增长框架:内容 + 触点 + 工具

经过不断地探索和实践,增长团队选取微信生态为主战场,从 0 到 1 逐步积累起覆盖六位数会计群体的微信私域流量池,并以零广告投放费用,不到半年时间即获取云会计产品的注册试用数过万。在这个过程中,整个增长框架逐步成型,由内容、触点和工具组成,如图 3-9 所示。

内容

内容是营销之本,也是 B2B 运营增长的基石,在企业客户生命旅程的各个阶段都离不开内容的支撑。

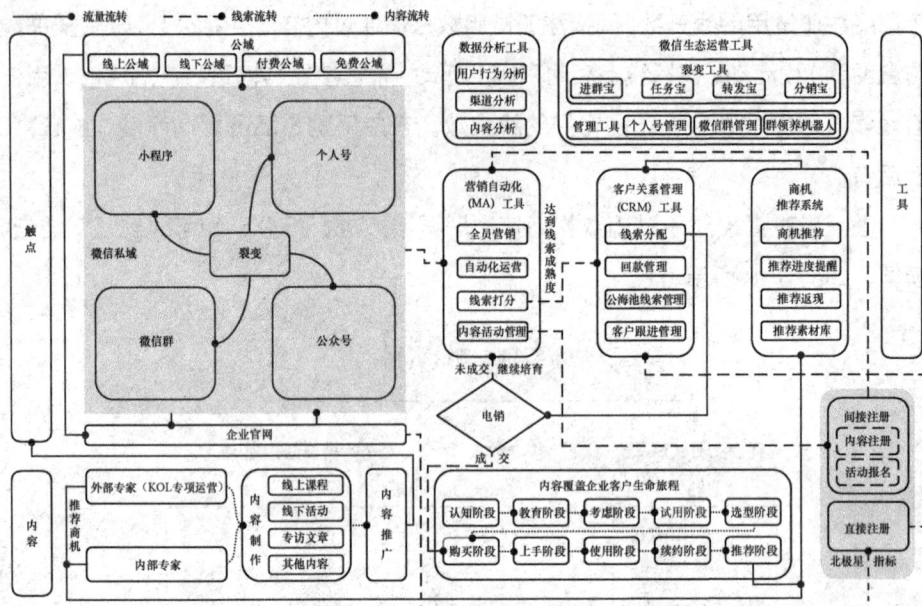

图 3-9　增长团队的增长框架

——→ 流量流转　　- - -→ 线索流转　　••••→ 内容流转

公域：线上公域　线下公域　付费公域　免费公域

数据分析工具：用户行为分析　渠道分析　内容分析

微信生态运营工具

裂变工具：进群宝　任务宝　转发宝　分销宝

管理工具：个人号管理　微信群管理　群领养成机器人

微信私域：小程序　个人号　裂变　微信群　公众号

营销自动化（MA）工具：全员营销　自动化运营　线索打分　内容活动管理

客户关系管理（CRM）工具：线索分配　回款管理　公海池线索管理　客户跟进管理

商机推荐系统：商机推荐　推荐进度提醒　推荐返现　推荐素材库

触点　工具　内容

企业官网

达到线索成熟度　未成交 继续培育　电销　成交

外部专家（KOL专项运营）　内部专家

内容制作：线上课程　线下活动　专访文章　其他内容

内容推广

推荐商机

间接注册：内容注册　活动报名

直接注册

内容覆盖企业客户生命旅程：认知阶段　教育阶段　考虑阶段　试用阶段　选型阶段　购买阶段　上手阶段　使用阶段　续约阶段　推荐阶段

北极星 指标

　　增长团队在内容制作的源头投入人力，一方面服务好内部的财务专家，另一方面通过项目制运营从 0 到 1 组建了一支庞大的外部关键意见领袖（Key Opinion Leader，KOL）队伍，并建立了内容制作的流水线。由内部专家和外部专家组成的"财务智囊团"不断产出线上课程、专访文章及参与线下活动等，确保触达目标客户群的内容不仅连续，而且专业、有价值。

触点

　　以优质内容为核心，通过公域和官网积累微信私域的初始流量。再通过不断迭代进行多次裂变活动，增长团队在微信生态内建立了以小程序、个人号、公众号和微信群为载体的微信私域获客转化矩阵。

　　内容需要通过触点进行推广，推广内容的承接要么是直接注册试用，要么是间接注册试用。

- 引导至云会计产品注册页进行直接注册试用的线索将进入 CRM 工具，每天平均分配给所有电销。根据打电话数和成交数综合评估，会给排名靠前的电销优先分配商机推荐系统的线索。
- 引导至内容和活动进行间接注册试用的线索将进入 MA 工具，根据线索打分规则（见表3-2），达到一定分值、培育成熟的线索将进入 CRM 进行分配。

表 3-2　线索打分规则示例

打分行为	分值规则		
活动行为	每次分值	累加次数上限	分值上限
报名线下讲座	10	5	50
报名线下峰会	10	5	50
到场参与活动	15	5	75
内容行为	每次分值	累加次数上限	分值上限
下载白皮书	5	10	50
报名公开课	5	10	50
下载公开课 PPT	5	10	50
其他非直接产品注册试用行为	每次分值	累加次数上限	分值上限
关注公众号	1	5	5
点击公众号菜单栏	1	5	5
打开邮件	1	5	5

内容和触点相辅相成，内容需要通过触点触达目标客户群，而客户是否愿意长久沉淀在私域触点则取决于内容本身。

工具

不同的工具有不同的作用。除了 CRM 工具和商机推荐系统是已经自建的，为节省时间和研发资源，尽快投入使用，其他工具均采购第三方。

- **数据分析工具**：记录和分析官网、App、小程序及云会计产品内的用户行为，帮助增长团队更加了解客户；还可以进行内容评估，分析优劣获客渠道。

- **微信生态运营工具**
  - **裂变工具**：在微信进行裂变时，均有第三方裂变工具可以直接使用，快速上线，帮助增长团队通过裂变爆发式获取流量。
  - **管理工具**：当微信生态达到一定规模时，一定不能靠人工运营。个人号和微信群都有相应的管理工具，可以自动、批量、个性化对个人号的好友和微信群成员进行运营，帮助增长团队提升运营效率。

- **MA 工具**：微信生态内的内容和活动均通过 MA 工具报名和进行后续的自动化运营，以便对间接注册试用的线索进行打分；同时，可监测每位员工分享内容和活动的数据，进行全员营销。

总体而言，工具主要赋能三个方面：一是赋能内容体系；二是赋能数据体系；三是赋能触达体系。数据驱动内容迭代和触达迭代，最终让合适的内容在合适的时间通过合适的触点触达合适的客户群，由此形成增长闭环，如图 3-10 所示。

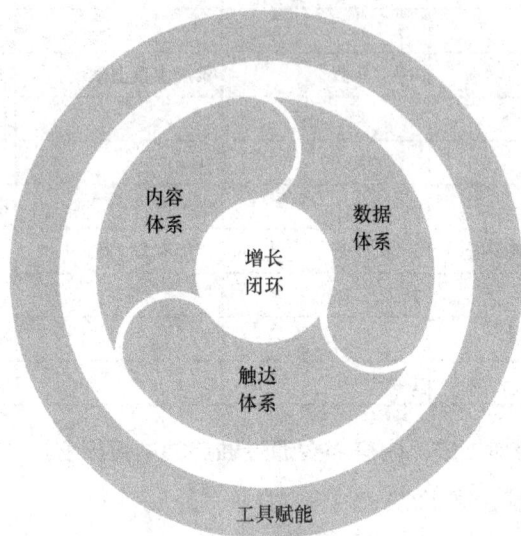

图 3-10　增长闭环

3.5.3　构建微信私域获客转化矩阵

近些年快速崛起的小米有一个以用户为中心，由硬件、互联网 / 物联网、新零售组成的"铁三角"商业模式，如图 3-11 所示。

以小米手机为代表的硬件属于流量型产品，虽然利润率不高，但能迅速扩大用户基数，并培养出高黏性的粉丝；以小米之家为代表的新零售属于形象型产品，主要用于沉淀用户的商业场景，提升品牌形象；以 MIUI 为代表的互联网属于利润型产品，才是小米真正赚钱的业务。

借鉴小米的商业模式，增长团队在微信私域基于小程序、个人号、公众号、微信群四大载体，逐步补充构建了涵盖流量型、形象型、利润型的触点，分别负责引流获客、培育孵化、试用转化，形成跨载体互通、同触点互联的微信私域获客转化矩阵，如图 3-12 所示。

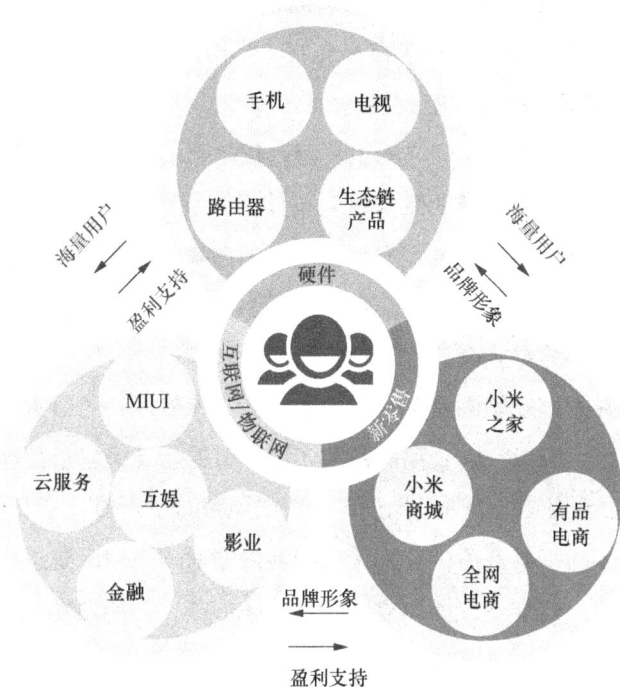

图 3-11 小米的"铁三角"商业模式

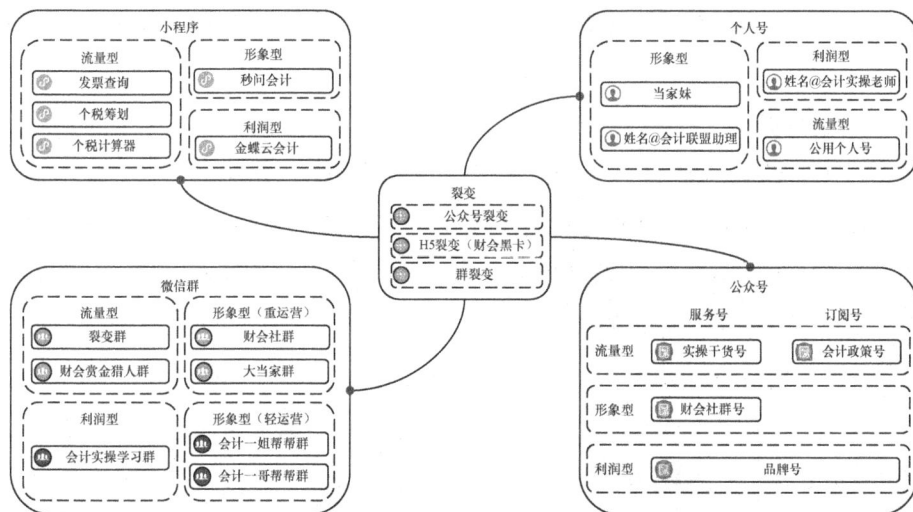

图 3-12 微信私域获客转化矩阵

小程序矩阵

十几年前还处在 PC 时代时，为了提升企业官网的 SEO，金蝶就已经深入会计群体的工作场景，开发了很多免费、实用的网页版会计小工具。例如，DAU 达到几十万量级的发票查询工具。

到了移动互联网时代，同样的工具可以复刻至小程序。运营部开发了多个流量型的工具类小程序，借助微信获取流量，并为其他小程序导流。微信搜索是一个巨大的流量入口，结合经常被用户高频搜索、简单易输入的特性，为小程序取一个自带流量的名称，便能获得可观的流量。

因为会计工作的专业性，为了规避财税风险和习得特殊经验，会计人员会有一些不便公开的问题想向资深会计人士请教，但他们一般很难接触到，也很难建立信任关系。所以，增长团队开发了形象型的会计问答小程序——秒问会计。秒问会计会邀请 KOL 入驻，用户可付费或免费向会计 KOL 提问并得到解答。通过会计问答不断积累优质内容，让目标客户在遇到类似问题进行搜索时能率先找到秒问会计。这样不仅能树立良好的品牌形象，还能为其他小程序提供充足的流量。

利润型小程序为云会计产品的简化版，涵盖产品的基础功能和差异化功能，用户可以通过微信授权直接试用，要想体验差异化的功能才需要注册留资。如果用户想进一步了解或直接购买云会计产品，可以直接在小程序内拨打电话联系销售人员。

个人号矩阵

形象型和利润型个人号主要服务于对应的微信群。"当家妹"主要服务全国的会计 KOL，只有一个微信号；"会计联盟助理"主要服务财会社群的众多用户，会有多个虚拟人设的个人号；"会计实操老师"主要服务购买 9.9 元会计实操教程的用户，会打造比较专业的真人形象。

此外，还有一个公用个人号，从裂变活动、公众号反馈等其他来源添加的用户都会汇聚在该个人号，同时为其他触点引流。所有个人号的朋友圈和私信都是高效触达用户的触点。

公众号矩阵

流量型公众号围绕能吸引目标客户的细分内容展开，不会有任何企业服务的硬广内容，用于吸引和沉淀更多目标客户，扩大被转化的基数。增长团队选取会计实操干货建立服务号，同时可以为 9.9 元会计实操教程精准带量；选取会计政策解读建立订阅号，可以不受每月 4 次推文的限制，及时播报和解读会计最新政策。

形象型公众号主要为财会社群服务，社群内的课程、文章等内容都会通过该公众号发布，一方面沉淀优质内容，另一方面吸引更多用户加入社群。

与此同时，由于服务号的活动体验更加流畅，通常是裂变活动快速涨粉的主阵地。每次公众号裂变带来的大量粉丝，都会通过公众号互推等形式引流至其他公众号再次沉淀。

利润型公众号用品牌名称命名，涵盖订阅号和服务号。订阅号主要面向对企业服务有需求待采购的客户，前两种类型的公众号会逐步引导有意向的客户至此，再通过品牌市场团队发布的客户案例、产品介绍、签单文章等与企业服务有关的内容进行试用转化。

由于服务号的功能更加强大，借助 MA 工具，增长团队面向不同群体设置了个性化的菜单栏和内容，进行针对性运营。

- **面向老客户**

老客户服务一般交由 CSM 负责，但是对于庞大基数的小微企业客户，售后服务都会向在线自助式发展。运营部将网页版的智能客服机器人嵌入服务号，为老客户新增一个售后服务的通道。

同时，老客户关心的产品迭代、功能进度、产品操作培训等都在服务号为其提供。例如，产品团队会将每个月的产品计划绘制成一张进度表，清晰地罗列哪些在需求评估、功能开发、测试上线等环节中，都会通过服务号同步给老客户。

- **面向内部员工**

内部员工是很多 B2B 企业容易忽视的隐形资产。作为本身就在公司工作、对公司产品有充分了解的员工，无疑是最佳的"带货达人"。但是，要让员工自驱传播，无外乎两点，即荣誉驱动和利益驱动。

金蝶年会为员工送了一套在深圳湾价值千万元的全智能房屋、为每位员工发放 888 股的股票等能让员工为身在这家公司感到自豪的事情，不用督促，大多数员工都会自发地在朋友圈炫耀，这是荣誉驱动。

在利益驱动上，增长团队通过服务号派发与电销一致的推广任务，员工可领取任务分享推文，获得积分，积分可以用于兑换各种奖品。此外，员工还可以通过商机推荐系统推荐商机，商机成单后系统将直接返现给员工。

微信群矩阵

微信群矩阵包含三种类型的群：流量型、形象型和利润型。

流量型群主要为其他群输送流量，包括增长团队通过群裂变不断积累的各种裂变群，以及财会赏金猎人群。财会赏金猎人群是每次分销裂变活动和有奖裂变活动启动的种子用户群。

形象型群分"重运营"和"轻运营"。"重运营"的群包括财会社群和大当家群，财会社群以省级行政区为单位汇聚全国的会计人群，大当家群由增长团队在全国各地招募的会计 KOL 组成。财会社群中，会计 KOL 和电销人员会分别入驻，并由会计 KOL 主要管理社群。通过在社群有温度地与客户互动，不仅能让增长团队更贴近客户以反哺优质内容产出，还能加速线索培育的进度。"轻运营"的群包括"会计一姐帮帮群"和"会计一哥帮帮群"，汇聚金蝶·精斗云内部的两位财务专家的粉丝。

利润型群由购买了 9.9 元会计实操教程的用户组成。用户在学习前需注册登录云会计产品，在这个过程中既能习得知识，也能学到经验，考试通过还能拿到证书。前两者都会为利润型群引流。

第 4 章

内容营销

4.1 走进内容营销

B2B 企业只有通过内容营销把自己打造为某领域独一无二的权威信息源，才有可能用更低的成本获得更多该领域客户的持续关注和信任，进而更轻松地实现增长。

4.1.1 内容营销的起源

2001 年，在美国奔腾媒体公司负责媒体投放和运营工作的乔·普利兹发现，随着互联网的发展，传统的、铺天盖地式的、靠砸钱强制抢占用户心智的广告模式已经越来越行不通。随着质量参差不齐的信息互相掺杂、逐渐泛滥，人们对广告的抗拒感逐渐增加，同时信任度也在逐渐降低。

优质内容的穿透力和生命力在此时就体现出来。也就是在这一年，乔·普利兹提出内容营销（Content Markrting）这个还没有被广为人知的概念，并且开始在美国奔腾媒体公司开展他的实践。

果不其然，随着美国互联网的进一步发展，信息越来越泛滥，媒体推广费用也越来越高。因此，许多还在固守传统广告模式的企业都一筹莫展。而在这期间，乔·普利兹通过内容营销帮助美国奔腾媒体公司的客户创造了巨大的收益。

由于采用独特的方法而表现出色，乔·普利兹顺利晋升为美国奔腾媒体公司的副总裁。在美国奔腾媒体公司实践内容营销的这 6 年，内容营销理论也经历了不断的打磨与实践，逐渐成形。

如果到这里就结束，那么我们今天可能就体会不到内容营销的美妙之处了。

乔·普利兹并没有沉浸在高额的年薪和舒适的工作中，而是选择辞职，于 2007 年创立了内容营销协会（Content Marketing Institute, CMI），选择用自己的亲身创业经历对内容营销进行更深层次的打磨与完善。

有趣的是与我们固有的"先有产品，后有用户"不同，乔·普利兹创立的这家公司是"先有用户，后有产品"。这是什么意思呢？

CMI 一开始是没有产品要销售的，因为乔·普利兹也不知道要销售什么。于是，他开始在网站上分享自己这些年的内容营销心得。一篇篇优质文章写下来，网站逐渐有了流量，也有了用户。有了一定的忠实粉丝之后，乔·普利兹才开始销售相关的产品和服务。

也正是由于这种模式，CMI 成了北美增长最快的商业媒体。2015 年，公司的利润就已经超过千万美元。乔·普利兹用自己的亲身创业经历，再一次证明了内容营销的强大力量。也正是随着 CMI 的不断发展，内容营销这个概念开始逐渐被更多人认知和接受，并在营销界流行起来。

4.1.2　什么是内容营销

那么，到底什么是内容营销呢？ CMI 给出了这样的定义："内容营销是一种通过生产发布有价值的、与目标人群有关联的、持续性的内容来吸引目标人群，改变或强化目标人群的行为，以产生商业转化为目的的营销方式。"

相比企业开发新产品再投放到市场，建立以客户为中心的内容营销不仅能更直接地与客户互动，还能更快地获取客户的反馈。但在 B2B 企业，内容营销并不是某个岗位单独做的事情，而应该从企业层面予以重视，最好是从上至下地推动整个企业参与内容积累，如图 4-1 所示。

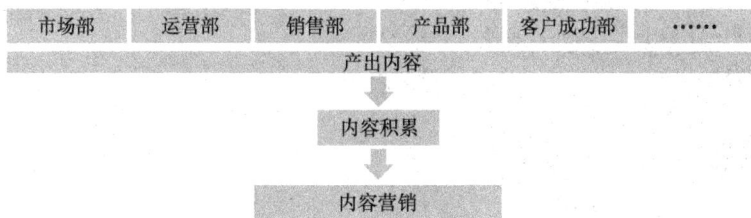

图 4-1　全员参与的 B2B 内容营销

因为内容营销是贯穿整个企业客户生命旅程的，在企业客户生命旅程的不同阶段都需要制定相应的内容营销策略，匹配相关的、有价值的、有吸引力的内容，传递给目标客户。

一般来说，B2C 企业里专门负责产出和推广运营内容的人员基本都在同一部门。但 B2B 企业不同，B2B 企业的内容产出一般都是由整个企业或整条产品线的所有部门共同参与，再交给专人负责推广。因为 B2B 企业销售的产品或服务相对来说都比较专业，是不太可能由某一个部门的某一个人全部产出的。

以金蝶的财税 SaaS 产品为例，客户在购买前期可能需要 SaaS 安全性的相关内容，在购买中期可能需要产品操作手册，在购买后期可能需要财务相关的白皮书赋能。

那么，SaaS 安全性的相关内容就需要技术部门主导产出，产品操作手册就需要客户成功部门主导产出，财务相关的白皮书就需要财务专家主导产出。这些内容都是各个部门逐年积累或根据其他部门提的需求提前规划好产出的。

虽然内容营销基本贯穿整个企业客户生命旅程，但也有一定的侧重。就目前而言，B2C 内容营销一般侧重于品牌知名度、品牌忠诚度和品牌参与度，而 B2B 内容营销则更侧重于销售和销路拓展。

根据 CMI 针对北美 650 多名 B2B 营销人员的《2020 B2B 内容营销》(*2020 B2B Content Marketing*) 报告，B2B 内容营销人员分别在企业客户生命旅程各个阶段进行内容营销的占比如图 4-2 所示。

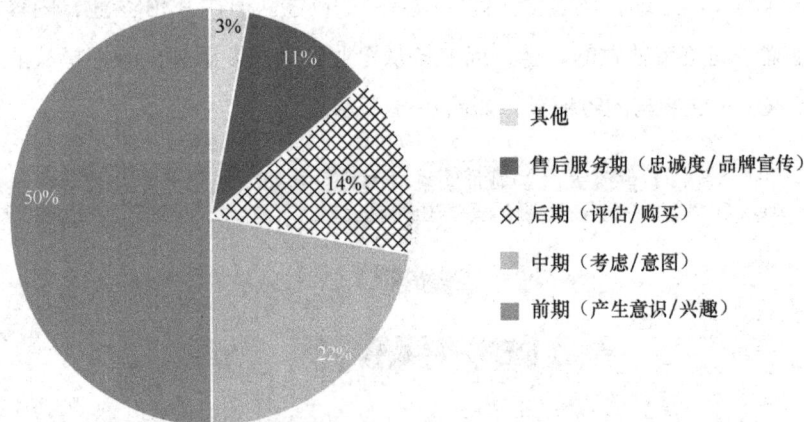

图 4-2　内容营销作用于企业客户生命旅程各阶段的占比（北美）

在这份报告中，86% 的 B2B 内容营销作用在前期、中期和后期，14% 作用在售后服务期及其他方面。由此可见，B2B 内容营销的重点还是在如何让客户产生意识到评估购买的这个阶段，也就是销售和销路拓展。

4.2　迫在眉睫的B2B内容营销

相比 B2C 企业，内容营销对于 B2B 企业更重要。全球最大的源于欧洲的战略管理咨询公司罗兰·贝格在 2016 年发布的《B2B 销售的数字化未来》报告就指出：

- B2B 买家在首次接触销售人员之前会独自完成整个购买流程的近 57%；
- 90% 的 B2B 买家会在线上搜索相关品牌、产品或功能等关键词；
- 70% 的 B2B 买家会在线上观看相关视频内容。

这也就意味着，过去 B2B 企业严重依赖销售人员直接推销的方式在如今信息越来越对称的时代已经快行不通。客户在决定选择某款产品前会通过各种渠道搜集相关信息，有些客户甚至自己就会做完竞品分析。那么，对于 B2B 企业来说，打入 B2B 买家购买流程的前 57%，提前抢占用户心智，就变得尤为重要，而内容营销在其中能起到很关键的作用。

除了能帮助 B2B 企业提前抢占用户心智以外，相对于其他营销方式而言，内容营销不仅成本更低，而且效果更好。CMI 在《2017 年北美 B2B 内容营销的基准、预算和趋势》（*B2B Content Marketing*：*2017 Benchmarks*，*Budgets*，*and Trends—North America*）报告中指出，相比传统营销，内容营销的成本更低，能节省 62% 的费用，同时还能带来比传统营销方式高 3 倍以上的效果！

然而，我国 B2B 企业的内容营销整体还处于萌芽阶段。一方面是由于内容营销前期需要长时间投入且见效较慢，B2B 企业更倾向于短时间投入见效快的方式，如搜索引擎推广、信息流推广等；另一方面是由于缺少内容营销的数据分析工具，难以衡量内容营销的投入产出比，简而言之，就是离"钱"太远。从事内容营销相关工作的人员在 B2B 企业内部不受重视，也就导致没有太多人愿意投入，去深入研究符合我国 B2B 企业的内容营销方法论。

根据领英（LinkedIn）对我国 B2B 企业内容营销的相关调研数据（见图4-3），在我国，仅有 11% 的 B2B 营销人员能够在工作中熟练运用内容营销，

43% 的 B2B 营销人员还在内容营销的探索中，竟然有 46% 的 B2B 营销人员从未运用过内容营销！

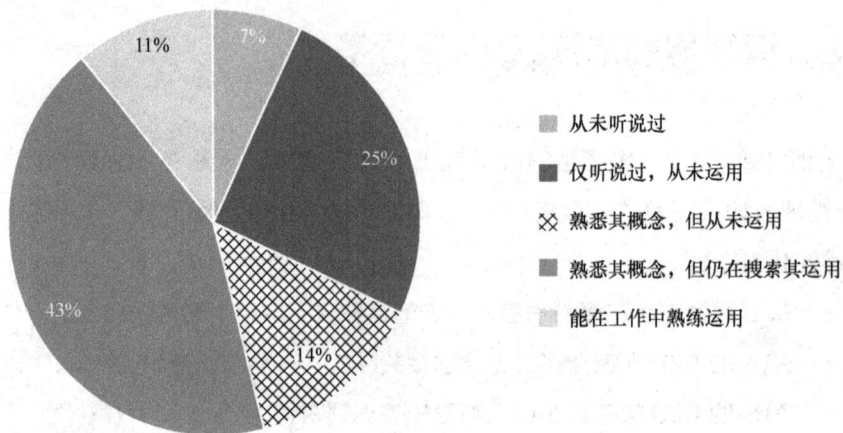

图 4-3　我的 B2B 内容营销开展现状

而在国外，B2B 企业的内容营销已经相对成熟（见图 4-4）。同样，根据 CMI 的《2020 B2B 内容营销》报告，在北美，仅有 1% 的 B2B 营销人员暂未开启内容营销，99% 的 B2B 营销人员都已经开启了内容营销，且仅有 4% 处在第一次尝试阶段，64% 都能比较熟练地运用内容营销。

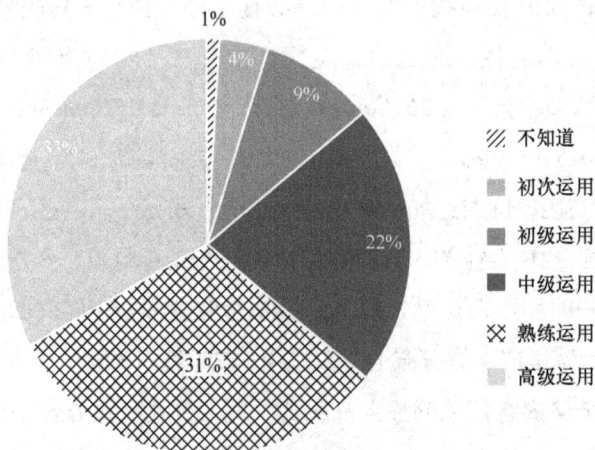

图 4-4　北美的 B2B 内容营销开展现状

目前，中美 B2B 企业对内容营销的认知、运用等各方面都还存在一定的差距。随着我国人口红利逐渐消失，互联网发展逐渐进入下半场，我们面临的情况也将是越来越高的广告投放费用、越来越差的投放效果。如何提前抢占用户心智,如何用更低的成本更高效地获客,如何树立行业领导地位等,都需要提前布局内容营销。

4.3 内容营销的4P策略

那么,如何开启内容营销呢?前英特尔全球营销战略总裁、《首席内容官》的作者帕姆·狄勒将内容营销分为规划(Plan)、制作(Product)、推广(Produce)、完善(Perfect)4个步骤,又称为内容营销的 4P 策略(见图 4-5),重点强调内容营销的计划及企业与客户之间联系的每个阶段。

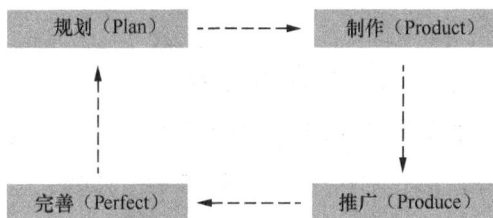

图 4-5 内容营销的 4P 策略

将 4P 策略进一步细分,内容营销可以分为内容目标、目标受众、内容计划、内容创作、内容分配、内容推广、营销评估、营销改进 8 个步骤,如图 4-6 所示。这也是"营销之父"菲利普·科特勒针对如何进行内容营销提出的具体方法。

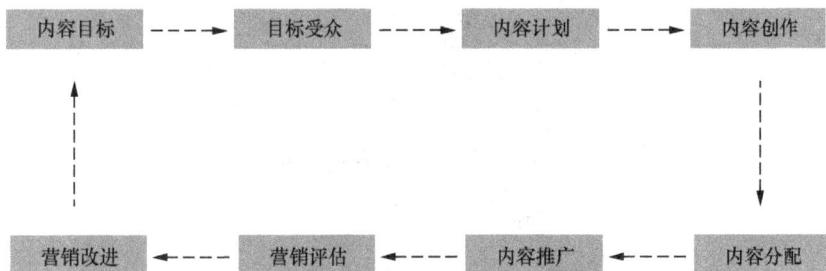

图 4-6 菲利普·科特勒的内容营销方法

接下来,我将以帕姆·狄勒提出的内容营销 4P 策略为基础,详细阐述内容营销的每个步骤具体应该做什么。

4.3.1 规划：一个基础，三个维度

行路要有方向，做事要有目标。B2B 企业在正式开启内容营销之前，最重要的就是做好内容规划。而做好内容规划的一个基础，就是企业要先确定自己的定位。

定位是一个诞生于 B2C 营销，但同样适用于 B2B 营销的重要战略概念。对于 B2B 企业而言，一个好的定位包含三个要素：目标市场、相关竞争结构和产品独特利益。通俗地讲，定位可以转化为以下三个问题：

（1）目标市场：你的产品或服务是卖给谁的？

（2）相关竞争结构：你卖的是什么？

（3）产品独特利益：客户为什么要买你的产品？

对应到内容营销，我们在做规划时也至少需要解决以下三个问题：

（1）目标人群是谁？

（2）为什么这个群体很重要？

（3）你的内容能为这个群体传递何种利益？

有了正确且明确的定位基础，我们就可以将企业客户生命旅程、企业客户采购角色链及内容呈现形式分别对应 X 轴、Y 轴、Z 轴，形成一个三维模型去做内容的规划，如图 4-7 所示。

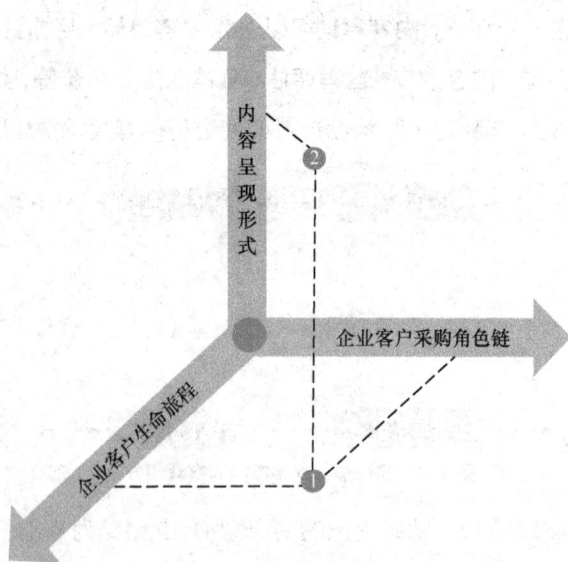

图 4-7 内容规划的三维模型

　　企业客户生命旅程和企业客户采购角色链在 2.3 节有详细介绍，这里详细介绍内容呈现形式。在 B2B 企业负责内容相关工作的人员应该都知道 B2B 企业的高质量内容不仅数量稀少，而且十分难生产。这就需要我们具有内容重复利用的能力，也就是对同一个内容通过不同的内容呈现形式打造多样化内容的能力。

　　内容呈现形式在 B2B 企业内容的重复利用中大致可以分为 6 种：文本、文件、图片、音频、视频、交互。

　　文本是指书面语言的表现形式，从文学角度，它是具有完整、系统含义的一个句子、段落或篇章，是最常见的内容呈现形式。根据字数的多少，可以少到 140 字的微博推文，多到 20 万字的一本书。B2B 企业最常用的是 1000 字以上的文章。在通常情况下，字数越少，越有利于内容的传播，有趣的段子总是传播速度惊人；字数越多，内容的生命力越强，经典的书籍总是一代又一代传承。

　　文件是指 PDF、PPT、Excel、Word 等文件发送形式，白皮书、电子书等高价值内容一般都通过 PDF 对外发布，经验总结而成的 Excel 带公式模板也会对客户非常有吸引力。

　　图片的传播面会比文本和文件更广。在 B2B 内容营销中，信息图是一种非常有效的内容呈现形式。相关数据显示，信息图的分享率要比文本高出 20 倍。加拿大的一家为网站制作登录页面的 B2B 企业 Unbounce，于 2012 年在推特上发布了一张主题为"在线营销菜鸟指南"的信息图 [1]，随即得到数万次下载、上千人付费查看，远超该主题文章的阅读量。不仅如此，这张信息图至今还在为 Unbounce 带来源源不断的新客户。

　　音频和视频也是我们日常生活中接触得比较多的内容呈现形式。音频方面，我国有喜马拉雅、蜻蜓 FM 等纯音频内容平台；视频方面，我国不仅有爱奇艺、腾讯视频、bilibili 等长视频内容平台，还有抖音、微信视频号、快手这样的短视频内容平台。

　　但是，目前我国大部分的音频、视频平台还处在重点对个人内容进行流量扶持的阶段，对企业内容的包容度、开放度还远远不够，甚至有些平台还会对企业号发布的内容限流。反观国外的大部分音频、视频内容平台，不仅为企业入驻提供流量扶持，还为企业设置专属展示页面，在帮助企业得到品牌曝光和流量的同时，也会激励企业产出更有价值的内容。

1　关注公众号"B2B运营笔记"，回复关键词"在线营销菜鸟指南"，获取该信息图的高清版。

交互是指 H5、小程序、微型网站等可以与客户产生交互行为的内容呈现形式，如小工具、小测试。金蝶个税筹划小程序就是一个很好的小工具案例，将个税筹划由文字组成的规则变成可交互的计算器，客户只需输入数字和调整一些选项即可得到个税筹划的结果。

一条内容可以通过以上 6 种内容呈现形式多样化呈现，这样不仅能提升内容的重复利用率，还能更好地匹配企业客户生命旅程中不同阶段和企业客户采购角色链中不同角色对内容的需求。一般而言，企业客户生命旅程越靠前，越需要信息图、短篇文章等更简单且通俗易懂的内容呈形式。

根据内容规划的三维模型规划好内容后，便可以呈现出一张清晰的内容规划地图，如图 4-8 所示。横轴代表企业客户生命旅程，纵轴代表企业客户采购角色链，根据企业客户生命旅程和企业客户采购角色链——对应匹配内容主题，如选型阶段的决策者需要客户案例的主题内容，那么，客户案例可以通过 6 种内容呈现形式多样化呈现，但内容呈现形式取决于选型阶段决策者的偏好，如更倾向 PPT。随着时间的积累，这张内容规划地图经过不断地调整、删减、填充，最终将汇聚我们与客户互动需要的所有内容，做到随取随用。

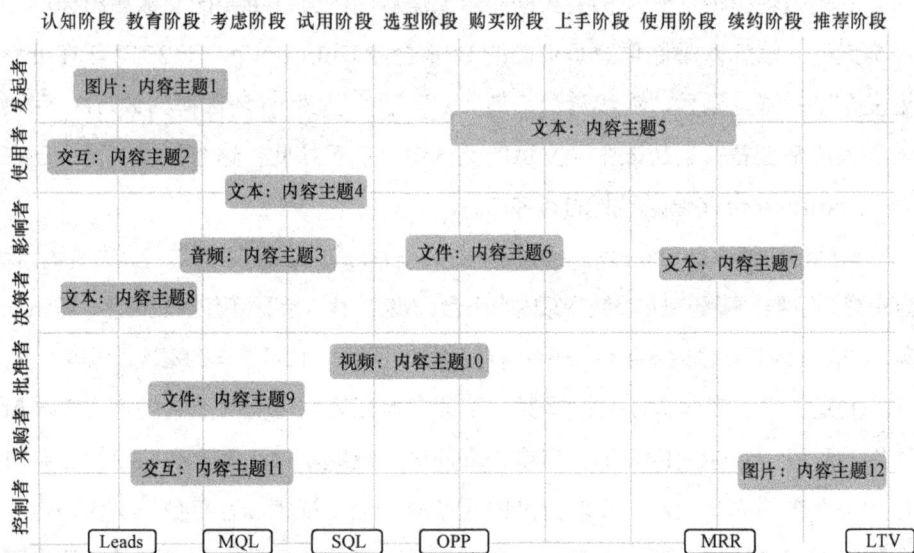

	认知阶段	教育阶段	考虑阶段	试用阶段	选型阶段	购买阶段	上手阶段	使用阶段	续约阶段	推荐阶段
发起者	图片：内容主题1									
使用者	交互：内容主题2		文本：内容主题4			文本：内容主题5				
影响者		音频：内容主题3		文件：内容主题6			文本：内容主题7			
决策者	文本：内容主题8									
批准者			文件：内容主题9	视频：内容主题10						
采购者	交互：内容主题11						图片：内容主题12			
控制者	Leads	MQL	SQL	OPP			MRR		LTV	

图 4-8　内容规划地图示例

4.3.2　制作：宁缺毋滥

根据内容规划的三维模型规划好内容后，即可开始内容制作。与很多传统 B2B 企业的内容制作仅局限于新闻稿等主要宣传企业自己的内容不同，内容营销涵盖的范围更大，需要制作目标客户感兴趣的几乎所有内容，并且制作的内容不仅要专业、有深度，还要对目标客户有价值。因为只有高质量的内容才能与目标客户产生共鸣，进而达到内容营销的目的，所以在 B2B 企业的内容制作中与其追求数量，不如追求质量，并且永远是质量第一。

为了合理地分工与协作，B2B 企业在落地内容制作时通常会将内容大致分为开口型内容、教育型内容、转化型内容、服务型内容和激励型内容。

开口型内容是指与目标客户相关，但与产品无关的内容。这类内容用于扩大目标客户转为潜在客户的基数。例如，目标客户是会计群体的某企业级财税 SaaS，对应的开口型内容可能就有财税新政解读、财会职场晋升秘籍等，虽然与产品无关，但是会有大量会计人员关注。

教育型内容是指与产品有强相关或弱相关的、能将潜在客户转化为意向客户的内容，如行业白皮书、职业白皮书、客户成功案例等。

转化型内容是指帮助意向客户下定决心购买、可将意向客户转化为购买客户的内容，如行业解决方案、场景解决方案、产品价值、售后服务准则等。

服务型内容是指针对购买客户的一系列内容，如产品操作手册、实操讲解视频等。这类内容能帮助客户更好、更深度地使用产品。

激励型内容是指除了主动分享的情况以外，通过该类内容促进被动分享的内容，分享者不一定是已经采购企业服务，也可能是行业 KOL 或关键意见消费者（Key Opinion Consumer，KOC）。例如，阿里云的推荐返利计划——云大使项目就会针对年入百万的推荐者制作一系列内容，以激励更多人分享产品推荐链接，获取返利。

为了提升内容制作的整体质量，每种类型的内容都会分别邀请不同部门的人员参与制作。通常情况下，转化型内容会邀请 SDR 部门、销售部门的人员参与制作；服务型内容会邀请客服部门、客户成功部门、产品部门的人员参与制作；开口型内容、教育型内容、激励型内容由运营人员主导制作，但依赖于转化型内容和服务型内容。

全员参与内容制作是 B2B 企业内容制作的最佳方式，但需要从上至下调动企业内各部门的积极性，让销售人员、技术人员、产品人员等都成为内容制作的参与者。这种方式的内容制作成本最低，既能提升内容质量，又能促进员工成长，还能提高员工对内容的自主分享率。

例如，美国销售技术领域 2020 年估值超过 11 亿美元的 SaaS 独角兽 Outreach，在官网博客上设置了一个名为"Outreach On Outreach"的专栏，全公司 450 多名来自各部门的全职员工都能在该专栏发表与其品牌相关的内容。不仅如此，Outreach 的员工发表在官网博客上的每篇文章都支持一键分享到 Facebook、Twitter、领英、发送邮件这四个外部渠道，且文章底部都带有 Outreach 的产品注册试用按钮。因此，当 Outreach 的员工积极主动在外部渠道分享文章时，也会为 Outreach 带来更多的精准流量和潜在客户。

B2B 企业要想通过制作的内容影响到客户，其实是非常有难度的，因为大多数情况下目标客户在该领域的造诣可能比运营人员还要高。例如，某企业级财税 SaaS 的使用者都是专业会计人员，而企业某些部门的员工由于缺乏工作中的高频使用场景，对产品的使用程度和熟练程度可能还不及客户。

所以，除了全员参与内容制作，借助内部专业人士的力量以外，外部力量也十分重要。通过付费聘请、资源互换等方式邀请行业 KOL 或 KOC 参与内容制作，从第三方的角度帮助 B2B 企业制作权威的、高质量的、具有吸引力的内容，影响力会更大。例如，金蝶集团就与我国著名企业文化与战略专家、北京大学国家发展研究院 BiMBA 商学院院长陈春花女士有长期的合作。

不仅如此，陈春花女士还被《福布斯》评为"2015 中国商界女性 100 强"，被《财富》评为"2019 中国最具影响力 50 位商界领袖"，是一位颇具影响力的超级 KOL。她主要研究的组织行为学、企业文化管理、中国企业成长模式、管理理论与实践价值挖掘，与金蝶集团"让中国管理模式在全球崛起"的号召也不谋而合。

金蝶集团的官方微信公众号会长期转载陈春花女士与金蝶集团内容规划一致的、对客户有价值的文章，如《陈春花：在危机中实现增长的 3 个行动》《陈春花：管理者要学会向下负责》；也会邀请陈春花女士出席各种发布会、峰会、论坛等，同时把这些演讲内容制作成文章。

总之，内部从上至下地调动全员参与内容制作，外部邀请 KOL 支持更有吸引力、更中立、更权威的内容，再将所有内容汇总到同一个部门进行完善和包装，以达到可对外推广的标准，便能形成一套相对完善的内容制作流程。

4.3.3 推广：有的放矢

B2B 内容营销很容易走入一个误区，内容制作投入 80% 及以上的精力，而到了内容推广，由于预算不足等各种原因，往往投入不足 20% 的精力。这就很可能造成大家齐心协力、辛辛苦苦制作出来的内容在阅读量等数据上却不尽人意，导致参与内容制作的人员的积极性逐渐降低。

酒香也怕巷子太深，内容推广和内容制作同样重要。

如果把内容营销的 4P 策略比喻成射箭，那么，经过内容规划，4P 策略已经具备射箭的时间、地点、人物；经过内容制作，4P 策略已经具备射箭的"弓"和"箭"，内容推广则是射箭需要具备的"箭靶"和"靶架"，内容完善则需要通过不断优化以上三个步骤，让"箭"直击"靶心"。

射箭要对准箭靶，不能没有方向，内容推广也是如此。媒体是传播信息的媒介，内容推广离不开媒体。过去只能通过电视、广播、报纸、杂志四大传统媒体进行内容推广。现在随着信息技术的发展，各类新媒体不断涌现，可传播信息的媒介越来越多。

为了区分数量越来越多、属性越来越复杂的媒体平台，2008 年我国引入了"Owned/Paid/Earned Media"媒体归类模型。该模型从企业视角出发，将媒体分为自有媒体（Owned Media）、付费媒体（Paid Media）和赢得媒体（Earned Media）三种类型。随着时间的推移，该模型逐渐从三分法进化到四分法，在原有基础上新增分享媒体（Shared Media），具体说明如表 4-1 所示。

表 4-1　媒体分类

媒体类型	定义	举例	作用
自有媒体	企业自行控制的渠道	官网、博客、社交媒体	与客户建立长期关系
付费媒体	企业需付费才能使用的渠道	SEM、地铁广告、信息流投放	被客户更快认识，让客户更容易找到
分享媒体	客户成为渠道，分享内容	裂变、口碑效应	建立客户认同与信任
赢得媒体	赢得媒体、KOL、KOC 的关注，进而免费报道	新闻媒体、自媒体	扩大品牌影响力

自有媒体

自有媒体是指企业拥有自主发布权且能免费进行内容推广的媒体。自有媒体的可控性强，内容推广费用几乎为零，而且能长期与客户建立联系。但由于是企业自行发布，其可信度对于客户来说通常会偏低，且覆盖范围有限。在我国，企业官网和微信公众号基本是 B2B 企业自有媒体的标配。在国外，B2B 企业自有媒体的标配则是企业官网和博客，几乎每家 B2B 企业都有博客，通过博客的内容积累进行 SEO 还能提升整个企业官网的流量。

除了企业官网和微信公众号以外，我国 B2B 企业常见的自有媒体平台还有以下 7 种。我们可以申请符合与 B2B 企业的目标客户相匹配的媒体平台账号进行相应的内容推广。

（1）新闻类：百度百家、今日头条、搜狐号、企鹅号、网易号、新浪看点、一点资讯、大鱼号、新知号。

（2）音频类：喜马拉雅、蜻蜓 FM。

（3）UGC 类：知乎、简书、豆瓣。

（4）短视频类：抖音、快手、微信视频号。

（5）长视频类：爱奇艺、腾讯视频、bilibili、优酷。

（6）垂直社区类：

a. 以技术社区为例：CSDN、掘金、InfoQ、Segmentfault、阿里开发者社区、腾讯云 + 社区；

b. 以产品经理社区为例：人人都是产品经理、产品壹佰、PMCAFF。

（7）社交类：微博、领英、企业自有社群。

付费媒体

付费媒体是指企业需要通过付费才能进行内容推广的媒体，包括电视、广播、报纸、杂志等传统媒体，也包括 SEM、移动广告、电子邮件营销、信息流投放等数字媒体。

付费媒体的覆盖范围比自有媒体广，企业可按需付费使用，而且触达的基本都是比较精准的客户。在 B2B 企业的付费媒体中，以百度、360、搜狗、神马为代表的 SEM，和以今日头条、知乎、微信朋友圈为代表的信息流投放，是目前比较有效的两种内容推广方式。

SEM 是主动搜索，信息流则是被动展示。在内容推广时，虽然这二者的流程基本一致，但侧重点有所不同。SEM 强调关键词优化，通过不断调整长尾词、重点词和热点词等定位目标客户。信息流强调素材美化，通过信息流后台的人群画像、兴趣定向等功能初步定位目标客户后，最重要的就是如何优化文案、图片等素材，增加转化率。

分享媒体

分享媒体是指通过裂变、口碑效应等方式实现客户自传播，从而获得内容推广的媒体。这里的客户不局限于付费客户，还包括潜在的未付费客户。在内容推广的过程中，有两个非常重要的因素决定了内容是否能让客户自传播：一是内容的标题和简介；二是内容的质量。

内容的标题和简介决定了内容的打开率，内容的质量决定了内容的转发率。只有当这二者同时都具备时，客户才会自传播。但是，我们需要注意，B2B 内容的标题切忌为博取眼球而故意夸张。虽然这类标题的打开率高，但有损 B2B 企业的品牌形象。

赢得媒体

赢得媒体是自有媒体、付费媒体、分享媒体共同作用的结果（见图 4-9），指不需要企业付费、但因为大众关注和感兴趣而被媒体或意见领袖主动推广的媒体。B2B 企业要想赢得媒体是非常有难度的，一般只有现象级事件、网红企业、龙头企业才有可能被各大媒体争相报道。例如，企业微信 3.0 发布，除了企业微信提前准备好的自有媒体和付费媒体以外，很多自媒体也会争相报道企业微信3.0 的客户朋友圈新功能、群活码新功能、打通微信带来的新红利等，随之而来又会带动一批人分享，进而再赢得更多媒体报道。

自有媒体 ➕ 分享媒体 ＝ 赢得媒体

付费媒体

图 4-9 共同作用赢得媒体

内容在推广的过程中，虽然通过付费媒体能被客户更容易找到、更快认识，但随着各行各业的付费投放成本越来越高，虚假流量越来越泛滥，加强自有媒体建设，按需搭配付费媒体，再通过提升运营能力打造分享媒体和赢得媒体，才是长远之道。

4.3.4 完善：数据驱动

在国外，有很多专业的内容营销工具可以用数据驱动内容完善。例如，专注于为 B2B 内容营销服务的 Kapost 支持一站式规划、制作、推广和完善内容，不仅可以跨团队建立内容营销日历协作和追踪内容制作，对接领英、Facebook、Twitter 等社交媒体平台进行内容推广，还提供数据分析模型以完善企业客户生命旅程每个阶段的内容。

但在我国，目前市场上还没有服务内容营销全流程的工具，哪怕是仅支持内容营销最后一步——内容完善的相关数据分析工具也很少。这就导致很多 B2B 内容运营人员在完成内容的规划、制作和推广后很少深入进行最后一步的内容完善，也就缺少反哺内容规划的可行性策略。

管理大师彼得·德鲁克曾说，"如果你不能衡量它，便不能管理它"（If you can't measure it, you can't manage it）。要想进行内容完善，首先要有衡量内容营销效果的指标。有了指标，能通过相关工具看到全面的数据，才能通过数据分析得到数据洞察，进而做出数据决策以完善内容。

衡量 B2C 内容营销效果的指标有阅读数、点赞数、分享数、留言数等，有些带货的软文还有订单数、订单金额等要求。但是，由于企业客户的采购周期较长，衡量 B2B 内容营销效果的指标往往会更多、更复杂，主要分为虚荣指标和获利指标两大类。

虚荣指标

虚荣指标是指与销售额没有强相关的指标，一般包括内容的阅读浏览量、阅读人数、分享（转发）数、评论数、点赞数、收藏数、媒体平台账号的粉丝数及订阅数等。虚荣指标是内容是否受欢迎、对客户是否有价值的最直观的体现。

获利指标

获利指标是指与销售额有强相关的指标，一般包括内容注册数、产品注册数、线索数、商机数、签单数及签单金额。内容注册是指课程、电子书、白皮书等内容带来的注册，产品注册是指通过内容带来的产品试用或体验注册。内容注册需要经过长时间的培育才能被引导至产品注册，进而成为线索。

为了更高效地跟进和分配线索，B2B 企业通常会把线索分为线索（Leads）、市场认可线索（Marketing Qualified Leads，MQL）、销售认可线索（Sales Qualified Leads，SQL）和产品认可线索（Product Qualified Leads，PQL）。其中，PQL 是目前硅谷的企业级 SaaS 常用的线索判断标准，即通过采集试用客户或免费版本使用客户的用户行为数据，进行数据分析，当客户满足某个条件时，例如，一家企业的使用人数达到 20 人，便会被判断为 PQL 并对其推送付费产品。

获利指标是内容能否给企业带来客户、营收等直接价值的最直观的体现。

明确了衡量指标后，接下来就可以对内容制作的质量和内容推广的渠道进行评估。以内容制作的质量为定量，将虚荣指标与获利指标相结合，得到内容推广渠道评估表，如表 4-2 所示。通过表格的形式将内容推广的渠道数据汇总在一起，我们能够很快发现问题。

表 4-2　内容推广渠道评估表示例

渠道	虚荣指标			获利指标		
	阅读浏览量	阅读人数	点赞数	产品注册数	MQL	SQL
渠道 1	1000	900	50	3	2	1
渠道 2	1500	1300	100	5	4	3
渠道 3	100	99	1	0	0	0
渠道 4	1200	1000	2	0	0	0
渠道 5	1300	1200	80	4	3	2

以单篇文章为例，我们会将文章推广至各个渠道，通过表 4-2 中的数据会发现，在其他渠道的平均阅读浏览量都在 1000 左右的情况下，渠道 3 却只有 100，而且获利指标均为 0。那么，在精力有限的情况下，渠道 3 可以完全被放弃。

渠道 4 的阅读浏览量和阅读人数虽高，但点赞数和获利指标均低，那么该渠道很可能存在虚假流量。再从整体上看，所有渠道的获利指标均偏低，那么很有可能是我们的产品注册环节出现了问题，导致产品注册成功的转化率偏低，这时就需要优化注册体验，而不是再去拓展推广渠道。

以内容推广的渠道为定量，将虚荣指标与获利指标相结合，得到内容质量评估矩阵，如图 4-10 所示。我们通过该矩阵可以判断已推广内容在象限中的大致位置，进而进行相对应的完善。

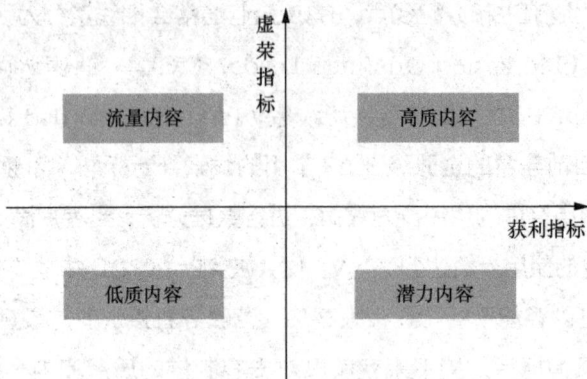

图 4-10　内容质量评估矩阵

B2C 内容营销中很容易出现一篇篇阅读量超过 10 万人次的爆款文章，但 B2B 内容营销中却很难出现。由于面对的圈层有限，B2B 企业的一篇文章的阅读量能过万就已经非常可喜了。即使文章的阅读量过万，通过该文章吸引到的产品注册数量也很可能为零。这就需要我们根据数据做判断，再通过内容质量评估矩阵合理地完善内容。

对于获利指标和虚荣指标数据"双高"的高质量内容，我们要加量制作，加大推广力度；反之，对于"双低"的低质量内容则可以弃之。对于虚荣指标低但获利指标高的潜力内容，我们也应该继续保持内容制作量和推广力度。因为这部分内容很可能吸引到的是占比较少的管理层，从而导致虚荣指标较低，但对达成获利指标会更有帮助。对于流量内容，我们需要先判断是否为渠道虚假流量导致的虚高；如果不是，那么这部分内容则可以作为我们扩大开口的利器。

虽然我们通过内容推广渠道评估表和内容质量评估矩阵就基本能进行内容完善，但实际情况远比想象中的要复杂。在 B2B 内容营销中，虚荣指标通过内容推广的渠道可以直接获取数据，但获利指标涉及归因问题，加上漫长的企业客户生命旅程及复杂的企业客户采购角色链，往往很难衡量。为什么呢？

假设发起者 A 被某篇文章吸引，觉得企业服务 X 很有价值，然后转发给使用者 B。使用者 B 通过该文章底部引导按钮（Call To Action，CTA）进入企业官网，并且注册体验了产品，也觉得很有价值，于是上报给影响者 C。影响

者 C 则直接进入企业官网，并与销售人员取得联系，表达有采购的意愿。正准
备采购时，决定者 D 却认为企业服务 Y 更有价值。经过几番周折，使用者 B 从
企业服务 X 的官网上下载了一本白皮书给决定者 D。最终，所有企业客户采购
角色链的角色达成一致，成功采购企业服务 X，签单金额 20 万元。

在这个案例中，如果没有归因，影响者 C 直接进入企业官网主动联系销售
人员，销售人员则会认为这个生意是主动找上门的。但其实在整个过程中，起
到关键性作用的是发起者 A 看到的某篇文章，以及决定者 D 阅读的那本白皮书。

常见的归因模型有 8 种，如图 4-11 所示。简而言之，归因就是通过追踪
企业与客户互动过程中的每一个触点（包括触点触达客户的内容），然后利用模
型对我们认为能推进企业客户生命旅程的触点给予相应的权重，从而实现按劳
分配每个触点的贡献度。

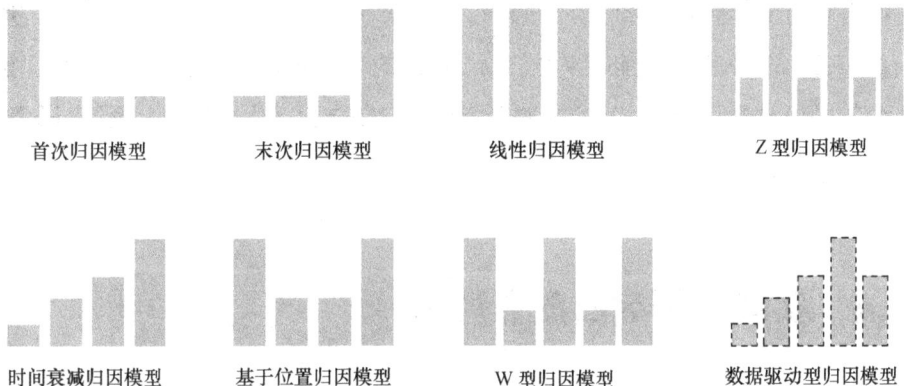

| 首次归因模型 | 末次归因模型 | 线性归因模型 | Z 型归因模型 |

| 时间衰减归因模型 | 基于位置归因模型 | W 型归因模型 | 数据驱动型归因模型 |

图 4-11　常见的归因模型

- 首次归因模型将贡献度 100% 归于企业与客户互动过程中的第一个触点。
- 末次归因模型将贡献度 100% 归于企业与客户互动过程中的最后一个触点。
- 线性归因模型将贡献度平均归于企业与客户互动过程中的每一个触点。
- Z 型归因模型将贡献度的 90% 归于企业与客户互动过程中最重要的 4 个触点，其余的 10% 平均归于其他触点。该模型的重点在于确定最重要的触点，在企业与客户互动过程中通常是客户第一次的触点、客户主动联系或做决策的触点等。
- 时间衰减归因模型将贡献度按时间顺序，以客户付费为最终时间点，距离该时间点越近的触点贡献度越高。假设有 5 个触点，按时间衰减顺序，从

第 1 个到第 5 个触点的贡献度将分别为 5%、10%、15%、25%、45%。

- 基于位置（U 型）归因模型将贡献度的 80% 平均归于企业与客户互动过程中的第一个和最后一个触点，其余的 20% 平均归于其他触点。

- W 型归因模型将贡献度的 90% 平均归于企业与客户互动过程中的第一个、中间和最后一个触点，其余的 10% 平均归于其他触点。

- 数据驱动型归因模型与以上基于规则的归因模型不同，是一种基于机器学习的归因模型。通过记录所有数据，计算每一个触点是如何影响企业客户生命旅程进程的，机器会动态调整各触点的贡献度。

每一个归因模型都有其利弊，我们需要根据不同的场景择优使用。对于 B2B 企业来说，能证明内容营销价值的模型才是好的归因模型。

B2B 运营人员掌握内容营销这项技能很重要，但更重要的是要学会用数据证明自己为企业带来的价值，以此获得更有竞争力的薪酬。作为 B2B 企业，进行能节省 62% 的费用并能带来 3 倍以上效果的内容营销是非常有必要的，但更重要的是用数据驱动，找准方向并不断优化，制作更多优质内容，赢得更多客户的信任和依赖。

4.4　实战：开启白皮书营销

白皮书营销（White Paper Marketing）是内容营销的一种方法。根据 CMI 的《2018 年北美 B2B 内容营销的基准、预算和趋势》（*B2B Content Marketing：2018 Benchmarks，Budgets，and Trends—North America*）报告，在北美，有 71% 的 B2B 企业将白皮书营销作为最重要的 4 种营销方式之一。而且，内容营销系列畅销书作家筛尔·豪洛威茨的调研数据显示，白皮书营销的成本收益率可以达到 1∶8。

白皮书起源于英美政府，最早出现在 1922 年，是政府或议会正式发表的、以白色封面装帧的重要文件或报告的别称。作为一种官方文件，白皮书代表了政府的立场，通常指具有权威性的报告或指导性的文本作品，用于阐述、解决或决策某个专门问题。后来，白皮书被欧美的 B2B 企业广泛应用于内容营销，也由此衍生出了电子书、报告等多种形式。

近百年来，大众对白皮书的认知已经基本形成。客户对与自己行业或领域有关的白皮书一般都会关注，且相比其他内容会有更强的信任感和认同感。对于 B2B 企业来说，白皮书营销不仅可以帮助企业树立权威的专家形象，助力企业打造思想领导力，还有很多附加价值。B2B 企业制作的白皮书通常都需要客户在企业官网注册、登录后才能下载阅读，这样不仅可以有效提升企业官网的 SEO，还能获取潜在客户的有效信息。

4.4.1　B2B 白皮书营销的 4 种类型

根据白皮书的不同作用，B2B 企业在白皮书营销中通常会将白皮书分为品牌型白皮书、获客型白皮书、转化型白皮书和客户成功型白皮书 4 种基本类型。不同类型白皮书的内容框架、制作过程、推广方式等都不太一样，下面结合金蝶、阿里云、领英等头部 B2B 企业的白皮书案例，更进一步地认识这 4 种类型的白皮书[1]。

品牌型白皮书

品牌型白皮书的内容与企业服务的关系很弱，基本不会有产品功能、解决方案、企业优势等企业服务的直接宣传内容。为了使受众群体更广，品牌型白皮书包含的更多是对泛目标客户有吸引力的内容，并且要在某个行业或职业等专业领域有前瞻性、权威性和代表性。

（1）金蝶的《小微企业成长指数报告（2020 年全年）》

《小微企业成长指数报告（2020 年全年）》由金蝶受工业和信息化部邀约发布。该报告通过对 2020 年小微企业运营的数据进行监测，结合金蝶评估模型，建立小微企业成长指数评估体系；从经营规模指标、经营增长指标、创新能力指标、抗风险能力指标、盈利能力指标、成本效益指标 6 个二级指标出发，对小微企业的成长状况进行全面评估。虽然该报告没有任何金蝶业务的植入，但与政府机构合作发布小微企业的成长基准，非常有利于品牌权威的树立。

（2）GrowingIO 的《2018 增长白皮书》

《2018 增长白皮书》由"增长关注趋势：从概念到落地""增长岗位需求：创新型人才受欢迎""企业增长现状""增长团队分析"和"2019 增长机会"五

1　关注公众号"B2B运营笔记"，回复关键词"白皮书"，领取这些电子书版白皮书。

大部分组成，通过定量和定性调研，围绕增长，对增长趋势、增长现状及增长人才等展开分析，并为读者指出 2019 年的五大增长趋势。同样，该白皮书并未直接植入 GrowingIO 的产品，但围绕增长的前瞻性分析和指导性建议都对增长领域的人员十分具有参考意义，帮助 GrowingIO 树立了在增长领域的领导地位和品牌形象。

获客型白皮书

获客型白皮书主要面向的群体为更聚焦的潜在客户，一般从房地产、零售、汽车等行业维度和产品经理、销售、客服、运营等职业维度，围绕某领域的现状、趋势和洞察等展开，并且会巧妙植入 B2B 企业的相关内容。其主要作用就是通过有价值的、有引导性的、精心打磨过的内容获取意向客户。

（1）北森的《中国房地产行业人才白皮书》

《中国房地产行业人才白皮书》首先对中国房地产行业的整体趋势进行回顾，然后对该行业的发展趋势进行分析，这部分内容比较宽泛，可以吸引房地产行业的相关从业者；接下来从房地产行业过渡到房地产人才，与北森的产品相吻合，对中国房地产人才画像进行了全方面的大数据分析，包括人才分布（年龄、工龄、性别、学历、专业、毕业院校地域）、人才挑战、人才要求、人才画像（能力画像、个性画像）及人才综合档案；最后一部分与自身产品巧妙结合，对房地产企业人才的管理进阶之路提出了三个解决方案式的总结。

（2）领英的《中国B2B品牌全球化营销白皮书》

《中国 B2B 品牌全球化营销白皮书》由走向海外的 B2B 时代、中国 B2B 企业海外品牌建设观察、中国品牌出海故事及结语四大部分组成；通过对中国 B2B 企业的 646 名出海营销人员及全球 18 个国家和地区的 2000 名海外 B2B 决策者进行调研，呈现中国 B2B 企业的出海现状；再结合领英对该行业的分析给出结合自身解决方案的五大品牌建设观察，最后带出三个品牌出海故事，即领英的客户案例。该白皮书就是典型的获客型白皮书，其结构清晰、内容优质，与领英的中国 B2B 品牌营销解决方案也很自然而不突兀地相结合。

转化型白皮书

转化型白皮书主要面向的群体为已经有采购意向、但因某原因暂时没有下定采购决心的客户。转化型白皮书的内容十分专业，且基本针对企业客户采购角色链中较重要的角色。在发起者或使用者不能说服其他角色采购的情况下，该类白皮书将发挥很大的作用。

转化型白皮书随行业及大环境的变化而变化。例如，金蝶财务软件从端产品过渡到云产品时，很多传统企业的老板因担心数据不安全而不愿意使用云产品，这时就需要制作一些关于财务云产品安全性的白皮书让老板安心。但是，当大多数人都已经接受云产品时，这类白皮书也将不再需要。

（1）金蝶的《EBC白皮书（2020）》

EBC 是 2019 年出现的一个概念，尚未被大众熟知。《EBC 白皮书（2020）》是继《EBC 白皮书（2019）》后的版本，由 EBC 概念提出者高德纳与金蝶共同推出。该白皮书由 EBC 重构企业业务能力、重构业务能力的企业实践、重构业务能力的最佳平台实践、企业业务能力的未来之路 4 部分组成，通过阐述 ERP 到 EBC 的发展历程、科普 EBC 新概念和企业（或 CEO、CIO）应该如何通过 EBC 重构业务能力，引出金蝶 EBC 的客户案例，并由此展开对金蝶 EBC 的全面介绍。

（2）阿里云的《阿里云安全白皮书》

《阿里云安全白皮书》已经迭代至 4.0 版本。在最新的 4.0 版本中，该白皮书由概览、安全责任共担、安全合规、阿里云基础设施、阿里云安全架构、云产品安全、阿里云安全产品、云上数据安全体系、阿里云安全最佳实践和版本历史十大部分组成；全新定义了阿里云安全架构，通过五横两纵 7 个架构维度、26 个架构模块、80 多个功能点全面介绍阿里云的公共云安全体系；强调阿里云能为客户提供可靠稳定、合规安全的云计算基础服务，帮助客户保护其系统及数据的完整性、机密性和可用性。

客户成功型白皮书

客户成功型白皮书主要面向的群体为已付费客户，是为帮助已付费客户更快上手和更好地使用产品而制作，用于帮助付费客户流畅使用产品的基本功能、发掘产品的潜在价值、提升付费客户对企业服务的黏性及助力客户成功。客户成功型白皮书基本都以产品白皮书、技术白皮书、操作白皮书等形式呈现。

（1）金蝶的《Yundee工业互联网平台白皮书》

《Yundee 工业互联网白皮书》主要介绍中国联通集团和金蝶集团的合资公司——云镝智慧科技有限公司的工业互联网平台。该白皮书从工业互联网推动产业转型升级出发，围绕平台业务架构、平台技术架构、Yundee 工业互联网平台作用、企业级产品方案、产业集群解决方案、产业集群实践 6 个方面，系统介绍了 Yundee 工业互联网平台是什么、能解决什么问题、如何解决问题及能为企业带来什么效果。

（2）神策数据的《iOS全埋点技术白皮书》

《iOS 全埋点技术白皮书》由埋点概述、应用程序启动和退出、页面浏览事件、控制点击事件、UITableView 和 UICollectionView 点击事件、采集手势、标识用户等 14 小节组成，详细介绍了基于 iOS 平台的数据埋点技术和解决方案。该白皮书除了帮助付费客户更好地了解和顺利使用产品以外，也为相关从业者提供了可学习和研究的 iOS 全埋点知识体系。

4.4.2　白皮书营销的 8 个步骤

通过以上案例，我们了解了 B2B 白皮书的 4 种基本类型，接下来就可以正式开启白皮书营销了。通常情况下，白皮书营销会分为 8 个步骤：确定主题、瞄准受众、制定目标、搭好框架、开始制作、统一包装、进行推广、数据复盘，每一个步骤环环相扣，并形成迭代闭环，如图 4-12 所示。

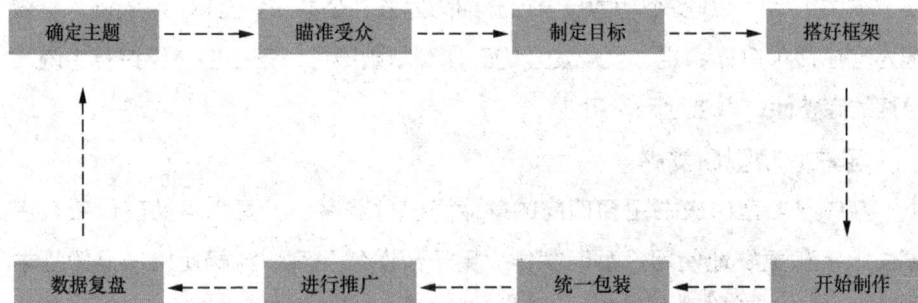

图 4-12　白皮书营销的步骤

第 1 步：确定主题

白皮书的主题与企业战略、企业业务、产品规划、市场策略紧密相关。例如，在企业战略层面，为了树立 B2B 企业在某方面的思想领导力，白皮书最好以年为单位，持续围绕这个主题进行更新迭代，并围绕该主题"做定义、树标杆、定标准"，典型代表为金蝶以年为单位发布的《EBC 白皮书》；在企业业务层面，业务面向的目标人群是谁，白皮书的主题要着重围绕教育和转化目标人群展开，典型代表为 GrowingIO 面向增长爱好者的《增长白皮书》；在产品规划层面，白皮书主要对新产品和新技术进行包装，典型代表为金蝶的《Yundee 工业互联网平台白皮书》；在市场策略层面，白皮书的主题最好结合当下的市场趋势和行业热点，典型代表为领英对品牌出海热制作的《中国 B2B 品牌全球化营销白皮书》。

第 2 步：瞄准受众

确定主题后，白皮书还要进一步瞄准该主题的受众，也可以理解为该白皮书瞄准的企业客户画像。我们可以从企业规模、所属行业、所在部门、具体岗位、岗位职级等维度进行单一或组合确认。

- 企业规模：特大型（集团型）、大型、中型、小型、微型等。
- 所属行业：汽车行业、烘焙行业、企业级 SaaS 行业、酒店行业、证券行业等。
- 所在部门：运营部、市场部、产品部、IT 部、人力资源部、财务部等。
- 具体岗位：产品经理、用户运营、内容运营、前端开发、HR、PR 等。
- 岗位职级：CXO 级别、VP 级别、总监级别、经理级别、主管级别、执行层等。

白皮书的名称就如文章的标题，确定主题和瞄准受众后，我们需要通过白皮书的名称进一步锁定，第一层锁定目标人群，第二层锁定目标人群的打开率。例如，以增长为主题，瞄准"具体岗位：产品经理"和"岗位职级：总监级别"这两个维度的组合，我们就可以将白皮书的名称拟定为《增长产品团队搭建指南》，而不是《增长产品经理执行手册》；同样的主题，瞄准"企业规模：集团型"这一个维度，我们就可以将白皮书的名称拟定为《集团型企业增长实战指南》。

第 3 步：制定目标

制定目标是回答为什么要进行白皮书营销的问题。一本白皮书从规划到正式推出基本要以月为单位投入人力、物力和精力。作为 B2B 运营人员，不要为了做而做，而是要有目的地去做。我们可以根据白皮书营销的 4 种基本类型，确定自己此次白皮书营销的目的是为了品牌、获客、转化，还是为了客户成功；再根据不同的目的，结合确定的主题、瞄准的受众及以往的数据制定相应的目标。

以获客型白皮书为例，主要目标是通过白皮书获取新线索，那么具体的指标就可以如表 4-3 所示，核心指标为白皮书带来的新线索数，次要指标由核心指标的主要影响因素组成。在数据上，对比以往类似获客型白皮书的相关数据，我们可以在此基础上要求自己有 10% 以上的增长。

表 4-3　获客型白皮书的目标示例

时间范围	一个月内			
核心指标	白皮书带来的新线索数			
次要指标	白皮书首发文章在各个渠道的阅读量	白皮书的下载总数	白皮书内嵌的产品注册数	SDR 已跟进数

第 4 步：搭好框架

为了让内容制作有条不紊地进行，我们需要在正式开始制作之前搭好白皮书的基本框架，即白皮书的目录，包括整本白皮书共分为哪几章、各章分为哪些节、将分别阐述什么内容。在确定框架前，我们可以用思维导图进行呈现和优化，直到确定为止。为了让读者更容易阅读和理解内容，白皮书的目录最多不超过三级，以二级为宜，整体框架在纵向最好符合"上层概括下层"的基本原则，在横向最好符合演绎法或归纳法，如图 4-13 所示。

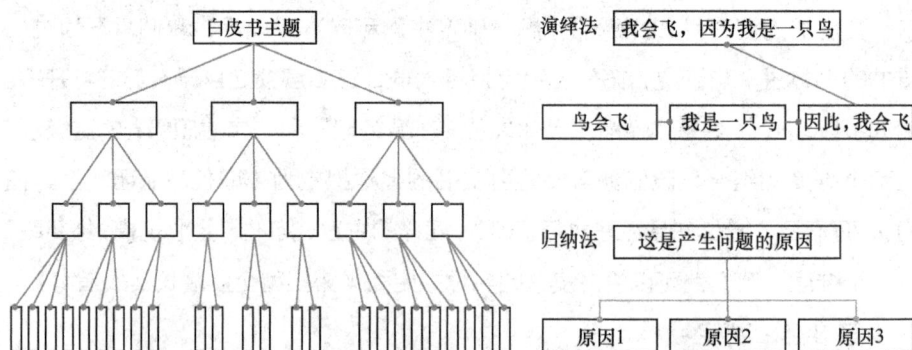

图 4-13　最容易让读者阅读和理解的白皮书纵向与横向结构

以行业类白皮书为例，B2B 企业的行业类白皮书基本框架如下。

1. 行业概述

1.1 行业的定义与范围

1.2 行业发展历史回顾

1.3 行业现状阐述

2. 行业分析

2.1 行业的发展趋势

2.2 行业的机遇 / 挑战 / 痛点

3. 行业解决方案

3.1 整体解决方案

3.2 细分场景解决方案

4. 行业客户成功案例

5. 企业简介

如果是获客型白皮书，秉持给客户带来价值而不是硬性植入行业解决方案的理念，在内容占比分配上，第 1 部分到第 2 部分通常要占 70% 及以上，第 3 部分到第 5 部分只能占 30% 及以下。虽然内容占比上最后三部分不占优势，但整个框架的构思是从下至上的，需要从第 3 部分"行业解决方案"出发，匹配相应的行业现状阐述、行业分析及行业客户成功案例，才能连贯整个白皮书的内容。读者可参考北森的《中国房地产行业人才白皮书》。如果是转化型白皮书，内容占比分配上则是第 1 部分到第 2 部分通常只占 30% 及以下，而第 3 部分到第 5 部分要占 70% 及以上。

第 5 步：开始制作

搭好框架后，接下来即可开始白皮书的内容制作。通常情况下，B2B 企业的白皮书内容制作要么委托易观、艾瑞等权威咨询机构，制作一本白皮书的报价一般在 5 万～ 50 万元，虽然价格不菲，但 B2B 企业可以借助权威机构提升品牌影响力；要么与其他品牌合作共同制作，合作品牌可以是 B2B 企业的客户，也可以是上下游的其他企业；要么全权由企业内部的员工自己制作，通常由运营人员以原创、约稿、采访等方式进行统筹编辑，一本白皮书的内容制作通常会由两个及以上的部门互相配合完成，有时还会借助外部的 KOL 资源。

同样以行业类白皮书为例。如果全权由企业的员工自己制作，第 1 部分"行业概述"和第 2 部分"行业分析"通常由运营人员制作。在基本了解行业概况及听完内部宣讲的行业解决方案后，我们就要能大概明确这两部分需要什么样的内容，以此更顺其自然地融入行业解决方案。假设金蝶的企业级 SaaS 行业解决方案中有关于 CSM 看板的细分场景解决方案，那么在该行业白皮书的前两部分就需要补充 CSM 的现状、趋势等相关内容。明确所需的内容后，我们再去匹配白皮书需要的行业相关数据。行业数据的来源主要有以下 5 种：

（1）国家数据、中国统计信息网、中国互联网数据平台等权威网站查询行业相关的公开数据；

（2）行业相关上市公司的季度、半年度、年度财报；

（3）国内的易观、艾瑞，以及国外的麦肯锡、罗兰·贝格、埃森哲、毕博（原毕马威）、德勤等管理咨询公司发布的行业分析报告；

（4）B2B 企业通过定性或定量调研获取的数据；

（5）B2B 企业基于自身产品采集的数据。

其中，第 4 种和第 5 种来源的数据对于我们来说是最有价值的，能很大程度上延长白皮书的生命周期。因为一手数据最有可能被第三方引用，白皮书被引用的次数越多，生命周期也就越长。例如，本书中就引用了很多白皮书的数据，就是这些白皮书生命周期的又一次延长。

第 3 部分"行业解决方案"通常由 B2B 企业内最接近和理解客户业务场景的售前团队或售后团队提供。售前团队为新签约客户负责，会倾向于把解决方案"抬高"，有可能会出现暂时还不能实现却承诺给客户的内容，我们需要衡量对外发布内容与产品现阶段的匹配度；售后团队为续约负责，面向老客户的解决方案会更务实，我们需要将专业的产品语言转化为通俗易懂的市场语言。第 4 部分"行业客户成功案例"和第 5 部分"企业简介"为了保持品牌对外传递的一致性，通常都需要统一使用企业价值主张 PPT 内的标准内容。

第 6 步：统一包装

白皮书各章节的内容制作完毕后，运营人员需要将其整合统一，并协调设计师资源进行优化，直至达到对外发布的标准。白皮书包装的整合统一主要包括三个方面：表达统一、排版统一、视觉统一。

（1）表达统一

一本白皮书的内容可能来自企业内外部的多个作者，直接整合会让读者有东拼西凑的感觉。我们应统一整本白皮书的叙述人称，对各章节之间表达不连贯的地方进行补充，使其连贯，最终实现白皮书的表达统一，让读者阅读起来没有思维跳跃的感觉。

（2）排版统一

排版是指把白皮书的文字和图形按排版要求排成标准版面，主要包括白皮书的字体、字号、字间距、行间距、段间距、两端间距，以及图形的基本尺寸、图表编号等排版细节。不论是 PPT 还是 Word 形式的白皮书，排版规范一经确定便可以一直沿用。

（3）视觉统一

每一本对外推广的白皮书都需要符合品牌视觉设计（Visual Identity，VI），让读者一看就知道是某家 B2B 企业发布的白皮书。通常情况下，品牌 VI 由 B2B 企业的品牌部制定和下发，我们需要按照品牌 VI 中的标准品牌色系进行白皮书的视觉统一。

第 7 步：进行推广

完成白皮书的统一包装，达到对外发布的标准后即可进行推广工作。白皮书的推广有两条主线：一条是按照时间线制定的推广节奏，如图 4-14 所示；另一条是按照触点线引导的用户行为。

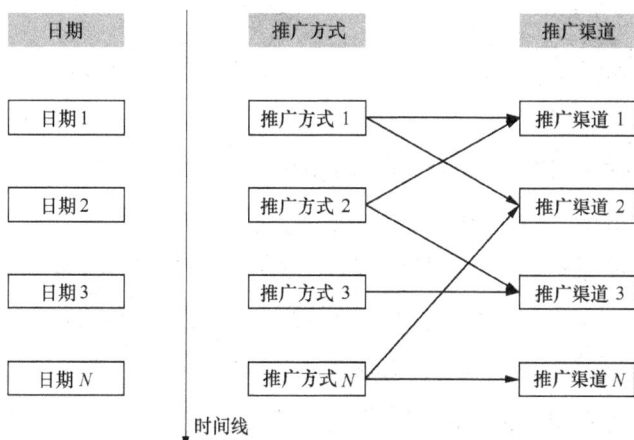

图 4-14　白皮书推广的时间线

（1）时间线

首先，我们需要根据推广方式制定推广节奏。常见的白皮书推广方式有白皮书首发文章推广、软文推广、公开课推广、信息图推广、信息流投放推广、KOL投放推广、线下发布会推广、裂变活动推广等，每一种推广方式按照时间线排序，即可形成相应的推广节奏。然后，为不同的推广方式匹配推广渠道，并提前拟定推送时间、推送内容、推送文案等细节。白皮书推广渠道管理表见模板 1。

对于企业战略层面的重大白皮书，除了线上渠道推广，我们还需要在线下举办白皮书发布会。根据白皮书的主题和内容，我们可以单独设立发布会，也可以结合相关主题沙龙或通过某个大型会议发布，再借助付费媒体短时间集中曝光，以此获得更多分享媒体和赢得媒体。例如，《2019 产业互联网白皮书》就是通过金蝶云全球用户大会进行发布，并赢得中央电视台中文国际频道的报道。

（2）触点线

一般情况下，白皮书在线上以 PDF 文件的形式供客户下载，在线下以印刷物的形式发送给客户，这两种形式的二级传播几乎很难监测。所以，我们通常会在白皮书中设置相应的触点，引导客户进入私域，再通过 MA 工具自动进行提前设计好的客户互动流程。白皮书的常规触点有以下三种：

一是产品的免费试用，我们可以通过 Adobe Acrobat 在白皮书中合适的章节将注册按钮或链接插入 PDF；

二是解决方案的咨询，我们可以设置限量的咨询名额，在白皮书内设置CXO 或解决方案专家的企业微信个人号二维码；

三是私域的引导，通过设置相匹配的诱饵引导用户关注服务号，进行下一步的客户互动。

我们将时间线和触点线相结合，就能形成一张清晰的白皮书推广框架图，如图 4-15 所示。

白皮书开始推广后，我们需要实时监测白皮书的相关数据，动态调整下一步的推广策略。例如，在白皮书下载页面的 UV 很高、但成功下载数却极低时，就很可能是注册环节出现问题，可能是注册流程太烦琐、注册体验不流畅，也可能是注册短信验证码发送不成功等。这就需要我们快速优化白皮书的注册环节，保证该环节没有问题后再进行推广。

时间线	用户行为	触点线			
		企业客户生命旅程			
		认知阶段	教育阶段	考虑阶段	试用阶段

电子书
免费测评
免费注册试用
扫码咨询解决方案
扫码预约公开课
测评落地页
企业微信个人号
企业官网产品注册页

日期1
白皮书首发文推广
点击免费下载
微信服务号

日期2
软文推广
点击阅读下载

日期3
信息图推广
扫码领取电子书
MA工具
企业官网解决方案落地页

日期4
公开课推广
扫码报名
电子书下载页

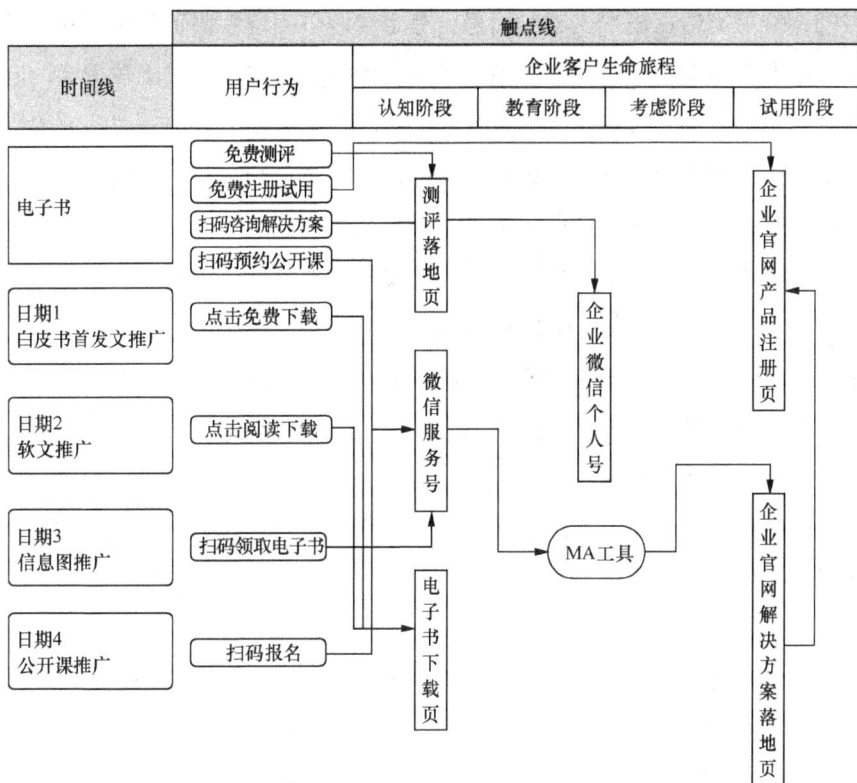

图 4-15　白皮书推广框架图示例

第 8 步：数据复盘

B2B 白皮书营销的复盘流程如图 4-16 所示。首先，我们回顾在第 3 步制定的目标，与结果进行对比是属于正向增长还是负向增长；然后通过叙述白皮书营销的整个过程，分析取得结果的原因，原因也包括正向原因和负向原因；最后对此次白皮书营销进行经验总结，"取其精华，去其糟粕"，将经验沉淀成 SOP，以便下次白皮书营销时复用。

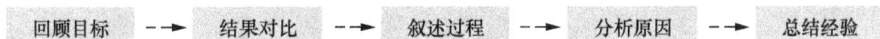

回顾目标　→　结果对比　→　叙述过程　→　分析原因　→　总结经验

图 4-16　复盘流程

为了更好地分析原因、总结经验，制作出更多高质量且对客户有价值的白皮书，我们可以从白皮书的内容和作用两个方面进行数据分析。

（1）白皮书内容分析

白皮书内容分析可以在白皮书进行推广时即刻开启，指通过已阅读白皮书客户的评价来衡量白皮书内容的质量，有定量调研和定性调研两种方式。对已阅读白皮书客户批量发送调研问卷，属于定量调研。这种方式比较灵活，但没有具有吸引力的调研奖励往往很难获取。对已阅读白皮书客户一对一地围绕白皮书内容进行访谈，属于定性调研。这种方式需要我们花费一定的时间，但通过与客户的深度交流往往都能有意外的收获。

除了这两种人工方式，我们还可以开发一套类似于淘票票的观影评分及评论系统。客户下载阅读完白皮书后，可以通过 1～5 星级或 1～10 分直接给白皮书评分及评论。这样不仅能增加客户互动，还能搜集客户的真实评价，方便我们更客观地对白皮书的内容进行分析。

（2）白皮书作用分析

白皮书作用分析最少需要在白皮书按时间线完成推广后的一个月左右开启，指衡量白皮书在企业客户生命旅程和企业客户采购角色链中产生的作用。如何衡量呢？

- 最简单的方式是倒推法。假设我们制作了一本面向烘焙行业的获客型白皮书，那么自白皮书进行推广之日起，通过查看处在不同企业客户生命旅程中的烘焙行业客户，有多少家企业及企业中的哪些角色下载过该白皮书，计算下载过白皮书的烘焙行业客户与推广之日起总烘焙行业客户数的占比，以此倒推分析作用。
- 最直接的方式是员工反馈。我们遇到过很多潜在客户因为某本白皮书而重新激活的情况。例如，某烘焙行业的沉默潜在客户看到该获客型白皮书后直接联系到之前已加微信好友的 SDR，邀请销售人员前往公司讲解烘焙行业解决方案。运营人员需要与 SDR、销售、CSM 等能直接与客户接触的员工建立良好的信息反馈通道。

4.5 案例：MA SaaS巨头HubSpot的内容营销秘籍

很难想象一家企业级 SaaS 公司不仅在社交媒体上拥有百万粉丝，而且其官网的流量还以平均每月 3000 万人次的访问量在全球同类网站中独占鳌头。这家公司就是 HubSpot。

HubSpot 成立于 2006 年，经过 8 年时间即在纽交所上市，2020 年营业总收入达 8.83 亿美元，拥有 7 万多家客户，覆盖全球 120 多个国家，截至 2021年 12 月总市值接近 350 亿美元。2019 年，HubSpot 还超越谷歌、Facebook等夺得全美最佳雇主排行榜第一名。

HubSpot 从 MA 工具起步，现在已经成长为一站式的增长平台，致力于围绕客户生命旅程，为企业提供全流程的服务，以免费的 CRM 集成邮件、社交媒体等为中心，搭配付费的 MA 工具、内容管理工具、客户服务工具和销售管理工具。

经过多年的发展，HubSpot 在中小企业（Small/Medium Business，SMB）市场以超过 50% 的占有率稳居第一。HubSpot 的高速增长离不开其对内容营销的完美运用。通过内容营销，HubSpot 不仅逐步积累了品牌声誉，还免费获取了大量的潜在客户。

4.5.1 创造集客式营销新概念，树立思想领导地位

作为 B2B 运营人员，我们耳熟能详的集客式营销（Inbound Marketing）就是 HubSpot 率先提出的概念。传统的以电视广告、广告牌、网站弹窗等为代表的推播式营销（Outbound Marketing）是无论客户愿意与否都会主动呈现营销内容，而集客式营销是通过制作目标客户感兴趣的优质内容，将其布局在目标客户可能会出现的渠道，然后让目标客户主动找上门。

集客式营销的概念一经提出，便得到了相关从业者的广泛认可。但是，这还远远不够。为了抢占用户心智，将集客式营销与 HubSpot 牢牢绑定，2009年 10 月，HubSpot 的两位创始人——布瑞恩（Brian）和达迈什（Dharmesh）便迅速联合出版了《网络营销 3.0：Google，社会化媒体和博客引爆的集客式营销》（*Inbound Marketing*：*Get Found Using Google*，*Social Media*，*and Blogs*）一书，正式面向整个市场推广集客式营销的概念。2014 年 9 月，他们又更新迭代出版了一本《集客式营销：线上吸引、经营和取悦客户》（*Inbound Marketing*：*Attract*，*Engage*，*and Delight Costomers Online*）。

HubSpot 还专门围绕集客式营销建立了一个名为 inbound.org 的社区。这

个在线网络社区没有 HubSpot 的产品推广，纯粹是一个交流学习平台，任何对集客式营销感兴趣的人都可以注册成为会员，不仅能发表文章、相互交流学习、参与线上线下活动，还能发布和寻找心仪的工作。据市场公开数据统计，2018年，inbound.org 的社区成员已经突破了 17 万人，还为 HubSpot 带来了 1 亿美元的额外营收。

此外，从 2011 年开始，HubSpot 每年都会在波士顿举办以 INBOUND 为主题的线下会议。会议会邀请全球各行各业的权威专业人士，围绕集客式营销及销售、客户服务、内容营销等当下热门话题进行分享。参会人员有 HubSpot 的合作伙伴、客户，还有对会议感兴趣的销售及市场营销等人员。每次会议都是万人规模，2019 年的 INBOUND 会议就吸引了超 2.6 万名观众参加。经过 9 年的坚持与迭代，INBOUND 会议的参会人数越来越多，影响力也越来越大。

HubSpot 还有一个名为 INBOUND Studio 的访谈节目。该节目起源于 2016 年的 INBOUND 会议，最初只是一个实验性的系列视频，却因在社交媒体上大火而延续下来。目前，INBOUND Studio 已经发展成为一档短视频访谈节目，由主持人采访全球各行各业的杰出人物，再将精彩片段加工剪辑成短视频，在 Facebook、YouTube 等网站上同步播出。这档访谈节目也因为传播世界各地的先进理念和开拓思想而大受欢迎。

不仅如此，HubSpot 还围绕集客式营销开设了一系列不同等级的认证课程，将该概念与目标客户的职业晋升路径相关联。这些认证课程都由 HubSpot 的 CSM、市场营销人员等共同参与制定，基本由 5 节及以上的课程组成一系列课程。用户可以注册后报名，进行在线学习、在线参加考试。考试通过的用户即可获得 HubSpot Inbound 的专属认证，并且认证还能以点亮勋章的形式同步在全球最大的职场社交平台领英的个人首页上。

当然，HubSpot 围绕集客式营销所做的努力远不止这些。不仅自己是集客式营销的践行者，HubSpot 对该概念的推广也渗透在企业每一次对外发声的方方面面。也正是由于 HubSpot 多年的坚持，直到现在，用户一提到集客式营销便会想到 HubSpot，集客式营销与 HubSpot 在他们心中已经牢牢绑定。企业想要开展集客式营销时也就会自然而然地认为，只有 HubSpot 是最专业的，也是唯一且第一。

4.5.2　工具营销，每年免费获取百万新客户

HubSpot 成立之初，其创始人达迈什就因为机缘巧合推出了一款免费的网站评分工具。达迈什曾在 inbound.org 发表文章这样评价："没想到这款旨在帮助客户优化网站的评分工具，竟然帮助 HubSpot 日后成为一家市值超过 105 亿美元、拥有 73400 多家客户的上市公司！"

当时，HubSpot 只有 3 名员工，创始人达迈什几乎任何事情都需要亲自上阵，其中就包括非常重要的销售环节。在销售过程中，达迈什需要分析客户网站的 Alexa 排名[1]、页面标题、域名、安全性能等，以此评估该网站是否为 HubSpot 的目标客户。一来二去，达迈什觉得纯手动太麻烦，索性就做了一款小工具自动完成这项工作。后来，达迈什发现对这款小工具有需求的也正是 HubSpot 的目标客户，就注册了 website.grader.com 让所有人都可以免费使用。

从客户的角度，深入客户的工作流程、工作场景，才能发现对客户真正有独特的价值和使用场景的工具。这款小工具本质上就是将达迈什总结的网站评分规则转化为能与客户交互的内容，客户只需要输入网站域名、输入邮箱、点击获取结果，仅三步便可以获得一份详细的网站分析报告，不仅简单易用，还能迅速为客户展现价值。

这份报告会根据网站性能（30 分）、SEO（30 分）、移动页面适配（30 分）、安全性能（10 分）对网站进行综合评分，满分 100 分，并且支持一键分享至 Facebook、Twitter 和领英。客户分享的同时，也能为 HubSpot 带来新的流量。

但这不是最重要的，最重要的是这款小工具将网站问题呈现出来的同时，也巧妙地给出了对应的解决方案。在用户填写完信息、获取网站评分报告时，评分的最下方会有一个醒目的"你的网站正在阻碍你增长吗"文案和"开启 14 天免费体验"按钮，引导用户注册领取 Hubspot 内容管理工具的 14 天免费体验权。

如果用户暂时对产品不感兴趣，HubSpot 还准备了更具吸引力的网站优化免费课程。在网站性能、SEO、移动页面适配和安全性能 4 项评分中，这款小工具针对每一项都会有详细的优化建议。同时，每一项底部还有 CTA 引导用户

1　网站的世界排名。

免费学习对应的课程。用户学完课程需要网站优化的相关工具，也就自然而然地会找到 HubSpot。

website.grader.com 每个月基本都有超 10 万人次的访问量，且 90% 以上的访问量都来源于直接访问、搜索和推荐。通过这款小工具，HubSpot 每年能吸引上百万的潜在客户。这种一次性建成就能一直产生价值的获客方式，不仅大幅提升了 HubSpot 企业官网的流量，还为 HubSpot 带来了源源不断的新客户。

2009 年，HubSpot 又推出了一款 Twitter 评分工具。这款小工具的原理也和网站评分工具一样，只不过是基于 Twitter 个人账号的粉丝量、互动量、点赞量等维度给用户出一份 Twitter 评分报告。同时，利用人都会有的虚荣心，这款 Twitter 评分工具设置了全球 Twitter 用户的评分排行榜。这款小工具刚上线便一传十、十传百，获得了成千上万的用户使用，还一度成为当时的热门话题，为 HubSpot 赢得了大量的免费曝光。

显然，HubSpot 认为这是一种非常低成本且有效的获客方式。除了网站评分工具和 Twitter 评分工具，HubSpot 还陆续开发了发票模版生成工具、电子邮件签名生成工具、营销计划模版生成工具、博客创意生成工具、角色创建工具等一系列可以与用户交互的内容，都可以为 HubSpot 免费、持续地带来新客户。

如今，工具营销已经成为国外 B2B 企业的常规获客手段，不仅能有效提升企业官网的访问量，还能搜集潜在客户信息以便于后续进行培育转化，最重要的是一劳永逸。

4.5.3　优质内容布局，将企业官网打造成超级流量池

HubSpot 的企业官网月均访问量已经超过 3000 万人次，并且用户的平均访问时长高达 11 分钟。要知道，B2B 企业官网的用户平均访问时长超过 5 分钟就已经算是很不错的水平了。通过优质内容的布局，HubSpot 将企业官网打造成了一个吸引、转化客户的超级流量池。

在吸引阶段，为了吸引更多的目标客户访问企业官网，HubSpot 将重点投放在社交媒体的运营和企业官网的 SEO 上。

社交媒体的运营方面，HubSpot 在 Facebook、YouTube、Twitter、领

英等国外主流的社交媒体上拥有超过百万的粉丝，每个月都能为企业官网吸引上百万人次的流量。HubSpot 在各个社交媒体上的庞大粉丝群也被公认为软件行业内规模最大。这得益于 HubSpot 的苦心经营。面对不同的社交媒体，HubSpot 都有不同的内容呈现形式和运营方式。例如，在拥有 190 多万粉丝的 Facebook 上，内容的主要推送方式为文字加视频。视频的时长通常都在 1 ～ 3 分钟，以时事热点解读和小知识科普为主。而在拥有接近 50 万粉丝的领英上，HubSpot 主要推送文字加图片，通过精简的引导语搭配带有 HubSpot 标志的图片，引导用户点击相应的链接进入企业官网。

企业官网的 SEO 方面，除了上文提到的小工具每月都能为 HubSpot 的企业官网带来巨额流量以外，HubSpot 还在企业官网的同一域名下设置了博客、客户故事、电子书、研究报告等多个栏目的内容，通过制作企业客户生命旅程和企业客户采购角色链中客户需要的所有内容，尤其是企业客户生命旅程靠前阶段的内容来引流。

在 SEO 的过程中，HubSpot 发现每天都会有大量用户在谷歌上搜索"如何使用 Excel"，便制作了一些有关 Excel 的内容，如《如何使用 Excel：14 个超级简单的 Excel 快捷方式、贴士及技巧》这篇文章。现在我们去谷歌上搜索 Excel 的相关问题，第一条显示的就是 HubSpot 博客上的这篇文章。

类似的案例还有很多，如搜索"什么是销售""什么是营销"等。只要是目标客户可能感兴趣的任何内容，HubSpot 都会制作，然后将其发布在企业官网的博客上。经过多年的 SEO，HubSpot 博客的内容在谷歌搜索中排名第一。

除了博客以外，HubSpot 还制作了很多比文章内容更加丰富的电子书，从成立之初到现在已经积累了《社交媒体入门指南》《营销心理学概论》《销售会议手册》《如何进行集客式营销》等上百本电子书。这些电子书制作而成的 PDF 文件也能帮助 HubSpot 的企业官网在谷歌上获得靠前的搜索排名。

在转化阶段，为了在企业官网上能更顺其自然地获取目标客户的联系方式，HubSpot 将重点投放在优质内容的引导上。

在国外，如果用户进入官网但没有选择注册体验产品，B2B 企业一般都会想方设法让用户留下邮箱，再通过邮件营销进行下一步的转化，HubSpot 也是如此。那么，如何让用户留下邮箱呢？HubSpot 会通过文章、电子书、研究报告、课程等优质内容逐步引导用户留下联系方式。

首先，当用户进入 HubSpot 博客阅读感兴趣的文章时，博客首页会有一个醒目的"订阅"按钮，引导用户勾选感兴趣的内容并填写邮箱订阅。如果用户超过一定的时间未订阅，HubSpot 还会弹出一个提示框"你是否愿意与250000 名同行一起学习"，同样是引导用户填写邮箱订阅。用户订阅完毕后，HubSpot 就会借助 MA 工具，不定期地给订阅用户发送对其有价值的内容。

此外，HubSpot 在每一篇文章的阅读过程中和每一本电子书内都会有引导用户进行注册体验产品的 CTA，分别在内容的开头、三分之一和末尾处，逐步引导用户转化。这三个 CTA 的摆放位置，也是 HubSpot 经过多年的研究总结出来并一直沿用的引导用户注册的方法。

通过优质内容的布局，经过持续多年的社交媒体运营及企业官网 SEO，搭配用户进入企业官网后的一系列引导动作，再到之后的邮件营销，HubSpot 的企业官网已经成为其吸引、转化用户的超级流量池。

模板 1　白皮书推广渠道管理表

推广方式：×××	推广时间	推送内容	推送文案	负责人	备注
自有私域渠道					
企业官网	1 月 1 日中午 12 点	图文		A	
微信订阅号	1 月 1 日下午 1 点	微信推文		A	
企业微信群	1 月 1 日下午 1 点	社群版转发语 + 微信推文		A	
个人号	1 月 1 日下午 1 点	朋友圈版转发语 + 海报		A	
其他					
自有公域渠道					
今日头条企业号	1 月 1 日下午 2 点	图文		B	
知乎企业号	1 月 1 日下午 2 点	图文 + 下载外链		B	
其他					
合作渠道					
合作渠道 1	1 月 1 日下午 1 点	微信推文		C	
合作渠道 N	1 月 1 日下午 1 点	微信推文		C	
付费渠道					
付费渠道 1	1 月 1 日下午 3 点	下载落地页		C	
付费渠道 N	1 月 1 日下午 3 点	下载落地页		C	

第 5 章

KOL 运营

5.1 从渠道运营到KOL运营

20 世纪 90 年代，我国的互联网才刚起步，客户主动获取信息的途径还有一定的局限性。所以，他们想要采购传统的企业服务软件，基本都是通过本地的代理商，又称为分销商。

那时，我国的财会电算化浪潮兴起，企业对财务软件的需求急剧扩大。为了迅速打开市场，金蝶成立渠道运营部，在全国各地以省为单位成立渠道运营分部，并且开始招募第一批代理商。

一方面，渠道运营部为代理商提供系统的支持，例如，人员招聘与考核、项目运营体系规范等组织建设支持，线下活动举办、客户邀约等市场支持，产品销售话术、销售方法等销售支持，以及一定的售前和售后服务支持，如图 5-1 所示。另一方面，代理商则能够获得相当可观的收入，例如，销售软件的提成、为客户进行现场实施的实施费，以及为客户提供售后服务的服务费。

组织建设
- 团队人员招聘
- 团队文化建设
- 考核体系建设

市场支持
- 产品市场规划
- 市场活动指导
- 客户邀约建议

销售支持
- 产品营销话术
- 常规竞品分析
- 标准销售方法

售前支持
- 产品介绍资料
- 解决方案资料
- 客户案例资料

售后支持
- 体系化交付方法论
- 标准实施交付工具
- 交付顾问能力认证

图 5-1　金蝶为代理商提供的系统支持

我在作为产品运营为金蝶的全国各地代理商提供培训的过程中，真切地感受到有很多人通过代理商这份职业在当地过上了富裕的生活，甚至有些金蝶集团总部的产品经理及深度使用金蝶产品的客户也会选择去自己的城市成为一名金蝶的代理商。

随着互惠共赢且日趋完善的渠道策略在全国展开，金蝶的代理商也由几十、上百到上千家不断地扩张。渠道的成功拓展成为金蝶连续多年销售收入增长的重要支柱。时至今日，金蝶积累的这套遍布全国的庞大渠道代理网络体系，依然是大部分初创 B2B 企业或刚入局企业服务领域的互联网巨头在短时间内无法企及的。

过去这么多年，以地域为中心、遍布全国的代理商为金蝶带来了非常亮眼的销售收入成绩。抛开售前实施和售后服务等作用，我们聚焦到代理商成立之初最重要的一个作用——获客。

在过去互联网不发达、客户还没有上网搜索以货比三家的习惯的情况下，代理商经常会通过"扫楼"、参会、办会等线下的方式寻找目标客户，同时也会积累很多当地的人脉和资源。久而久之，代理商会随着客户资源的积累和专业知识的储备逐步成为金蝶软件在当地的"财务软件采购意见领袖"。而且，代理时间越长，代理商获客会越容易。

然而，随着互联网的发展，不管是金蝶还是代理商，获客方式都在发生变化，即由以线下为主变成了线上线下相结合。2020 年，由于新冠肺炎疫情的影响，金蝶几乎 80% 以上的获客方式都转移到了线上。很多代理商的获客方式也在朝着多元化发展。例如，有些代理商会与本地小有名气的 KOL 达成合作关系，围绕 KOL 在本地开展一系列讲座、沙龙等免费或付费的线上线下活动。然后，代理商会专门为 KOL 建立粉丝群并负责维护。如果粉丝群内产生金蝶软件的相关订单，KOL 还可以获得相应的提成。

如果我们把过去的代理商看作以地域为单位、以线下为主的点对点的获客方式，那么 KOL 则可以被看作以人为单位、以线上为主的点对面的获客方式，如图 5-2 所示。

物理世界：本地　　　　　　　　　　　　　　数字世界：全网

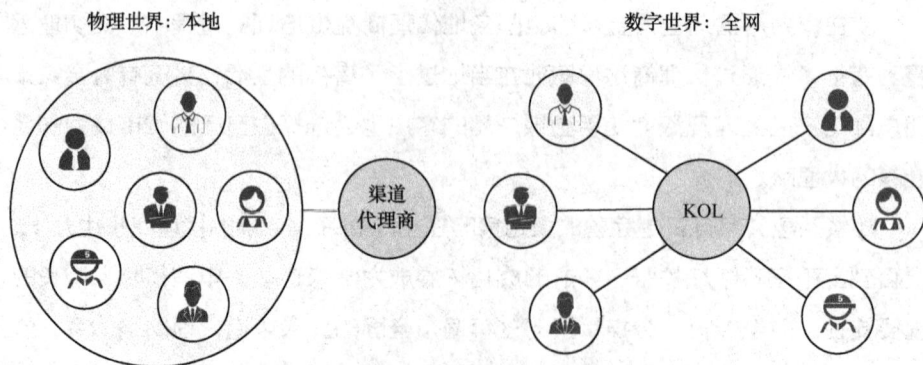

图 5-2　渠道代理商与 KOL 获客方式的差异

　　由于本身就自带流量，KOL 能覆盖到的目标客户不再是以线下地域为单位，而是以本身为单位，以众多线上传播媒体为媒介。因此，KOL 覆盖目标客户的范围会比过去的代理商大很多，能通过互联网连接全国乃至全球。此外，拥有一定粉丝量的 KOL 本身也善于生产和传播有深度且专业的内容，去感染垂直领域或垂直行业的粉丝群。所以，对于产品有一定专业性和有一定使用门槛的 B2B 企业来说，KOL 运营非常适用于对目标客户群进行理性诉求的营销。

5.2　KOL对B2B企业的作用

　　那么，KOL 对于 B2B 企业具体有哪些作用呢？我们从广受关注的私域流量池、直播带货来一探究竟。

　　KOL 最早属于市场营销学上的概念，在市场营销学中被定义为拥有更多、更准确的产品信息，且被相关群体接受或信任，并对该群体的购买行为有较大影响力的人。所以，KOL 通常是某行业或领域的专业权威人士。

　　随着私域流量的兴起，又出了一个新概念——KOC，即能影响自己的朋友或粉丝产生消费行为的消费者。相对于 KOL，KOC 的粉丝更少，影响力更小，优势是更垂直、更便宜。但本质上 KOC 就是甲方可以用较低成本获取的 KOL，所以本书都用 KOL 统称。

2020 年，直播带货成为全民热议的话题，李佳琦、罗永浩等头部带货主播创造了一个又一个仅凭一场直播就在短时间内成交总额突破百万元、千万元的带货奇迹。随后，不少明星、企业 CEO、网红等各行各业的 KOL 都开始加入直播带货大军，其中颇受媒体关注的格力 CEO 董明珠更是创下了 13 场直播带货 476 亿元的惊人业绩！

其实，不管是 B2B 运营，还是 B2C 运营，二者的本质都是对人的运营（Business to Human，B2H）。B2C 的直播带货需要借助 KOL 的个人影响力，对信任 KOL 的这群人进行成交转化。例如，直播的过程中会通过"买一送一""五折封顶""限时抢购"等促销方法，让信任 KOL 的这群人通过直播迅速下单购买。

B2B 的 KOL 运营也是同样的道理，即借助 KOL 的个人影响力，对信任 KOL 的这群人进行成交转化。只不过企业采购的成交转化周期更长，决策路径更复杂。而且，由于企业采购基本都是理性消费，而不是冲动消费，所以，B2B 的 KOL 运营不会像 B2C 的 KOL 运营那样有立竿见影的爆发式增长，而通常需要更长的时间才能看到效果。这就需要管理层用长远的眼光去看待，并能在很长一段时间没有明显效果的情况下坚持一点一滴、持续性地投入。

很多成熟的 B2B 企业往往会有一定的盈余资源来成立专门的团队独立负责 KOL 运营，例如，阿里云主要面向站长的"阿里云大使"项目、金蝶面向企业数字化转型的创见者（Most Visionary Pioneer，MVP）项目等。但是，很多 B2B 初创企业却因为投入成本高、见效周期长、没有资源支持等各种原因，很少建立完善的 KOL 运营体系，大多依靠个人一对一的关系维护。这就会导致一旦某个核心员工离职，而 KOL 都在这个核心员工的私人通信录中，等到下一位员工做相关工作时，对 KOL 的关系维护可能又要重来。

KOL 的作用不可小觑，不管是初创 B2B 企业，还是成熟 B2B 企业，都应该规范化、体系化建设 KOL 运营体系，打造自己的运营"放大器"。总体而言，KOL 运营主要能为 B2B 企业起到四大作用：提供信任背书、共创优质内容、辅助咨询服务、推荐潜在商机，如图 5-3 所示。

图 5-3　KOL 运营在 B2B 企业中的作用

5.2.1　提供信任背书

平均客单价越高的 B2B 企业，往往对信任背书的要求越高，选择 KOL 的门槛也会越高。

例如，同样是一套汽车行业数字化升级的解决方案，两家初创 B2B 企业均报价 100 万元 / 年，服务商 A 和服务商 B 的软件产品、硬件产品、创始人背景等都基本相同，但服务商 A 的技术能力略强于服务商 B、服务商 B 的信任背书远高于服务商 A。这时，企业往往会选择有成功客户案例站台或经常被业内 KOL 推荐的服务商 B。

为什么呢？这就是信任背书的力量。一套数字化升级的解决方案在企业内部的落地是需要企业投入相当大一部分时间、人力和物力的。相比略强的技术能力，采购企业更在乎的是企业稳定性和思想领导力，而这两者都需要信任背书。例如，超级 KOL 陈春花女士就为金蝶提供了极强的信任背书。

企业稳定性是务实层面的，是我们能否确保这套解决方案实施完毕并帮助企业达成预期效果。如果这套解决方案实施到一半，服务商倒闭了，这对于采购企业来说可能是灾难性的，不仅要从头再来，还要承担半途而废的损失。除了强大的创始人团队背景、媒体获奖等采购企业看来是"自卖自夸"式的信任背书，KOL 对线上线下活动的站台则是"从别人嘴里说出来"式的更有力量的信任背书。

思想领导力是务虚层面的，是我们能否给予采购企业这套解决方案能达成预期效果的前置信心。思想领导力的建立是一个长期的过程，需要企业持续专注地在某个领域或某个行业输出前沿理论、创新模型、案例研究、系统指导等。让采购企业相信，你才是这个领域或行业的领导者，只有你才能更好地带领他们落地这套解决方案并达到预期甚至超预期。除了内部专家输出的思想领导力内容，有 KOL 站台的客户案例则是让思想领导力成倍传播的"放大器"。

5.2.2　共创优质内容

4.3.2 节提到 KOL 是内容制作的重要来源之一，同时也是优质内容的主要提供方。

对于企业服务来说，要么像金蝶财务管理软件、纷享销客 CRM、钉钉协同办公软件等一样深耕于某个领域，要么像餐饮行业的二维火、电商行业的管易云、房地产行业的明源云等一样深耕于某个行业。这也就意味着 B2B 内容运营人员需要具备一定的专业知识积累和业务理解能力，才能制作出对客户有价值的内容。

如果是协同办公、电子签约等专业知识门槛相对较低的 B2B 企业，内容运营人员通过一段时间的学习可以较快地自行制作出比较优质的内容。但如果是财税管理、机器学习等专业知识门槛相对较高的 B2B 企业，要指望一个刚入职或工作 3～5 年的内容运营人员自行制作出优质内容，几乎是不太可能的。这也是优质内容"难产"的情况在 B2B 企业普遍存在的原因。

那么，如何借助外部力量制作有深度、有价值、有吸引力的优质内容呢？这时 KOL 就能发挥很大的作用，其提供优质内容的方式主要有以下三种。

演讲

我们通过设定与企业服务相关的主题，邀请 KOL 参与线上公开课和线下活动进行演讲。演讲的内容不仅可以以视频的形式呈现，还可以以图文的形式呈现。这三种方式中，演讲的 ROI 最高。

采访

围绕特定话题对 KOL 进行采访。我们需要事先准备好采访大纲，让 KOL

提前做好准备。而且，我们不仅可以将采访内容整理成文章，还可以截取采访中的经典语录制成短视频。

撰稿

直接邀请 KOL 对相关主题进行撰稿。这种方式的难度最大，成本最高，因为能演讲的 KOL 有很多，但能直接写出好文章的 KOL 并不多。一般情况下，邀请 KOL 直接为我们撰写一篇相关软文，我们需要根据 KOL 的影响力付费几千元到几万元。这三种方式中，撰稿的 ROI 最低。

5.2.3　辅助咨询服务

企业服务不是只为客户提供一个工具、平台或系统，还需要告诉客户怎么用起来，以及如何才能结合自身业务用得更好，真正帮助客户成功。要想帮助客户成功，除了我们的产品和基本的售前与售后服务以外，咨询服务则能从更高的策略、战略层次帮助企业发现并解决问题。

但是，具备咨询服务能力的高端人才往往很难招聘，即使有符合要求的人才也需要我们付出极高的薪资成本。因为服务企业的规模越大，对咨询人才的要求越高，要么有清华、北大、常春藤联盟名校等漂亮的学历背景，要么有埃森哲、麦肯锡等全球知名咨询公司的履历背景，要么是从业 10 年及以上且自己负责过成功项目的专家级人才。而且，仅满足以上条件还不够，还需要有与我们客户业务相关的从业经验。这样的高端咨询人才不仅凤毛麟角，而且薪资待遇基本都在百万元级的水平。

对于深耕某个领域或某个行业的 B2B 企业来说，招聘一位高端咨询人才就能服务众多客户，固然有较高的性价比。但对于多行业、多领域发展的 B2B 企业来说，则会面临仅招聘一位又不够、招聘多位又成本极高且工作不饱和的情况。在这种情况下，对于 B2B 初创企业来说，邀请 KOL 为客户提供咨询服务是性价比更高的选择。因为平时是不需要为 KOL 支付基本薪酬的，只是当客户有咨询服务需求时邀请 KOL 出席，当 KOL 完成咨询服务后支付相应的费用即可。这样既能保证为客户提供专业的咨询服务，不至于因为没有专业的咨询人才而丢单；也能与 KOL 进行深度绑定，有利于接下来进行更多合作。

5.2.4 推荐潜在商机

早在 QQ 盛行的年代，金蝶就已经开始通过 KOL 获取商机。我的一位伴随金蝶一路成长的领导亲述，当时某位使用金蝶财务软件的 KOL 运营着一个超过 500 人的 QQ 群，群内成员基本都是会计人员，他们在遇到财务软件操作中的问题或财会职业生涯中的困难时都会向该 KOL 请教。该 KOL 也会及时详细地给予解答，久而久之便在群内建立了专家形象。但有一点，该 KOL 只回答群内成员在使用金蝶财务软件过程中遇到的问题，并且会在群内不断迭代产品问答文档。久而久之，QQ 群内部分原本非金蝶财务软件的客户都慢慢转变为金蝶财务软件的客户。

虽然这是一个年代比较久远的小故事，但也说明 KOL 是具备"带货"能力的，而且 KOL 推荐的商机更精准，成交周期也更短。

不管是财务领域还是其他领域的 KOL，其共同领域的好友都不在少数。有些 KOL 还运营着自己的公众号、头条号等自媒体平台，更是拥有一大批拥护自己的粉丝。不管是专业性比较高的财务软件、数据分析软件等，还是专业性不太高的其他企业服务，客户在采购之前询问相关 KOL 或使用过该企业服务的朋友，都是重要且具有一定参考价值的信息获取途径之一。

5.3 企业客户的商机推荐

纯靠体验极佳的产品带动的 KOL 口碑推荐固然好，但如果我们能给 KOL 提供相应的推荐返利，让 KOL 在为其拥护者推荐好产品的同时还能拿到额外的收益，这将大幅度提升 KOL 的商机推荐积极性。

KOL 推荐返利有两种方式。一种是依靠人际关系维护，KOL 有潜在商机后会直接推荐给企业进行对接，企业也会按照既定的提成规则给 KOL 相应的提成。这种方式往往适合客单价较高且直接面向决策层的对接，并且需要我们的员工持续与 KOL 保持亲密的信任关系。另一种是依靠系统规则维护，需要我们设计一套收益公开透明、规则详细明确、商机推荐进度实时提醒且自动发放提成的商机推荐系统。该商机推荐系统不仅可以面向 KOL，也可以面向我们的客户及员工。

Forrester 和 Salesforce 在《B2B 销售基准研究发现的意外》（*B2B Sales Benchmark Research Finds Some Pipeline Surprises*）报告中指出，推荐（包括 KOL、客户、员工）是线索转化为成单比率最高的方式（见图 5-4），远高于企业官网、SEM、销售自拓等方式。正如 Salesforce 的创始人马克·贝尼奥夫所说："最有效率的销售不是由销售团队完成的，而是由那些你并不认识的人完成的，他们甚至会在你没有意识到的情况下谈论你的产品，并向其他人进行推荐。"但前提是企业服务已经过了 PMF 阶段，并且具有良好的老客户口碑。

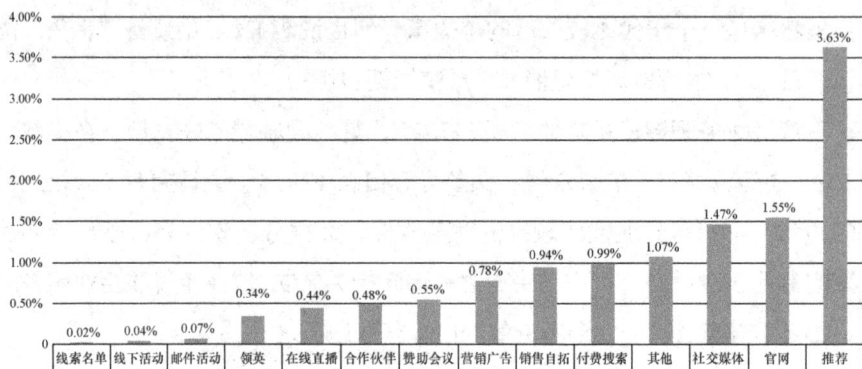

图 5-4　B2B 线索转化成单比率排名

现在我们明白 KOL、客户或员工推荐过来的商机不可忽视，但同时也要为商机的推荐提供入口或机会。目前，很多 B2B 企业的好产品，我们想要推荐也找不到入口，甚至都不知道可以推荐返利，这是非常可惜的。金蝶有一个推荐返利的小程序。对于 KOL 和客户，这套商机推荐系统放置在官网、公众号及部分产品内等大家都能很方便地找到的触点，如图 5-5 所示。

对于员工，这套商机推荐系统放置在云之家、员工版公众号等员工都能很方便地找到的地方，如图 5-6 所示。通过分享小程序的文章、课程、白皮书等内容，有客户浏览并通过小程序授权微信号、手机号之后，推荐人就能自动与客户成为推荐关系。

图 5-5　金蝶放置在企业官网、面向 KOL 和客户的商机推荐

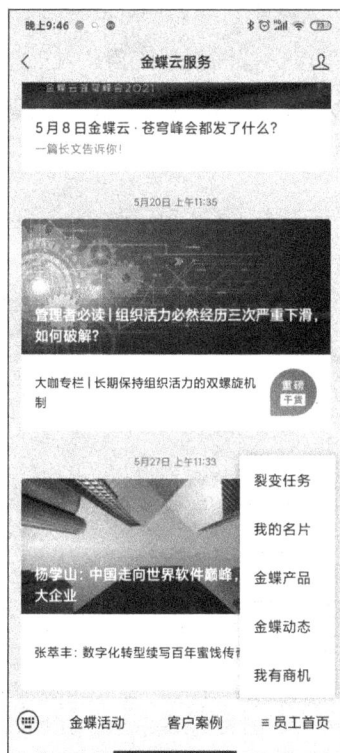

图 5-6　金蝶放置在员工版公众号、面向员工的商机推荐

设计一套能让 KOL、客户、员工主动且持续推荐商机的系统，对于我们来

说是一劳永逸且 ROI 非常高的事情。我们不仅可以获取成单转化率更高的优质线索，还能在一定程度上评估企业服务的客户净推荐值（Net Promoter Score，NPS）。

$$NPS=（推荐者数－贬损者数）/ 总用户数 \times 100\%$$

但我们应该注意的是，商机推荐系统的建设需要等到企业服务迈过 PMF 阶段再开启。与我们在日常生活中经常看到的简单直接的 B2C 推荐返利不同，B2B 推荐返利的流程更冗长、规则更复杂。

成单周期长是企业服务的共性，少则一个月，多则一个季度、半年甚至一年。如果没有给 KOL 做出相应的进度反馈，就很难让 KOL 持续保持推荐的动力。所以，当 KOL 提交潜在商机的信息后，系统要具备关键节点可以自动同步进度的功能。确认是否为商机、是否已试用、是否已采购、采购金额预计为多少、采购完毕自动返现等关键节点，都需要系统自动及时地与 KOL 同步。例如，金蝶的商机推荐小程序，KOL 推荐成功后即可进入小程序查看现金奖励并直接提现（见图 5-7）。

图 5-7　金蝶的商机推荐小程序

企业客户采购角色链涉及多个角色，客户采购后的利润分配也涉及多个部门。为了避免利益纠纷，商机推荐返利的规则需要我们定义明晰，且必须有"白纸黑字"为证，内宣和外宣也要在商机推荐系统正式投入运营时同步进行。商机推荐返利规则的明晰重点在以下方面。

- **推荐有效期**：即推荐人推荐商机之日开始，到客户成交之日结束的这段时间。视企业服务的平均成单周期，为 KOL 设置合理的推荐有效期。在推荐有效期的成单且回款即可获得返现，超出则无法获得。

- **有效推荐**：即衡量推荐人提交的商机是否有效。推荐人推荐的客户必须为新客户，不包括已注册但未采购的客户、已采购的老客户，以及被系统判定为推荐人和被推荐人为同一人的客户。

- **有效推荐人**：即在多人推荐同一个商机的情况下，判定唯一有效推荐人。如果存在某客户访问多个推荐人链接的情况，商机推荐关系的建立以该客户最近一次访问链接的推荐人为准；如果出现录入线索重复的情况，即同一家企业客户有多个联系人和联系电话，商机推荐关系的建立以最先录入的为准。

- **返现金额**：即推荐人推荐商机成单后所得金钱的数额。返现金额一般为成单金额的一定比例，仅针对被推荐商机的新购，不包括续购、增购、换购。

- **返现周期**：即推荐人推荐商机成单后距离可提现日的时间。一般可设置为推荐商机成单后的 × 天内完成核算，核算完毕后即可提现。如果在核算期内出现客户退款，将自动扣除返现；如果在核算期后出现退款，则在下月的返利金额中扣除。

在国外，企业客户的商机推荐系统建设已经有很多成功的案例。例如，谷歌针对旗下包括邮件、PPT、云端硬盘、文档等办公套件的推荐计划，参与该计划的推荐人可以获取自己的专属链接和优惠码，推荐成功即可获得相应的返现，被推荐者也可领取相应的优惠。该推荐计划已为谷歌办公套件带来了上百万的企业客户。鉴于该推荐计划成效显著，谷歌又新增了联盟计划，针对每年最少推荐 100 位使用者的推荐人，给予更高的返现。

5.4 实战：搭建KOL运营体系

KOL 在 B2B 运营中的重要性不言而喻，其不仅能提供信任背书、共创优质内容，还能辅助咨询服务、推荐潜在商机。那么，如何将 KOL 统一以项目制的方式运营起来，充分发挥 KOL 的最大效用，既能让 KOL 资源不会因为员工离职而断层流失，也能让 KOL 对企业有更好的感受和体验，与企业的绑定更加紧密，还能让我们自己更有计划、有节奏地规划内容和活动，就需要我们搭建 KOL 运营体系。KOL 运营体系包括准备环节、招募环节、包装环节和运行环节，每个环节都有不同的运营重点，环环相扣，如图 5-8 所示。

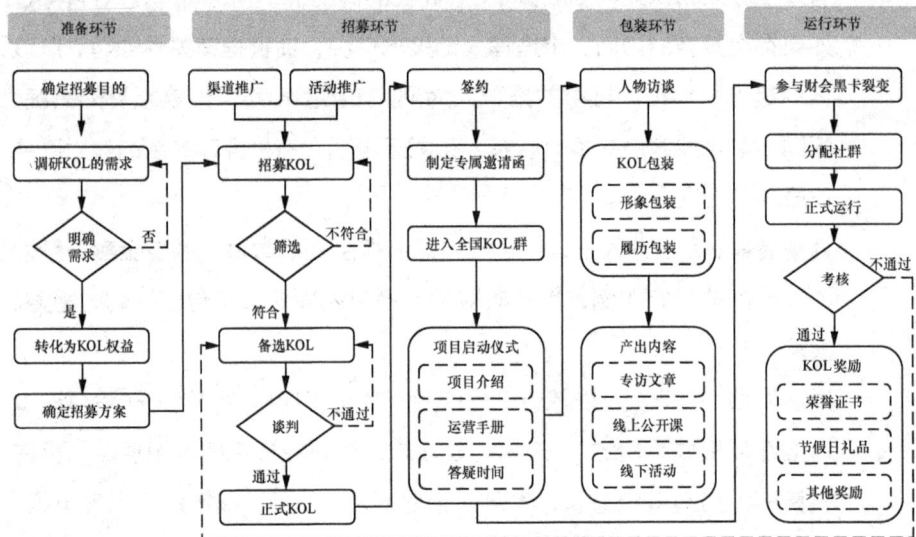

图 5-8　KOL 运营体系

5.4.1　准备环节：需求转化为权益

准备环节是基础，也是以项目制的方式运营 KOL 能否成功的关键。这个环节最重要的就是通过前期大量的走访调研，明确 KOL 的具体需求，并将其转化为参与该项目的 KOL 所能获得的权益。

我们需要明确招募什么样的 KOL，以及期望 KOL 能做什么。不像吴晓波这种超级财经 KOL，我们准备招募的 KOL 是亟待提升自我品牌、希望实现更多自我价值的会计 KOL，不需要有全国性的知名度，但在从业经验（不低于 2 年的工作经验）、会计专业证书（最低需要具备中级会计职称）、地域影响力（自带粉丝流量的优先）等方面有一定的要求。我们期望招募的 KOL 能尽其用，即不仅能共创优质内容，还能在社群运营、裂变增长、商机推荐等方面起到不同的作用。

结合会计的发展历史，我们将招募的 KOL 称为"大当家"，服务于"大当家"的运营人员称为"当家妹"，"当家妹"的个人微信号为企业资源。

虽然 B2B 企业招募 KOL 有明确的目的，但我们在招募 KOL 时还是要从 KOL 的角度出发，调研 KOL 的需求有哪些，要给出什么样的权益才能吸引他们参与该项目。通过与企业内部的财务专家沟通，以及与众多会计人员一对一地交流后，我们发现有些 KOL 主要想借助金蝶的平台扩大个人品牌影响力，有些只是单纯地想赚钱，有些仅仅是享受分享带来的乐趣和帮助他人带来的成就感，还有些则是迫切地希望完成职业转型。最终，我们将 KOL 的共性需求转化为权益，具体如下。

（1）全国优秀同行人脉

结识全国的会计精英，助力职场跃迁。我们会将参与招募成为正式 KOL 的专家邀请进入同一个微信群内，并不定期组织线上为主、线下为辅的培训和活动。其中，培训包括写作、演讲等能力的提升，由金蝶财务专家教授。

（2）打造个人品牌

我们提供全方位的个人品牌包装服务，从形象包装到履历包装，借助金蝶平台的宣传，助力 KOL 打造个人品牌，提升个人品牌在会计领域的影响力。表现优秀的 KOL 有机会获得金蝶颁发的认证证书。

（3）粉丝扶持

以省级行政区为单位，为每位 KOL 分配 1～10 个 300 人以上的会计微信群，KOL 为群主，我们会辅助 KOL 进行群管理和粉丝运营。项目结束后，会计微信群归 KOL 所有。如果 KOL 有自己的自媒体平台，我们也将为其提供引流的机会。

（4）文章推广

KOL 的专访文章或投稿文章将通过金蝶·精斗云全网所有的自媒体矩阵同步推广。如果文章获得打赏，打赏金额将归 KOL 所有。我们会为每一位 KOL 制作一篇以上的人物专访文章，KOL 也可以原创文章后投稿。

（5）课程推广

我们根据 KOL 的专长，与 KOL 共同打磨单次或系列的免费及付费课程。课程的推广也将借助金蝶·精斗云入驻的所有课程平台同步推广，付费课程的收入大部分归 KOL 所有。

（6）知识星球

KOL 可作为嘉宾入驻金蝶·精斗云的财会类知识星球。同时，我们会帮助 KOL 建立和推广他们自己的付费或免费知识星球，连接铁杆粉丝，打造 KOL 的专属粉丝池。

（7）优先入驻秒问会计

参与该项目的 KOL 将成为首批入驻秒问会计小程序的专家。如果有会计同行付费提问，KOL 回答问题后将可以直接获得现金收益，多劳多得，上不封顶。

（8）优先受邀线下演讲

我们将在全国各地开设线下沙龙。如果是 KOL 所在的城市，我们将优先邀请 KOL 参与线下沙龙，进行主题演讲，并视情况为 KOL 提供 10000 元以内的报酬。

（9）商机推荐现金奖励

KOL 可以通过金蝶的商机推荐系统推荐商机，根据推荐商机的情况将获得不同比例的成单金额提成。此外，参与该项目的 KOL 还将根据成单数的阶梯获得额外的阶梯奖励。

明确 KOL 的权益后，我们便开始着手准备招募海报（见图 5-9）、招募文章、招募表单等物料，制定招募计划，确定招募方案，进入招募环节。

图 5-9　KOL 招募海报

5.4.2　招募环节：仪式感贯穿始终

在招募方式上，我们主要通过免费渠道推广和一场赏金瓜分活动进行 KOL 的招募。渠道覆盖微信生态、企业官网、云会计产品内的活动公告、外部会计社区等所有会计群体可能存在的能免费进行推广的地方。此外，我们还设计了一场赏金瓜分活动，借助同行吸引同行，以获取更多的优秀会计人员报名。

赏金瓜分活动的参与者是从既有的会计群中招募的一批"财会赏金猎人"，本次活动为第一期，也是作为以后每次分销裂变活动和有奖裂变活动启动的种子用户群。活动为期两天，"财会赏金猎人"集结完毕后，我们会在微信群内发布通知，告知活动规则、提供活动帮助文档、进行活动答疑。活动正式开始后，我们会全程保持每天早、中、晚最少一次在群内播报排行榜，以营造紧张的氛围，带动更多"财会赏金猎人"积极参与本次赏金瓜分活动。

"财会赏金猎人"可以通过公众号的任务中心生成自己的专属招募文章。借助 MA 工具的相关功能，每一位"财会赏金猎人"都可以实时看到自己分享的招募文章的传播链路和传播数据，确保活动的公平性。传播人数不少于 N 人，即可瓜分千元奖金池。为了让"财会赏金猎人"有更多瓜分奖金池的机会，本次活动设置为二级传播。也就是说，通过"财会赏金猎人"传播的招募文章，好友 A 点击进入阅读的数据会被计算在内，如果 A 的好友 B 也转发了 A 的招募文章，好友 B 带来的传播数据同样会被计算在内。

奖金池瓜分的规则如下。

活动结束后的次日晚 9 点前，我们会发放完毕所有的赏金，确保赏金结算及时，为下次活动打好基础，赢得良好的口碑。

- 排名前 10 位：按梯度瓜分奖金池的 70%。

  每人得到的赏金 = 奖金池 ×70%× 传播人数 / 前 10 位的总传播人数

- 剩余达标参与者：平分奖金池的 30%。

  每人得到的赏金 = 奖金池 ×30%/ 剩余达标参与者数

通过以上两种方式进行 KOL 招募，我们获取了很可观的会计专业人士报名数，从中筛选出具有 CPA、ICPA、CMA（美国注册管理会计师）等会计专业资格证书的第一批 KOL，其地理位置基本覆盖我国 34 个省级行政区。

仪式感的赋予要贯穿 KOL 招募的每一个细节，毕竟我们招募的都是会计专业领域的资深人士。一是我们需要通过仪式感显示对 KOL 的重视，二是要让 KOL 有通过选拔的自豪感和参与该项目的成就感。

严肃的谈判流程

根据罗伯特·西奥迪尼的全球畅销书《影响力》中的承诺和一致原理，一旦我们对某个决定或某种立场做出了承诺，那么不管这个承诺对错与否，一般人都会保持承诺和行为的一致性。因为人在做出承诺后，其大脑会潜移默化地接受该思想并指导具体行为。同样，事先进行谈判，获取 KOL 对该项目积极、肯定的回答，并让 KOL 做出某种承诺，从心理学的角度，无形中会让我们之后进行的包装环节和运行环节顺利很多。

经过初次筛选的 KOL，我们会电话和短信告知并祝贺他们，同时添加他们的微信，预约第二轮筛选也就是谈判的时间。谈判前，我们需要准备好一套标准的谈判话术和谈判流程。谈判话术围绕得到 KOL 对该项目积极、肯定的回答进行设置。我们需要按约定的时间、通过线上微信对话或电话语音的方式与 KOL 进行一对一的谈判，得到 KOL 承诺愿意对该项目投入的时间、愿意做的事情，并再次确认 KOL 参与该项目的主要目的。

对于未通过谈判的 KOL，我们会表示遗憾，并告诉他们已经进入全国 KOL 的备选库，当我们招募第二批大当家时还会有机会加入；对于通过谈判的 KOL，我们会恭喜他们从全国上千名竞选者中脱颖而出，并进行接下来的签约。

具有法律效应的签约

签署具有法律效应的《合作协议》，一是让 KOL 对我们提供的权益产生信任，二是能排除一部分抱着试试看心态的 KOL，三是能有效减少意外情况及失信事件给该项目带来的损失。

对于通过谈判的 KOL，我们会与其进行《合作协议》的电子签约。《合作协议》需要通过企业法务部的审核，清晰罗列甲方（我方）职责、乙方（KOL）职责、商业秘密、声明、协议执行期限、协议终止、争议的解决及不可抗力。其中明确，甲方需要拥有乙方的肖像使用权。该《合作协议》一式二份，双方各执一份，经双方签字盖章后即刻生效，有效期为一年。完成签约的 KOL 将收到金蝶·精斗云寄送的一本聘书和受聘礼品，很多 KOL 都会将其分享至朋友圈，同时也帮我们吸引到更多的会计专家。

统一进行的项目启动仪式

签约完毕后，每位 KOL 会收到一份写有其姓名的电子版邀请函。我们邀请 KOL 在特定时间、特定地点参加项目启动仪式。

启动仪式开始前，我们会将 KOL 统一邀请至全国 KOL 的微信群，并让 KOL 按照文字模板提前准备好自我介绍。

启动仪式开始后，我们会在群内发放项目启动红包，并让来自全国各地的 KOL 进行自我介绍，以便互相认识（见图 5-10）。自我介绍结束后，我会为全国的 KOL 们系统介绍整个项目，然后在群内以及通过微信和邮件为每一位 KOL 一对一发送参与该项目的必备手册。必备手册主要包含项目简介、KOL 参项指南、PPT 模板、文章提交模板、活动策划模板。项目介绍完毕后会留有答疑时间，答疑结束即项目启动仪式正式结束。

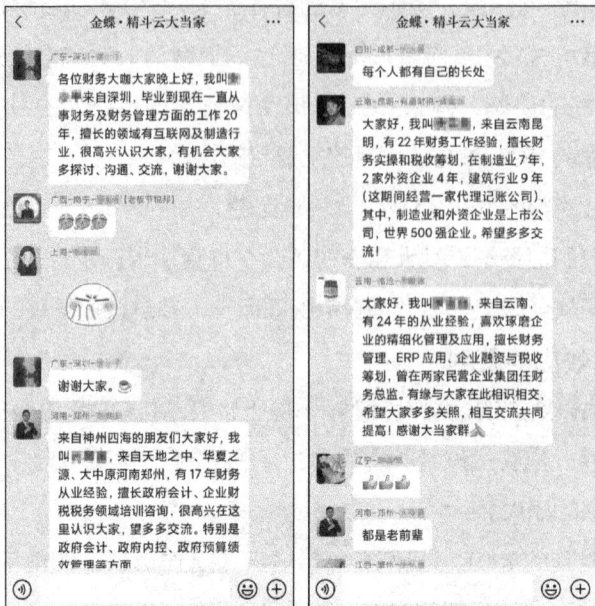

图 5-10　项目启动仪式中 KOL 的自我介绍环节

5.4.3　包装环节：人物专访与课程打造

项目启动仪式结束后即可开始对 KOL 进行包装。KOL 包装的分工协作如表 5-1 所示。人物访谈和课程打造由增长团队和内容运营团队共同配合完成，如涉及线下活动，则交由活动运营团队主要负责。其中，KOL 的人物访谈、课程、线下活动会以文章、图片、视频等多种形式呈现，提升优质内容的重复利用率。

表 5-1　KOL 包装分工表

包装阶段	事项	具体任务	责任团队	输出
资料准备	KOL 资料搜集	通过准备环节和招募环节搜集 KOL 已有的资料，并建立单人或总档案	增长团队	每位 KOL 的非完整版个人档案，金蝶云盘建立 KOL 档案文件夹
初步沟通	电话联系	与 KOL 电话联系，摸清 KOL 的真实能力、需求和资源状况	增长团队、内容运营团队	每位 KOL 的完整版个人档案，KOL 深度访谈排期表
	摸底完成	据沟通摸底完善 KOL 档案，确定与每一位 KOL 深度访谈的时间		

续表

包装阶段	事项	具体任务	责任团队	输出
人物访谈	访谈话术	准备通用型和个性化访谈话术（专业内容请内部财务专家协助）	内容运营团队	KOL 深度访谈话术
	深度访谈	与 KOL 一对一进行深度聊天访谈		KOL 访谈录音，KOL 人物专访文章初稿
	沟通约课	访谈结束后与 KOL 沟通课程主题、排期		KOL 课程排期表
	文章整理	对深度访谈内容进行整理汇编，输出人物专访文章		KOL 人物专访文章终稿
	文章推广	在所有图文型自媒体渠道进行分发		各渠道分发的 KOL 人物专访文章，文末或文中带产品的直接注册试用链接
课程打造	课程初审	根据深度访谈时的主题，与 KOL 一对一初审课程质量，提出优化建议，提炼课程亮点	内容运营团队	KOL 课程 PPT 美化定稿
	直播或录播	课程审核通过后，通过直播或录播的方式进行课程录制		KOL 课程视频
	课程上传	根据课程亮点准备推广海报、推文等课程推广物料，并与课程视频一同上传至 MA 工具	增长团队	课程报名链接
	课程推广	主要通过 MA 工具在微信生态进行分发，收集内容注册		获取内容注册数
	课程内容整理与推广	如 KOL 的单次课或系列课为免费，会将 KOL 的课程内容整理成文章、短视频等形式进行全渠道推广	内容运营团队	各渠道分发的 KOL 课程整理内容，文末或文中带产品的直接注册试用链接
线下活动	活动邀约	根据活动所在地，邀约当地 KOL 以讲师、嘉宾的身份参与线下活动进行演讲	活动运营团队	KOL 线下分享 PPT，KOL 线下分享视频或录音文件
	参与活动	根据活动主题，与 KOL 共同确定分享内容、分享时间等线下活动相关事宜		
	活动内容整理与推广	在征得 KOL 同意的情况下，将线下分享内容整理成文章、短视频等形式进行全渠道推广	内容运营团队	各渠道分发的 KOL 线下分享内容，文末或文中带产品的直接注册试用链接

首先，通过准备环节和招募环节积累的资料，我们在大致了解每一位 KOL

的基本情况后与其进行初步沟通，摸清 KOL 的真实情况和所长，并预约深度访谈的时间。有些 KOL 的文笔好，有些 KOL 的演讲能力强，有些 KOL 喜欢通过直接帮助他人找到认同感，我们要针对不同的 KOL 提供接下来相对应的包装方案，同时完善每一位 KOL 的档案，并建立 KOL 档案库以方便包装时随取随用。KOL 个人档案表见模板 2。

然后，我们按预约时间逐个对 KOL 进行人物访谈。通过访谈，我们从成长背景、工作现状、生活和工作态度、财务前瞻视野四个角度综合为每一位 KOL 撰写一篇人物专访文章，并以每周一篇的频率重点在为 KOL 分配的社群及其他所有图文型自媒体渠道进行推广，作为帮助 KOL 打造个人品牌的"第一枪"，也作为开口型内容吸引目标客户群的关注并沉淀至微信私域。其中，文章标题的格式均为《KOL 姓名：文章主题》，如《姓名 A：财务人要有一颗 CEO 的心》《姓名 B：财务机器人不可怕，转型升级才是未来》。

接着，我们根据人物访谈所了解的情况，优先对具备演讲能力且为云会计产品客户的 KOL 打造课程。每一位 KOL 的第一期课程都是单次免费课程，以 KOL 最擅长的细分领域为主题。根据学员对本次课程的反馈，结合当下会计领域的热点和对目标客户群的刚需点的不断发掘，我们为 KOL 打造接下来的单次付费课程、免费系列课程及付费系列课程。课程通过 MA 工具完成从录制、推广、播放、回放的全流程，主要在微信生态中进行推广，获取间接注册试用数。

B2B 企业在打造课程时要站在目标客户的角度，以为客户提供价值为基本原则。具体而言，B2B 企业既不能只介绍自家的企业服务，又要通过课程让目标客户对企业服务有一定的认知，还要让听众觉得值得他们花时间来听课，并且持续听课，甚至介绍朋友来听课，最终让他们形成"如果我想学习某个领域的专业课程以提升自己，就来你这里"的认知。这就需要 B2B 企业打造的课程做到以下 3 点。

（1）有姓名

B2B 企业最好将所有的课程集合在一个姓名之下，让目标客户群知道这是谁开设的、关于哪个领域的课程，便于让客户有需求时第一时间想起你，并再次通过各种途径快速找到你。我们建议 B2B 企业以"品牌（企业）名 + 聚焦的领域＋学院／研究院／学堂／研究所等"命名,如金蝶财税学院。除了课程以外,B2B 企业还可以将白皮书、研究报告、前沿趋势解读等专业内容集合在该姓名之下,逐步树立思想领导力,成为某领域的首席知识官和权威发言人。

（2）有干货

课程是干货还是"水货",听众一听便知。一节干货课程可能产生口碑效应带来一大批听众;反之,一节"水货"课程也可能丧失一大批听众。课程是否是干货,由讲师、分享内容、目标客户决定,我们需要找到对的讲师,分享对的内容,推向对的目标客户。例如,具有 3～5 年从业经验的会计只能讲会计实务,不可能讲股权激励,吸引到的也大部分是具有相同从业经验、对会计实务感兴趣的群体;具有 20 年从业经验的 CFO 就可以讲类似"创业公司老板必备的财务知识"的主题,不可能讲会计实操,吸引到的也是创业公司的老板们。这两者有各自着重的推广渠道,如果我们将后者的课程推广给前者,也很有可能被认定为"水货"课程。对于分享内容,我们需要与讲师经过多次预演和修补,直到被一致认为有干货才能正式推出。

（3）有节奏

开课时间要有节奏,例如,每周固定的周几、每月固定的几号等,越是方便大众记忆的时间越好。因为不仅只有我们才开设这个领域的课程,进行这个领域的直播,还有友商、上下游的其他企业,甚至抖音、淘宝等直播在抢占大众学习直播课程的时间。目标客户不可能时刻都关注我们,所以我们就需要在客户心中埋下一个定时闹钟,在固定的时间让他们想起来:"哦,今天要去那里看看,有没有什么值得听的课程。"相比时间不固定,有一茬、没一茬地开课,在固定的时间持续开课会让客户感觉更可靠、更有实力。因此,我们在开课时间上会以每周四晚 7 点推出一期的节奏持续地进行。

B2B 企业要想使课程能既保质又保量,就要明确分工协作,形成课前、课中、课后的流水线作业,不断总结和打磨 B2B 课程运营的 SOP。我们在课程打造上有 4 名人员参与（见图 5-11）,关键节点互相衔接、共同传递,确保每个关键节点不会断层、交接流畅,并产生 1+1>2 的效应。为了在每周一期的高频率下也能保证课程质量,我们在时间安排上会重叠进行,通常是在第 N 期课程开始推广时,人员 A 就已经开始第 N+1 期课程内容的审核。

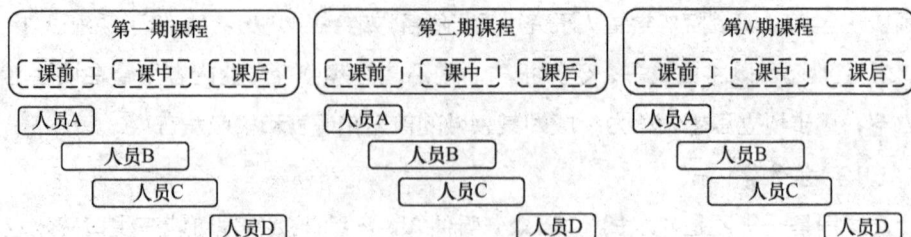

图 5-11 课程打造的流水线作业

人员 A：负责与 KOL 对接，审核课程内容。

根据初定的课程主题，KOL 准备好第一版 PPT 后会与 A 一对一试讲，初审课程的质量。A 需要熟悉和了解专业领域的相关知识，并且能判断课程的内容质量，为 KOL 提出优化建议，明确指出课程内容需要增、删、改的地方，直到课程被判定为有干货才能进入正式的录播或直播。

人员 B：负责整理推广物料，设置课程直播间。

A 会将课程主题、课程大纲及总结的课程亮点提供给 B，B 会结合 KOL 的个人档案生成课程推广的相关物料。如果是录播，B 还需要听完一遍课程，再次对课程主题、课程简介、讲师简介进行提炼和优化后生成相关物料。此外，B 还会进行直播间的装修，以及课程报名、听课、回放等流程的细节设置。

人员 C：负责课程推广，设置诱饵跟进线索。

在人员 A 和 B 的基础上，C 会再次提炼和优化课程亮点，以制作匹配各渠道的推广文章、推广文案和推广海报。C 会差异化生成各个渠道的推广文案，例如，微信朋友圈版的转发语因为字数有限，需要简短精练，部分文案可放置评论区；而微信群版的转发语则可以罗列多条课程亮点并放置课程链接。此外，C 需要根据课程内容设置相对应的诱饵，并跟进课程线索的转化情况。诱饵可以是在直播间的产品注册试用链接、申请定制解决方案、白皮书下载、模板合集领取等。在进行全渠道推广时，这些诱饵也会被设置在不同的渠道。前者是为了引导客户进一步转化，后者是为了将公域客户引导至私域。

人员 D：负责课程内容的二次传播。

B2B 企业的优质内容来之不易，D 主要负责课程结束后相关内容的二次传播，以提升优质内容的重复利用率。常规操作会将课程内容整理成文章在全渠道进行推广，并再次带上 C 为该课程匹配的诱饵。

5.4.4 运行环节：5 个维度综合评估

根据《合作协议》，乙方有义务积极配合甲方的大型裂变活动。在项目启动仪式结束后不久，全国的 KOL 会参与到一场财会黑卡的裂变活动中[1]，获得第一次大规模的个人品牌曝光。通过财会黑卡裂变逐步建立覆盖全国各省级行政区的会计社群，根据 KOL 对财会黑卡裂变活动的贡献情况，我们为每位 KOL 分配 1～10 个 300 人以上的会计微信群，让 KOL 作为群主或群管理员进行社群的主要运营工作。

为了体现 KOL 的重要性，增强仪式感，我们在邀请 KOL 进入财会社群之前，会在群内对所有群成员预告该群的 KOL 是谁、将在什么时间入群，让大家提前做好准备——为将在未来一年时间无偿为他们答疑解惑的会计专家举行欢迎仪式。届时，我们会伴随微信群"红包雨"邀请 KOL 进群进行自我介绍。自我介绍包括文字介绍、语音介绍及职业形象照，语音介绍会让 KOL 显得更亲切，职业形象照会让 KOL 显得更专业。欢迎仪式结束后，项目正式进入运行环节，在包装环节积累的人物专访、课程等产出物便可以开始投入运行中。

权益与义务相对应，享受众多权益的 KOL 也要尽到相应的义务。我们通过制定奖惩机制，奖励尽到足够多义务的 KOL，淘汰没有尽到相应义务的 KOL，维持项目的循环运营。奖励包括荣誉证书、节假日礼品、名企游学机会、出国游名额等，更多以精神奖励为主，尽量避免金钱奖励。因为我们调研过，每个月给群主发工资的 B2B 社群普遍发展得不尽如人意。相比金钱，让 KOL 在参与项目的过程中获得成就感和荣誉感，更能调动他们的责任心，激发他们的自驱力。

我们从知名度、魅力值、粉丝数、活跃值、帮帮值 5 个维度，以每月一次的频率对 KOL 进行综合评估，并制作每月全国 KOL 排行榜单，如图 5-12 所示；以每季一次的频率，结合该季度 3 个月的排行榜对 KOL 进行综合盘点，连续 3 个月在末位的 KOL 将进入备选库，同时在备选库中筛选、谈判、签约新的 KOL 以填补其所在省级行政区的空白，只要在 3 个月期间进入过前三名的 KOL 都将获得荣誉证书和金蝶周边礼品；以每年一次的频率，结合 12 个月的排行榜

1　关于财会黑卡裂变，请见6.4节的具体讲述。

数据，搭配 KOL 投票活动，竞选"金蝶·精斗云年度当家"。

图 5-12　全国 KOL 每月排行榜单

其中，对于参与课程打造并成功播出的 KOL，我们将会根据报名课程的总人数颁发不同等级的、金蝶·精斗云认证的财会专家讲师证书。报名课程的总人数超过 1000 人时，主讲该课程的 KOL 获得"铜牌讲师"证书；报名课程的总人数超过 1 万人时，主讲该课程的 KOL 获得"银牌讲师"证书；报名课程的总人数超过 10 万人时，主讲该课程的 KOL 获得"金牌讲师"证书。

- **知名度**，指 KOL 产出的课程、文章、线下活动等内容在全渠道推广时的曝光量，占 25 分。其计算方式为，当月该 KOL 平均每次推广的曝光量 / 所有 KOL 平均每次推广的曝光量 ×25，超过 25 分时按 25 分计算。

- **魅力值**，指 KOL 产出的课程、线下活动等内容在全渠道推广时的报名人数，占 15 分。其计算方式为，当月该 KOL 平均每次课程的报名人数 / 所有 KOL 平均每次课程的报名人数 ×15，超过 15 分时按 15 分计算。

- **粉丝数**，指 KOL 管理的会计微信群的总粉丝数，占 15 分。其计算方式为，截至月末最后一天，该 KOL 管理的总粉丝数 / 所有 KOL 平均管理的总粉丝数 ×15，超过 15 分时按 15 分计算。
- **活跃值**，指 KOL 在金蝶·精斗云建立的所有会计微信群中的活跃天数，占 25 分。其计算方式为，当月该 KOL 的活跃天数 / 当月总天数 ×25，超过 25 分时按 25 分计算。
- **帮帮值**，指 KOL 在秒问会计问答小程序帮助他人的回答数，占 20 分。其计算方式为，当月该 KOL 的回答数 / 所有 KOL 的平均回答数 ×15，超过 15 分时按 15 分计算。

通过搭建 KOL 运营体系，我们不仅与 KOL 共创了大量的优质内容，还让 KOL 参与到社群运营、裂变活动、小程序运营、线下活动、商机推荐中，并都起到了不同的、十分重要的作用。B2B 企业需要 KOL，尤其是采购客户的 KOL 站台的地方有很多。体系化的运营不仅能充分发挥 KOL 的最大效用，让 KOL 资源不会因为员工离职而断层流失，还能让 KOL 对企业有更好的感受和体验，与企业绑定得更加紧密。最重要的是，体系化的运营还能让我们更有计划、有节奏地规划内容和活动。

此外，更令人欣慰的是，还有不少省区的 KOL 通过我们的大当家项目改变了职业发展轨迹。经过演讲、写作等各种技能的专业训练，并借助金蝶提供的舞台不断地打磨，他们从普通的会计从业者变成了专业的会计讲师，并受聘于其他各种会计教育机构。

5.5 案例：创造百万富翁的阿里云云大使

阿里云是阿里巴巴旗下的云计算公司，为企业和个人提供云服务器、云数据库、云安全等云计算服务。2021 财年，阿里云的营收已经突破 600 亿元；自 2015 财年阿里巴巴首次披露阿里云的营收以来，6 年时间，阿里云的营收增长迅猛，如图 5-13 所示。

单位：亿元

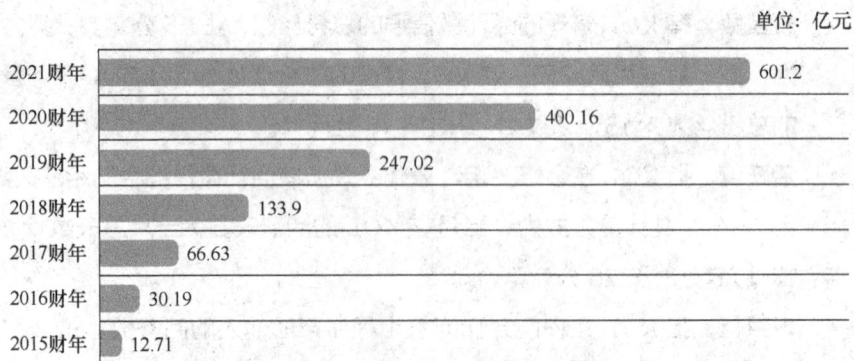

图 5-13　2015—2021 财年阿里云的营收

2017 年，阿里云开启云大使项目，腾讯云、华为云也相继开启类似的 KOL 推荐返现计划。阿里云云大使通过完成各项推广任务，即可获得阿里云提供的返现佣金、等级荣誉、任务奖金、活动门票、专业培训等回报。2021 年阿里云云大使的公开数据显示，云大使的最高个人税后收入已经突破 100 万元，不少 KOL 因为成为云大使获得较高的收入，还有一部分 KOL 已经由兼职转为全职。与此同时，阿里云云大使项目也帮助到数万中小企业和开发者上云。

5.5.1 "傻瓜式"的推荐返利流程

阿里云云大使的登录和注册支持支付宝、淘宝、微博等多种方式，任何人登录和注册成功后只需进行个人身份证认证，即可成为阿里云云大使。成为云大使后，只需在个人中心生成专属推广链接或二维码[1] 即可开始推广。通过分享专属推广链接或二维码产生新老客户购买，云大使即可获得返现佣金和其他奖励。

云大使的专属推广链接不是生硬地让潜在客户直接进行产品注册、购买，而是包含各种内容营销素材。为了方便云大使推广，阿里云在云大使的管理后台开设了推广素材专栏（见图 5-14），所有的热门活动、热门直播、热门文章、热门云产品都可以直接生成专属推广链接或二维码。

在管理后台，云大使可以通过分享活动、直播、文章等内容获取潜在客户。潜在客户只要通过云大使的任一链接或二维码进行注册或登录，就会与云大使建立关联。在一定的时间内，潜在客户产生的购买会被计算为云大使的推荐。

1　专属推广链接或二维码带UserCode参数，以此追踪推荐来源。

图 5-14　阿里云为云大使提供的推广素材

此外，为了丰富云大使的推荐返利场景，2019 年 4 月阿里云上线了一款自定义推广工具（见图 5-15），能够一键将阿里云官网的大多数页面转为云大使的专属推广链接。例如，帮助文档、云大学课程、社区资讯甚至阿里云官网的首页，潜在客户只要访问并注册或登录云大使分享的这些页面，都将成为云大使的关联客户。

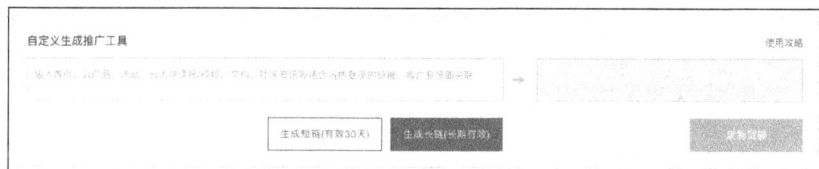

图 5-15　阿里云云大使的自定义生成推广工具

如果关联客户产生购买，云大使将获得相应的云气。云气将在推荐成功后的第 31 天结算，按 100 云气兑换 1 元计算，历史推广成功满 1 单即可用云气值兑换成货币直接提现至支付宝。

不难发现，虽然是推广有一定专业知识门槛的云计算产品，但整个推荐返利流程非常简便快捷，即使是不懂任何云计算专业知识的小白也能快速上手进行推荐。

5.5.2　等级化的 KOL 激励体系

通过云气的积累，云大使会被划分为掌门级、舵主级、香主级及弟子级 4 个等级，如表 5-2 所示。等级越高的云大使，每单推广奖励的比例、每单返现上限的金额及每单佣金上限的金额越高，能享受的其他权益也越多。在管理后台，不同等级的云大使还会有不同颜色的个人展示和勋章展示。

表 5-2　不同等级云大使对应的权益

大使等级	推广奖励（每单奖励云气值）	返现上限（每单可返现订单支付额）	佣金上限（每单可返现佣金）	返现周期（每单返现发放周期）	任务奖励	使用云气（兑课程或云栖大会门票）	使用云气（兑定制好礼）	使用云气（兑专属礼）	自建小站权限	客户关联可否抢夺
掌门级（云气值1千万以上）	每单返现31%	每单上限10万元	31000元	30天发放	有	有	有	有	有	可以
舵主级（云气值1百万~1千万）	每单返现28%	每单上限8万元	22400元	30天发放	有	有	无	有	有	可以
香主级（云气值10万~1百万）	每单返现25%	每单上限5万元	12500元	30天发放	有	有	无	无	无	不可以
弟子级（云气值10万以下）	每单返现23%	每单上限3万元	6900元	订单支付额＜1000元，30天发放；订单支付额≥1000元，分3期发放	有	无	无	无	无	不可以

　　除了通过新老客户的购买积累云气值，云大使还可以通过完成特定任务和特定行为获取额外的奖励。为了鼓励更多 KOL 加入阿里云云大使，2020 年 10 月阿里云上线了任务奖励平台（见图 5-16），以邀请助力的形式，只需邀请一定数量的新用户注册阿里云，任何用户均可获得阿里系的各种实物奖品。同时，该任务奖励平台也丰富了云大使与潜在客户建立关联的场景。

　　每个月及"11·11""6·18"等大型电商活动日，阿里云都会举办不同规则的返佣活动，在原有云大使等级下的返现比例之上再新增额外的奖励。例如，2021 年 9 月的活动不仅有最高 3 万元的奖励金额，还有最高价值 5000 元的天猫购物卡，云大使可以同时参与这两个活动，满足条件的订单均会被统计并进行奖励，如图 5-17 所示。

图 5-16 阿里云任务奖励平台的部分任务

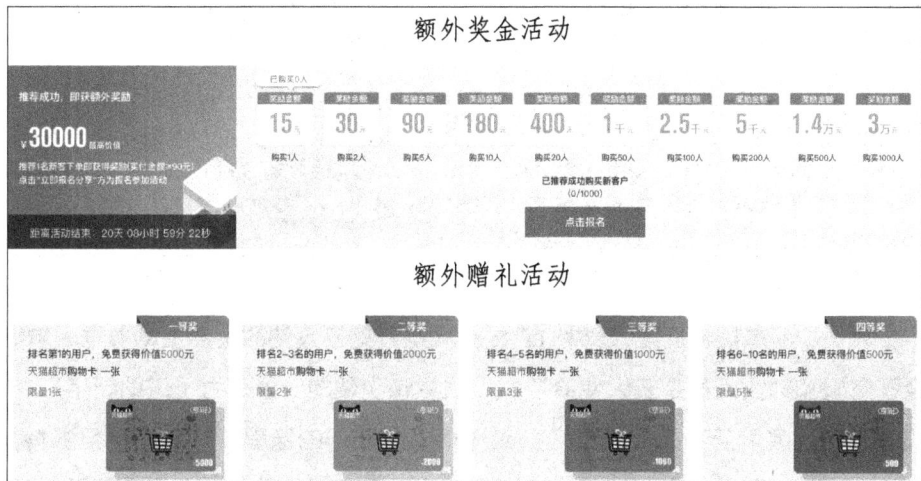

图 5-17 2021 年 9 月阿里云的额外返佣活动

通过云大使的促销活动链接购买阿里云系列产品，潜在客户也会得到相应的优惠。这种双向得益的设置不仅让潜在客户愿意通过云大使购买，也让云大使更乐于分享，因为这不是硬生生地推销产品，而是可以作为给他们自己粉丝的福利。

通过等级化的积分权益体系，搭配高强度的活动运营，以及高额的返现比例和额外返现金额，阿里云云大使很好地解决了因为企业服务采购周期过长可能造成的 KOL 推荐积极性逐渐降低的问题。等级越高，返利越高，权益越多，不仅有效提升了 KOL 持续推荐的欲望，还将 KOL 牢牢绑定在阿里云平台。

5.5.3 有故事的成功案例包装

标杆客户案例营销往往是 B2B 企业最高效的获客方式。阿里云云大使会将总返佣排名靠前且具有职业代表性的 KOL 进行案例包装（见图 5-18），以吸引更多同类型的 KOL 加入云大使，也为已经是但还未达到更高等级的云大使树立前进的榜样。

优秀开发者之三年净赚一百多万，这个草根姑娘有什么魔力？

可乐COLA   2021-01-13   6018浏览量

简介：大学肄业，网店关闭，公司转手，人生的下一步要怎么走？

大学肄业，网店关闭，公司转手，人生的下一步要怎么走？张昕总沉浸在自己的世界里发呆。

直到三年前，张昕随手往几个群里转发了"购买阿里云服务器"的折扣幸运券，半年后，因订单数量排进前十，她意外收到三万元奖金。这是阿里云大使推广阿里云期间，所获得的一次官方激励政策。从初涉云计算的小白，到自学知识并写下了700余篇技术文章，张昕已成为阿里云大使推广团队中的领头人。最初的那张幸运券，也成为张昕坚定未来的幸运符。

图 5-18 KOL 案例包装示例

站长、程序员、运维人员等 IT 技术从业者是云大使的主要主动参与人群，全职宝妈和肄业人员是云大使给予重点扶持和包装的对象。为了帮助新手用户快速入门，阿里云不仅提供了众多云计算专业知识的课程、文章等学习资料，还提供了新手开单指南、推广攻略指南等适用于不同阶段云大使晋升等级的学习资料。此外，阿里云还会邀请一些等级较高的云大使分享推广经验。

阿里云云大使的网站首页主要放置 5 位具有代表性的 KOL，涵盖肄业人员、宝妈、运维人员、程序架构师、算法工程师 5 个不同的职业代表，如表 5-3 所示。为了凸显真实性，每位云大使都会配备形象照、真实姓名、所在城市；为了吸引更多同职业属性的 KOL 加入，每位云大使都会附上每月的平均奖励金额，并搭配包装过的 KOL 成功案例。

表 5-3 阿里云云大使网站首页的 5 位 KOL

姓名	职业	前职业	平均月奖励	所在城市	已加入时间	KOL 案例包装的文章标题
张昕	全职云大使	肄业	90000 元	长春	1800 多天	三年净赚一百多万，这个草根姑娘有什么魔力？
杨青	全职宝妈	宝妈	3000 元	天津	800 多天	"80 后"美女宝妈的推广之路
冯建技	全职云大使	运维人员	10000 元	杭州	1800 多天	程序员如何冲破瓶颈应对中年危机

续表

姓名	职业	前职业	平均月奖励	所在城市	已加入时间	KOL案例包装的文章标题
汪天乐	程序架构师	/	40000 元	南京	1100 多天	中年危机临近的开发者如何寻求出路
王海	算法工程师	/	40000 元	北京	400 多天	不鸣则已，一鸣惊人的黑马程序员

包装这 5 位 KOL 的案例文章大多按照四段式打造，故事情节跌宕起伏。主人公会先陷入人生低谷，云大使的出现打破了原有的平静，成为云大使后经历各种曲折和挑战，最终获得成功。

第一段：成为云大使之前很迷茫。有些人肄业，有些人到中年遇到职场瓶颈，有些人因经常加班而严重陷入人生迷茫，他们在成为云大使之前大多处于人生低谷期。

第二段：参与云大使之后遇到挫折。机缘巧合成为云大使，起初会遇到一些专业知识不够、渠道受限、推广没有进展等曲折和挑战，但还是选择了坚持。

第三段：通过各种努力成为优秀云大使。世上无难事，只怕有心人，通过自学专业知识、自拓各种渠道、想尽各种办法，最终取得了返佣几十万元、几百万元的成绩。

第四段：对云大使未来的展望。感谢云大使让自己取得了现在的成绩，并表示未来将继续投入这份事业。

模板 2　KOL 个人档案表

姓名	真实中文名 + 英文名	形象照	
性别	男 / 女		
民族	汉族 / 其他	联系方式	手机号、微信号
年龄	× 岁	身份证号码	
从业经验	从事会计行业 N 年	学历	× 大学 × 学位
工作城市	× 省 × 区 × 市	目前职位	× 企业 × 职位
曾任职企业	A 企业、B 企业等，仅突出名企		
专业证书	CPA、ICPA、CMA 等会计专业证书		
擅长领域	成本核算、税法、会计实务、投融资、企业风控等细分领域		
熟悉行业	互联网、外贸、制造、快消、服装鞋帽等行业		
自我介绍		参与该项目的原因	
录入项目启动仪式时 KOL 的自我介绍		根据访谈内容填写	
最想写的文章		最想开的课程	
具备能力	演讲能力 （1 ～ 10 分）	写作能力 （1 ～ 10 分）	社群运营能力 （1 ～ 10 分）
是否自带粉丝	□否	□是	渠道：
			粉丝数：
是否为客户	□否	□是	采购情况描述
渠道来源	该 KOL 是来源于自主报名、内部推荐，还是赏金瓜分活动等		

第 6 章

裂变式增长

6.1 惊艳传统营销的裂变

2018 年初，随着零一裂变、网易云课堂及荔枝微课联合操盘的"网易戏精出来讲课啦"这个知识付费裂变在微信生态刷屏，席卷而来的便是各种类似或衍生的裂变玩法，如"新世相营销课，十大爆款全复盘""三联听周刊""你有多久没好好学英语了"等，一次又一次在某个圈子刷屏引发热议。

相比传统的营销方式，裂变的 ROI 要高很多。裂变用极低甚至接近于零的成本便能带来惊人的效果，颇有阿基米德"给我一个杠杆，便能翘起整个地球"的风范。就拿"网易戏精出来讲课啦"知识付费裂变来说，上线后不到 16 个小时，几乎霸屏了整个运营圈，轻轻松松便有超过 10 万人购买。荔枝微课平台上的公开数据显示，截至 2020 年，《网易运营方法论》系列课程已经销售了近 19 万份，总销售额近千万元。而这场裂变活动的推广费用，除了前期邀请上百位运营圈比较有影响力的 KOL 转发朋友圈以外，几乎为零。

除了裂变活动本身带来的巨大流量和超额收益以外，后续各大媒体对此次裂变活动持续不断地案例拆解、活动点评、刷屏分析等，也为零一裂变、网易云课堂和荔枝微课三家联合操盘方免费制造了一波又一波的品牌声浪，达到了非常好的品牌传播效果。而在成本相同的情况下，传统营销方式却很难在短时间内达到同等效果。

6.1.1 裂变的本质是分享

那么，到底什么是裂变呢？追本溯源，"裂变"一词的起源和我们现在所处的行业相差甚远，但有意思的是两个跨行业的名词应用原理竟然有着众多相似之处。

　　裂变最初起源于物理学中的核裂变，又称核分裂，是指原子核分裂成两个或多个质量较小的原子的一种核反应形式。在核裂变的过程中（见图 6-1），一些质量非常大的原子核在吸收中子后会分裂成两个或多个质量较小的原子核，同时也会释放两个或多个中子及能量，再去促进其他原子核也发生核裂变。这个过程一直持续不断地进行，积累到一定程度便会爆发出惊人的威力，例如，大家都熟知的原子弹爆发。

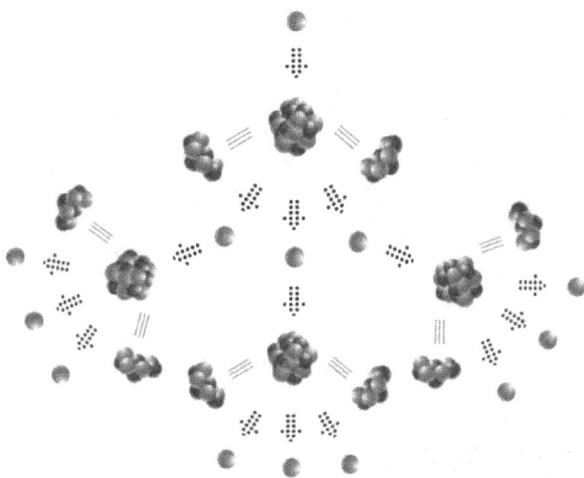

图 6-1　核裂变过程

　　我们所说的裂变也是同样的道理，不管是邀请助力、拼团砍价，还是转盘抽奖、任务打卡等各种裂变，本质上都是借助用户与用户之间的社交关系，通过用户主动或被动地分享，达到"一传十、十传百"的裂变效果。分享是裂变的本质，只有激发目标裂变群体的分享欲望，才有可能达到我们想要的裂变效果。

　　裂变群体、裂变诱饵、裂变势能、裂变任务和裂变载体是进行一场裂变活动的必备要素，我们将这些要素与核裂变进行类比会发现一个有趣的现象，如图 6-2 所示。

　　原子核就相当于裂变群体，即参与裂变活动的用户，根据用户的好友数、影响力、号召力等因素，可能会裂变两个或多个其他用户；中子就相当于吸引用户参与裂变活动的诱饵，裂变诱饵的数量是否足够、吸引力是否足够，都将直接决定用户的分享动力，从而影响裂变活动的效果；除了中子以外，随着原子核裂变而出的能量就相当于裂变势能，势能越强大，越能吸引更多用户参与裂变活动；当我们用裂变诱饵吸引到用户，想让用户进行裂变任务时，就相当于中子与原子核发生轰击；发生核裂变所需的环境就相当于我们选择的裂变载体，我们应该尽量选择能减少摩擦、降低能量损失的环境，才能提高裂变活动的成功参与率。

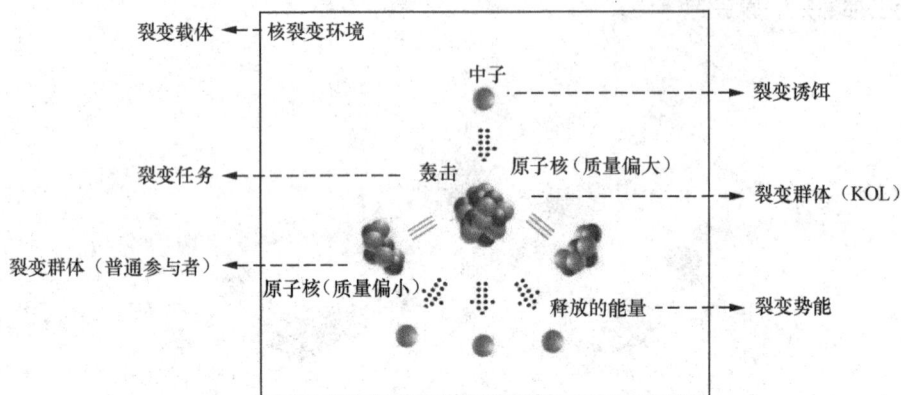

图 6-2　裂变与核裂变类比

6.1.2　裂变的底层是人性

我很认同零一裂变 CEO 鉴锋说的一句话："平台不断迁移，但人性永不变。"从 BBS、博客、QQ 到微博、微信、抖音等，用户使用的热门互联网平台在不断变化，但人性经历了人类历史长河的积淀是很难再发生改变的。

把握人性，同样的裂变活动在不同的互联网平台，依旧可以根据平台特性换一层"外衣"继续开展。例如，微博的转发抽奖活动，在微信也有"抽奖助手"小程序可以支持开展类似的活动，这两者同样都是利用用户的投机心理。

我们做了很多场裂变活动后发现，同一场裂变活动交给会把握人性和不会把握人性的两个人去做，将会是完全不一样的结果。因为要想进行一场成功的裂变活动，我们需要深入挖掘用户参与裂变活动背后潜在的心理动机，并且将其融入裂变活动的每一个环节中，小到一个引导词或一段文案，大到整个裂变活动的立项。一场裂变活动的成败很可能就在于一个很小的、是否把握人性的细节。例如，某赠送实体书籍的裂变活动开启时，两个版本的朋友圈推广语如下。

（1）未把握人性的版本

100本《增长黑客》免费派送中，欢迎大家扫码参加。

（2）把握人性的版本

终于来了！限量100本《增长黑客》签名版免费抢领中！预计2小时内派送完毕，小伙伴们拼手速啦！

两个版本推广语的吸引力孰高孰低，立判高下。

人性是具有两面性的，既有优点，也有缺点。常见的优点有善良、勤劳、勇敢、怜悯、感恩等，常见的缺点有傲慢、嫉妒、懒惰、贪婪、虚荣等，如图6-3所示。这些都是我们在裂变活动中可以组合应用的人性特点。

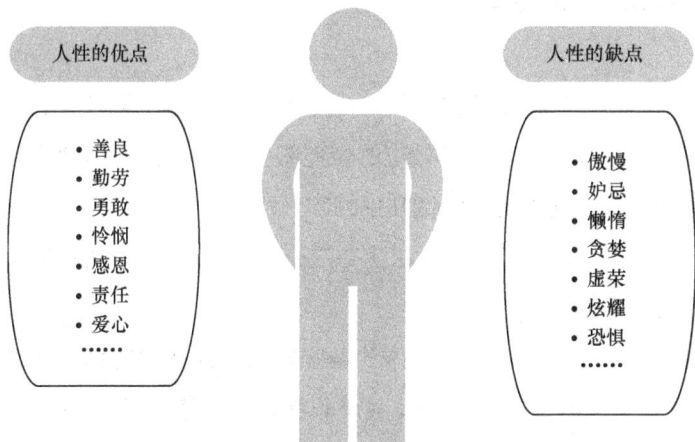

图6-3 人性的优缺点

例如，刷屏朋友圈的腾讯"一元购画"公益活动（见图6-4），参与该公益活动的用户只需花一元钱便可以购买到一群患有自闭症、智力障碍、精神障碍及脑瘫的"小朋友"的电子画作，同时也相当于向腾讯公益平台上的该公益项目进行了捐赠。为什么一向难得破圈的公益活动能引得大家纷纷自行转发刷屏呢？这在很大程度上就是抓住了善良、怜悯、炫耀等人性。

我们学会理解和应用人性，不仅能更好地开展裂变活动，还能更好地进行运营工作，甚至更好地处理人际关系、更好地生活。

图 6-4　腾讯"一元购画"公益活动

6.2　微信生态内的裂变

相对于 B2C 运营能在产品内设计各种各样的运营玩法和裂变活动，除了少数在应用层自带社交属性和网络效应的企业服务以外，B2B 运营想在售卖给客户的产品中添加这些功能的可能性几乎为零。所以，对于 B2B 运营来说，要想通过裂变活动进行批量式获客，微信生态这个装载了超 12 亿用户的国民级应用无疑是目前最好的选择。

经过近几年的发展，微信生态内的裂变玩法已经迭代得相当成熟。相应配套的第三方裂变 SaaS 工具也已经发展得非常完善，基本都可以做到即买即用，一天之内即可快速上线一场裂变活动。这也就意味着裂变不再稀缺，而是正在成为我们常规的运营方式之一。

6.2.1　微信裂变的 5 种玩法

根据裂变载体的不同，微信生态内的裂变玩法可以分为个人号裂变、公众号裂变、群裂变、小程序裂变、H5 裂变 5 种，如图 6-5 所示。这 5 种裂变玩法不是单独、割裂的，而是可以根据裂变过后的用户留存率高低和裂变过程中的流畅度高低相互组合、搭配的。例如，首先进行流畅度较高的公众号裂变，然后将流量引导至用户留存率最高的个人号中。

图 6-5　微信生态内裂变的 5 种玩法

在裂变时，这 5 种裂变玩法的裂变流程其实大同小异，都是通过确定裂变群体、匹配裂变诱饵、设置裂变任务、补充裂变势能，再通过裂变海报或裂变链接激发目标裂变群体的分享欲望，达到裂变循环，如图 6-6 所示。只是裂变载体不同而已。

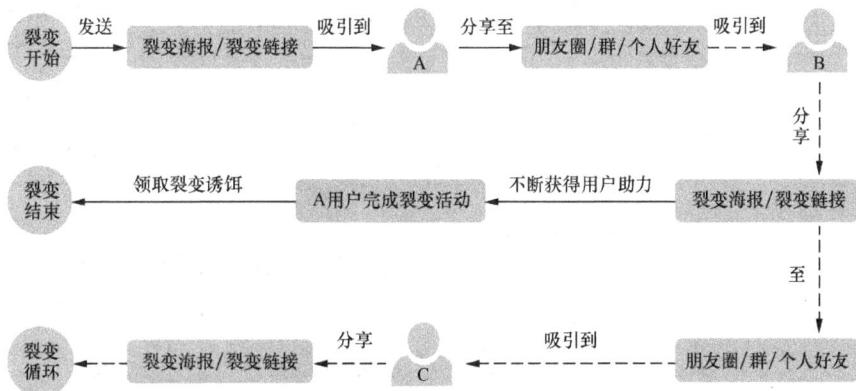

图 6-6　微信生态内的裂变流程

这里以个人号裂变为例详细展开讲述。个人号裂变可以说是最早在微信生态内萌芽的一种裂变玩法，但最早使用个人号裂变的不是运营，而是微商。微信推出两年后，也就是 2013 年左右，微商便开始萌芽和发展。为了突破微信 5000 个好友的限制，最大限度地在微信内发展业务，有很多裂变玩法的最初启蒙可以说都是微商。不过，虽然是起源于微商，但让裂变普及和规模化发展的还是运营。

起初，微商通过给出某种福利，对现有朋友圈的好友产生吸引力，以免费赠送为诱饵，要求现有朋友圈的好友推荐他的好友添加微商为好友。然后，通过添加好友时的申请文字备注，人工记录达到推荐好友数后，微商现有朋友圈的好友便能免费领取福利。同时，每添加一位新的好友，微商都会人工私信同步免费送某种福利的活动消息，以此吸引一批又一批的新好友再推荐新好友，最终达到裂变的目的。

现在，通过一些第三方工具，个人号裂变已经可以摆脱人工手动记录达到全自动的状态，并且能够实现自动切换个人号二维码以规避微信个人号每天仅能添加 200 个好友的人数限制，实现更持久的裂变。个人号裂变以微信个人号或企业微信个人号为载体，裂变流程按照图 6-7 详细展开，具体可以分为 4 个步骤。

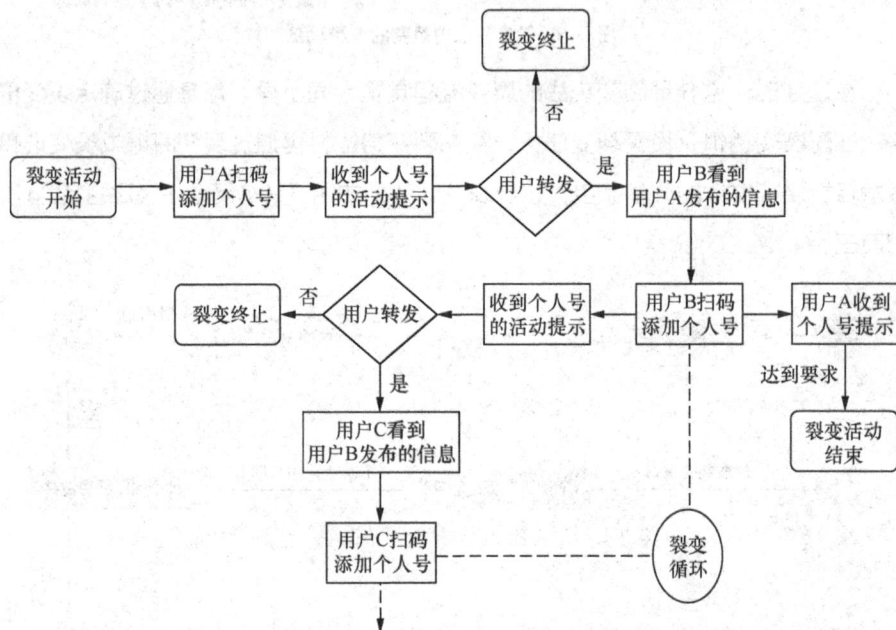

图 6-7　个人号裂变流程

第 1 步：用户 A 看到举办方发布的裂变活动信息，被吸引后扫码裂变海报，添加微信个人号。

第 2 步：微信个人号自动接受用户 A 的好友请求，私信用户 A 裂变活动的参与规则和专属裂变海报，并提示用户 A 转发。

第 3 步：用户 A 转发后吸引用户 B、C……参加，用户 B、C……重复第 1、2、3 步，吸引更多用户参加并重复第 1、2、3 步，由此形成裂变循环。

第 4 步：用户 A 达到裂变活动的邀请要求后，微信个人号会给用户 A 发送相应的提示和奖励，由此用户 A 完成裂变活动。

在微信生态中，个人号的作用不可忽视。通过包装个人形象、经营朋友圈等打造个人 IP，再加上个人号具备的一对一直接私信功能，个人号已经超过微信群、公众号等，成为目前微信生态中触达率最高的载体。同时，个人 IP 号也是 B2B 企业进行线索培育的极佳触点。

6.2.2　B2B 微信裂变的常规 3 件套

提到裂变，仿佛和 B2B 运营没有什么关系。一方面，几乎所有的爆款裂变案例都是面向个人的，而 B2B 企业想要的是企业客户；另一方面，由于很少有 B2B 企业做出比较成功的、破圈的裂变案例，也就很少有 B2B 运营愿意去尝试。

但其实不然，B2B 企业进行裂变活动的根本还是面向个人的。裂变群体可以是企业客户采购角色链中的发起者、使用者、影响者、决策者等，根据裂变群体匹配裂变诱饵，设置裂变任务，补充裂变势能，再通过裂变海报激发目标裂变群体的分享欲望，从而达到裂变循环。不同的是，B2C 企业的裂变活动结束也就基本宣告整个运营结束了，但 B2B 企业的裂变活动结束才是培育运营的开始。

当我们通过裂变活动把大量的发起者、使用者、影响者或决策者等沉淀至某个裂变载体后，B2B 运营人员的线索培育工作才刚开始。B2B 运营人员需要在裂变活动开展前对裂变群体制定针对性的运营策略，例如，在裂变活动结束后的多少天发送什么内容，对已阅读该内容的裂变群体制定下一步的培育计划，将裂变群体一步步从认知阶段培育到意识阶段、教育阶段、考虑阶段、试用阶段、选型阶段，最终移交给销售部。

由于企业客户的选型周期长、参与采购的角色多，客户在培育过程的每一个环节都有可能流失。一场很有可能净增 5 万新用户的裂变活动，半年内最终只有 5 家企业客户培育成功，甚至可能是 0 家。如果是 0 家，那么 B2B 企业做裂变活动就没有任何意义了吗？当然不是。裂变活动带来的品牌曝光、粉丝增长、口碑传播等对于 B2B 企业仍然是非常有意义的。以金蝶经常进行的公众号裂变为例，一场裂变活动带来的粉丝增长量可能远超一年通过纯内容带来的粉丝增长量[1]，其 ROI 是非常高的。

1　这里是指通过微信推文带来的新增粉丝量。

所以，不同的企业衡量裂变活动的关键指标是不一样的，如表 6-1 所示。B2C 企业非常有可能通过裂变直接带来成交，所以关键指标可以是成交数或新增用户数；对于面向小微型客户的 B2B 企业，有成交的可能，但是可能性很小，所以关键指标应该以新增用户数为主，以线索数为辅；对于面向中小型客户的 B2B 企业，举办一场裂变活动就完全是以引流、品牌宣传为主要目的，关键指标也应该以新增用户数为主。

表 6-1　不同企业的裂变活动对比

企业类型	目标客户	产品价格（元）	是否有可能通过裂变活动一次性成交	主要目的	衡量裂变效果的关键指标
B2C 企业	个人	≤ 1000	有可能，且可能性大	引流、品牌宣传、促成交	成交数、新增用户数
B2B 企业	小微型客户	1000～10000	有可能，但可能性低	引流、品牌宣传、促成交、线索培育	新增用户数、线索数
	中小型客户	≥ 10000	不可能	引流、品牌宣传、线索培育	新增用户数

具体而言，B2B 企业的微信裂变主要有以下 3 种常规的方式，如图 6-8 所示。

资料裂变

课程裂变

书籍裂变

图 6-8　B2B 企业微信裂变的 3 种常规方式

（1）**资料裂变**

简单地说，资料裂变就是在限时、限量的情况下，用户成功分享多少人后即可免费获取某些资料的过程。资料的形式分为以下 2 种。

一种是实物的资料包，比较常见的有手册、指南、地图等由我们自己原创内容后印刷出来的实物资料包，完成裂变任务的用户通过填写邮寄地址即可免费领取。对于 B2B 企业来说，这种形式会有一定的印刷和邮寄成本。

另一种是在线的资料包，比较常见的也可以分为手册、指南、地图等。此外，B2B 企业一年一度的自办大会如果有某些重磅嘉宾出席，整场大会所有嘉宾的演讲视频和 PPT 也可以进行资料裂变。完成裂变任务的用户可以通过百度网盘或亿方云等网盘免费获取。对于 B2B 企业来说，这种形式的成本几乎为 0，但对裂变诱饵的要求比前者更高。

资料裂变可以持续地带来流量，非常值得我们投入。但资料的搜集是一个很漫长的过程，我们需要找准用户的痛点和需求。

（2）**课程裂变**

在线课程是自 2020 年新冠肺炎疫情以来，B2B 企业纷纷都开始加快脚步实践的获客方式，包括直播或录播。课程的形式多种多样，有单次课、系列课、快闪课、集训营等。但是，针对课程进行裂变的 B2B 企业可以说寥寥无几。

越容易得到的往往越不被珍惜，做营销也是如此。在直播遍地开花的今天，和我们争夺用户注意力的不仅有腾讯、阿里巴巴等互联网巨头旗下的 B2B 企业，还有李佳琦等头部直播带货的 KOL。平铺直叙的报名方式很难让课程得到更大范围的传播，吸引更多人报名，该怎么办呢？答案是课程裂变。简单地说，就是限时、限量、限价听某课程，用户需要成功分享多少人后才可以免费或更低的价格付费听课，而不是只要填写个人信息报名即可听课。只要让听课的机会变得稀缺，用户才会更加珍惜这个来之不易的听课名额。课程裂变不仅能扩大课程的传播范围，还可以提升用户的到课率。

（3）**书籍裂变**

书籍是出版社的正式出版物，也是人类传承知识的重要途径之一。所以，在用户的认知中，书籍本身就具有显性价值，不需要像资料裂变和课程裂变那样证明裂变诱饵的价值。

对于初次尝试裂变的 B2B 企业而言，书籍裂变是最简单也最容易获取目标客户群的方式。例如，某 MA 工具的目标客户是 B2B 企业的市场或运营人员，那么就可以采购 100 本 B2B 方面口碑较好的图书进行裂变，参与裂变活动的用户需要邀请 18 名新用户关注公众号即可免费包邮获得此书。这样获取的客户也都是相对比较精准的。

以我带领的增长团队的裂变经验而言，送 50 本书，最少也能为公众号带来 1 万多个粉丝。但有一点不可否认，书籍裂变的成本比资料裂变和课程裂变的成本高，因为不仅有图书的邮寄费用，还有图书的采购费用。

B2B 微信裂变的核心是内容。不管是资料裂变、书籍裂变，还是课程裂变，都需要优质的内容作为裂变诱饵才有裂变成功的可能性。如果是一本豆瓣评分才 1 分、内容质量不佳的图书，即使免费送，参与裂变活动的用户也会非常少。内容要么"第一"，要么"唯一"，是 B2B 企业衡量是否可以进行微信裂变的两个标准，满足其一即可，均满足更佳。

- "第一"包括速度第一、排名第一、口碑第一等。以速度第一为例，会计领域经常会有新的政策，政策解读往往是广大会计人员迫切需要知道的内容，那么我们就可以邀请有一定知名度的财务专家针对此次政策变化做一期政策解读报告或政策解读直播。这些"第一"需要我们结合 B2B 企业的业务寻找。

- "唯一"是指这个裂变诱饵只我们有，别人没有。例如，对财税最新政策的解读比拼的是速度，我们有，别人也会有，只是时间迟早的问题。但"唯一"不一样，对裂变诱饵的要求会更高，不仅需要高质量的原创，还需要总结出体系化的、独创的方法论、模型或理论。

6.3 一场裂变活动的必要组成

一场裂变活动由裂变群体、裂变诱饵、裂变势能、裂变任务和裂变载体组成，这 5 个必备要素还有一个很重要的呈现形式——裂变海报，其在很大程度上决定了裂变活动的成败。接下来，我们结合案例详细介绍一场裂变活动的 5 个必备要素和 1 个呈现形式。

6.3.1 裂变群体

裂变是具有圈层效应的，例如，会计圈发生的裂变对运营圈基本没有影响。所以，在开展一场裂变活动之前，首先要确定的就是裂变群体。裂变群体越聚焦越好，越聚集越好。这里的聚焦不是说裂变群体越小越好，对于裂变来说，可裂变的目标群体还是要有一定基数要求的；也不是说描述得越清楚越好，如"25 岁""女性""本科""单身"等用户标签即使再多也不代表聚焦。

裂变群体的聚焦是指聚焦到具有同一种特性的人群，例如，爱收藏篮球鞋的人、热衷于炒股的人、喜欢易烊千玺的人。拥有同一种特性的人群不一定拥有相同的用户标签，例如，喜欢易烊千玺的人不一定都是 25 岁的人，也不一定都是女性。聚焦裂变群体最直接的方式就是选择拥有同一种职业的人群，如运营、产品经理、市场营销、财务、HR 等。

但需要注意的是除了聚焦性以外，裂变群体还需要具备一定的聚集性。例如，同一种职业的运营群体本身就拥有自己的小圈子，也有很多微信群，针对这类人群做裂变就会更容易。还有同一地域的群体，例如，都是北京的、长沙的、深圳的，身边的朋友大多在同一地域聚集，也会更容易分享裂变。假设我们找到了具有同一种特性的人群，例如，都喜欢某种小众古典音乐的人可能全球有几万人，但他们都很难找到彼此，对这种暂时还没有聚集性的裂变群体就很难开展裂变。

6.3.2 裂变诱饵

找到具有聚焦性和聚集性的裂变群体后，接下来就要设置相应的裂变诱饵以吸引裂变群体。裂变诱饵分为以下 3 种。

（1）实体物品，即物理世界的物品，我们看得见，也摸得着的，如图书、日历、桌垫、地图等。

（2）虚拟物品，即数字世界的物品，我们看得见，但摸不着，且具有交换价值的，如知识付费产品、优惠券、会员资格、资料包、趣味测试等。

（3）金钱，即可直接流通的货币。例如，在"网易戏精出来讲课啦"知识付费裂变中，主办方会为参与裂变活动主动分享的个人用户提供分销提成，一级分销的提成为课程金额的 60%，二级分销为 30%，并实时到账。参与裂变活动的团队还会为队长和其他团队成员提供打榜奖金，排行榜第一名、第二名和第三名分别可以获得 1 万元、5 千元和 1 千元的额外奖金。

6.3.3　裂变势能

不管是实体物品、虚拟物品，还是金钱，我们都需要挖掘裂变群体可能参与或不参与裂变活动背后的心理动机，然后补充裂变势能。

- 看到裂变活动的用户，为什么会参与或不参与裂变活动？
- 参与裂变活动的用户，为什么会主动分享裂变活动？
- 不参与裂变活动的用户，为什么被裂变诱饵吸引，却没有主动分享裂变活动？

举个浅显易懂的例子，某不知名品牌方兴高采烈地举办一场裂变活动，裂变诱饵是免费送 100 台苹果手机，成功邀请 188 人扫码关注公众号的用户即可免费获得苹果手机 1 台，最后却发现裂变效果平平。为什么呢？最主要的原因还是品牌方不够知名，用户不知道活动是否真实。虽然裂变诱饵确实很吸引人，但用户会认为万一裂变活动是假的，那么自己花费巨大力气完成了 188 人的邀请任务，到头来却"竹篮打水一场空"，不仅浪费时间，还消耗人脉，就很容易望而却步。

假设这场裂变活动的品牌方就是苹果公司，或者某不知名品牌方邀请到了吴晓波、罗振宇等 KOL 为裂变活动证言，那么这场裂变活动的效果都将会好很多。这些除了裂变诱饵之外的附加信息便是裂变势能，其最重要的作用就是赢得用户信任、加速用户分享。通过品牌、KOL、社会热点等势能的加持，可以很大程度地提升裂变活动的用户参与率和分享率。

6.3.4　裂变任务

裂变任务即用户想要得到裂变诱饵所需要进行的行为，可能是只需要分享到朋友圈即可完成任务，也可能是需要邀请3～5位好友成功注册才算完成任务。裂变任务需要根据裂变群体、裂变诱饵和裂变势能三者相互结合确定，是触发用户是否参与裂变活动、进行分享的"临门一脚"。

所以，裂变任务的设置需要十分谨慎。如果裂变任务设置的难度过高，很可能会流失部分原本有意向参与裂变活动的目标用户；如果设置的难度过低，又很可能会降低裂变活动最终的传播范围，影响裂变效果。我建议在尝试新的裂变活动时先进行小范围的测试，再设置最优的裂变任务，进行大范围推广。

通常情况下，裂变群体的基数越多、裂变诱饵的吸引力越大、裂变势能的支持越强，就可以设置难度越高的裂变任务。反之，裂变任务的难度则需要设置得越低。例如，9.9 元的拼团砍价，裂变任务一般都是分享 3 人点击链接助力拼团砍价即可完成；免费包邮送一本实体畅销书，裂变任务一般都是分享 18 位新用户扫码关注即可完成；B2B 企业的单次或系列高质量课程，裂变任务可以视讲师的知名度设置 1 ～ 3 人的分享助力，即可获得免费听课名额。

6.3.5　裂变载体

裂变载体随着时代的变化而变化，起初流行在网站，然后在 App、H5，再后来到微信生态中的个人号、微信群、公众号，又到小程序，最近比较火的是企业微信群。

用户的"喜新厌旧"让裂变载体的变化速度基本以年为单位在不断地更替，但不同的用户圈层拥有不同程度的滞后性。当一线城市的运营群体已经对公众号裂变感到疲乏时，三线城市的运营群体很可能才刚接触并觉得十分有趣，而另一个圈层的财务群体则很可能完全还没有接触。所以，除了裂变载体自身的固有特性以外，裂变群体也是我们选择裂变载体的重要参考因素。

裂变活动的 5 个必备要素之间的关系

能否激发裂变群体的分享欲望受裂变诱饵的吸引力、裂变势能的可信度及裂变载体的效力决定。能否触发裂变群体的分享动作，则由裂变任务的阻力高低决定。确定裂变群体就是确定分享对象，确定裂变诱饵和裂变势能就是确定分享动力，裂变任务触发分享动作，裂变载体则是分享动作的承载。

6.3.6　裂变海报

裂变群体、裂变诱饵、裂变势能、裂变任务、裂变载体这 5 个裂变活动的必备要素明确后，如何更好地将其展现、表达、传递出来，吸引、引导、促进用户分享至关重要。而这一切都主要依靠裂变海报。一场裂变活动的成功与否，可以说很大程度上取决于裂变海报。

以"网易戏精出来讲课啦"知识付费裂变活动为例，其裂变海报如图6-9所示。

图 6-9 "网易戏精出来讲课啦"裂变海报

- **裂变群体**："0～3岁"的互联网运营人员。
- **裂变诱饵**
  - **主要诱饵**：限时特价39元、过2018年1月23日即恢复199元原价的《网易运营方法论》系列课程。系列课程包括网易考拉海购活动运营负责人高双双的《大厂生产力：网易大型活动背后的活动策划与活动执行》、网易云音乐资深内容运营陈曦的《用户行为自驱：网易云音乐频繁刷屏背后的强势运营生态体系》、网易资深用户研究员高素芳的《运营和亘古不变的人性：如何洞察用户心理，突破用户最后一层底线》、网易云课堂用户运营负责人赵涵的《高级技能不等于高级运营：掌握运营底层逻辑才是进阶的王者之道》。
  - **次要诱饵1**：前1000名额外赠送《网易内部运营文档》。
  - **次要诱饵2**：一级分销的提成为课程金额的60%，二级分销为30%，并实时到账。

- **裂变势能**
  - **品牌势能**：网易云课堂、网易考拉海购、网易云音乐。
  - **时机势能**：2018 年开年。
  - **KOL 势能**：网易考拉海购活动运营负责人高双双、网易云音乐资深内容运营陈曦、网易资深用户研究员高素芳、网易云课堂用户运营负责人赵涵。
- **裂变任务**：付款 39.9 元即可得到裂变诱饵；分享给好友购买成功后即可得到相应的分销提成。
- **裂变载体**：H5（荔枝微课）。

裂变海报需要将以上所有裂变活动的必备条件通过一张图片，以用户视角呈现出来。"网易戏精出来讲课啦"的这张裂变海报也已经成为裂变海报界的经典模版，我将其从上到下依次拆解，如图 6-10 所示。

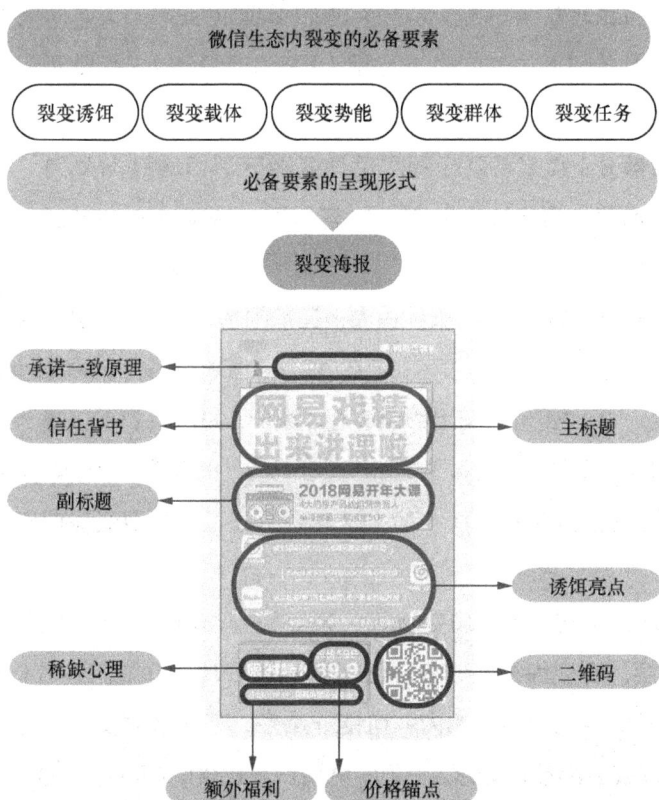

图 6-10　通过裂变海报呈现必备要素

- **第一部分**：最开头的这部分由参与裂变活动用户的头像、昵称、参与宣言和品牌标志组成，占海报面积的比例约为 1/11。其中，用户的头像、昵称可以通过第三方工具自动生成，参与宣言和品牌标志需要提前设计在裂变海报上。参与宣言为"我已报名参加，我在进阶的路上等你"，采用承诺一致原理。

- **第二部分**：这是裂变海报中最重要的一部分——标题。标题的主要作用是向用户传递裂变诱饵和裂变势能，将直接决定裂变海报转发在朋友圈或微信群等渠道的打开率。标题要足够大且字数有一定的限制，大约占海报面积的 3/11。网易品牌有着很强的信任背书。

- **第三部分**：这部分用于对标题进行进一步的解释和说明，通常被称为副标题。用户被标题"网易戏精出来讲课啦"吸引打开裂变海报后，根据阅读习惯依次往下看到的便是副标题。"2018 网易开年大课，4 大明星产品线运营负责人，亲授网易内部运营 SOP"是对标题由于字数限制未能详细表述的内容进行重点提炼。副标题占海报面积的比例约为 2/11。

- **第四部分**：紧接着副标题之后便是裂变诱饵的亮点罗列，为网易各产品线运营负责人授课的详细内容呈现。这部分占海报面积的比例约为 3/11。

- **第五部分**：最后一部分大约占海报面积的 2/11，是引导用户参与裂变活动的"临门一脚"，由次要诱饵及价格、二维码、引导扫码等裂变任务的文案组成。"限时特价"利用稀缺心理，原价 199 元、目前仅需 39.9 元利用价格锚点，让用户产生需要立即扫码参与活动的欲望，否则就没了、亏了。

　　一般情况下，裂变海报基本都由这 5 大部分组成。裂变海报设计检查清单见模板 3。

　　综上所述，裂变群体、裂变诱饵、裂变势能、裂变任务、裂变载体是裂变活动的内在层，裂变海报是这 5 个必备要素的表现层，如图 6-11 所示。内在层主要服务我们自己，包含的内容可能非常多，但可以方便我们更好地找到用户痛点，开展裂变活动；表现层主要服务用户，包含的内容应该尽可能地简洁明了、通俗易懂，降低用户理解参与裂变活动的难度。

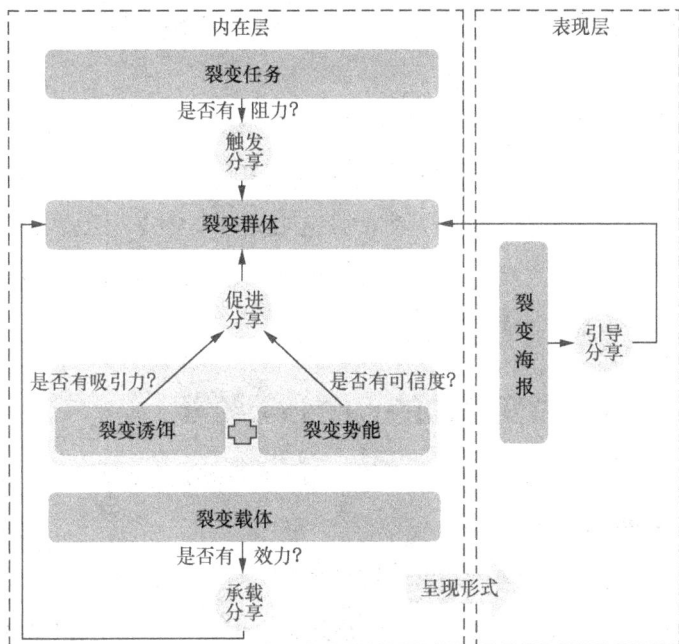

图 6-11　裂变活动的必要组成

6.4　实战：打造裂变"永动机"——财会黑卡

一切喧嚣终归于平静，裂变在经历爆发期后也已经成为常规的运营方式。我带领的增长团队在经过一年无数次大大小小的裂变，几乎尝试了微信生态内所有的裂变玩法后，发现爆款裂变的留存率普遍较低。第一周达百万次页面浏览量（Page View，PV）的小程序裂变，到第二周就可能只剩几千 PV；第一周建立几百个微信群的群裂变，到第二周就可能群内基本无人活跃。这也是我们自己做过很多群裂变的普遍情况。

短期能获得爆发式的增长固然好，但对于原本就讲究细水长流的 B2B 运营来说，需要追求爆款裂变之后的"留量"。一种方式是进行流量转移，例如，我们会将群裂变过来的流量进行过滤，将潜在客户转移至重点运营的社群进行孵化培育，流量转移的流失率会较高[1]。另一种方式是进行流量嫁接，以裂变载体

---

[1]　有关社群运营的具体内容请见本书第7章。

为砧木[1]、裂变诱饵为接穗[2]，将流量自然引导至微信生态的各触点沉淀再培育，流量嫁接的流失率会较低。

于是，我们制作了一张涵盖会计群体职场精进的各种福利的虚拟卡。用户通过邀请好友助力，即可免费领取该卡并获得各种福利。大部分福利的获得需要用户前往微信生态的各个触点。同时，这张虚拟卡会被长期放置在各个渠道，并设置明显的领取入口，通过老带新、新带新不断裂变，为私域各触点提供源源不断的流量——会计人群。

6.4.1　确定裂变活动的 5 个必备要素

小微企业的会计从业者在职业发展过程中有哪些需求和痛点，这是需要通过内部和外部调研发掘的。

内部调研主要是咨询平时与客户接触较多的岗位，如电销、客服、客户成功经理及财务专家。咨询的方式有一对一的交流，也有一对多的头脑风暴。

外部调研一般采取两种方式：一是定性调研，与用户进行一对一的深度访谈；二是定量调研，通过调研问卷批量获取。不论是访谈大纲设计，还是调研问卷设计，都有一套成熟的方法论，我们设计的问题、选项很可能会对用户产生误导，从而导致结果偏差。所以，涉及外部调研时，我们通常会申请用户研究部门的指导和协助。因为他们不仅有专业的调研方法论，还有配套的访谈室和观察室，能让调研结果更准确。

根据内部和外部调研的结果，我们梳理了小微企业三种级别的会计群体在职场精进过程中的需求与痛点，如表 6-2 所示。

表 6-2　小微企业会计群体职场精进的需求与痛点

	初级会计	中级会计	高级会计
主要需求	能谙熟财税理论，精通财税实操，专业解决各种实务财税问题	能用财税管理经营，降低成本，实现税收筹划，提供老板认可的财务分析	能从事战略性、统筹性的财务工作，并能去规模更大的企业辅导投融资、收并购、企业重组理论，辅助 CEO 的决策与运营

1　嫁接园艺中组合植物的下部。

2　嫁接园艺中组合植物的上部。

续表

	初级会计	中级会计	高级会计
共性需求	1. 干货资料（税务筹划、成本管控、Excel 技巧、会计报表编制等） 2. 财税新政（时间及时、专家解读、划重点等） 3. 考证指导（考前冲刺、重点解析、难题答疑、名师辅导等） 4. 实操经验（账务处理、软件使用、税务相关等） 5. 工作解答（行业相关、日常工作、职场解惑等）		
主要痛点	工资低，加班多，从出纳转会计难，没有从基础性、重复性的工作中解脱，亟待提升工作效率	升职加薪难，责任压力大，小微企业 CEO 难认可成本分析等财务建议，迫切需要完成从记账会计到管理会计的转型	步入中年，职业危机感严重，害怕被智能财务取代，缺乏职场转型的途径和机会
共性痛点	1. 升职加薪慢 2. 职场转型难 3. 人脉资源少 4. 智能财务时代到来，迫切需要与时俱进地学习新知识，害怕被淘汰		

根据这些需求和痛点，我们即可确定裂变活动的 5 个必备要素。

- **裂变群体**：在小微企业从事会计相关工作的用户群体。

- **裂变诱饵**

  - **主要诱饵**：一张虚拟免费卡，该卡集合了财会社群、线上课程、线下讲座、名企游学、财务专家问诊、会计实操软件等各种权益。我们将权益包装为价值 168 元的财会精英社群名额、365 天全年财税新政解读、12 场全国免费名企游学、20 堂全国线下讲座、48 节线上升职加薪课程、580 套财会必备工具资料包、价值 199 元的金蝶会计软件免费试用、360 度解决财会工作难题和 2 小时大咖群内免费答疑。

  - **次要诱饵**：设置邀请排行榜，对排名靠前的用户给予额外奖励。额外奖励包括价值 15888 元的 KOL 包装服务、价值 12999 元的华为 Mate 20 保时捷限量版手机、8888 元现金红包人脉奖、价值 1298 元的国家宝藏联名款 Kindle Paper White 4 电子阅读器套装，以及 20 本会计人必读的实体书。

- **裂变势能**

  - **品牌势能**：金蝶。

- **KOL 势能**：内部财务专家，以及外部招募的经过肖像权授权的 KOL。
- **裂变任务**：邀请 3 位好友扫码助力即可激活虚拟卡免费享受权益。
- **裂变载体**：H5。

6.4.2 找到文化母体提升吸引力和可信度

我国知名战略营销品牌咨询公司——华与华在《超级符号原理》一书中讲到，人类生活是一个巨大的文化母体，文化母体一旦形成便有着不可抗拒的力量，能让集体无意识、自发地卷入。例如，我国的春节就是一个基于中华传统文化的巨大文化母体。在商业社会，如果某个商品或品牌找到了可以寄生的文化母体，购买将会必然发生，品牌将会快速传播，营销成本也将大幅降低。通过改造并占领文化母体中的词语、符号或仪式，品牌便可以实现寄生。

以华与华的客户——西贝莜面村为例。对于西贝莜面村中的"莜"字，很多不熟悉西北菜的客户都不认识，有念 xiǎo 的，有念 yōu 的，其实正确的念法为yóu。品牌名称中的生僻字将带来一定的传播障碍，并徒增营销成本。因此，华与华找到文化母体中的词语"我爱你——I Love You"，改造为"I Love 莜"；结合符号"❤"，创作出"I❤莜"；结合每年 2 月 14 日的情人节举办"亲个嘴，打个折"的门店活动，即仪式，如图 6-12 所示。如今，西贝莜面村已经成为年营收超过 50 亿元的餐饮界黑马。

图 6-12 西贝莜面村寄生文化母体的词语、符号和仪式

虽然这场裂变活动不是针对某个商品或品牌开展的，但对于会计群体来说，这张虚拟卡是一个比较新鲜的事物，我们需要借助文化母体中的词语、符号或仪式，降低用户的认知成本和理解成本，并提升裂变诱饵的吸引力和裂变势能的可信度。

通过搜索，我们找到了世界公认的"卡片之王"——美国运通百夫长黑金卡，如图 6-13 所示。1999 年，美国运通公司[1] 在英国推出"百夫长系列签帐卡"，黑金卡是其最高级别的版本。与市面上几乎所有信用卡采用的塑料材质不同，该卡为采用钛合金制作的金属卡。由于卡面的主体色调为黑色，该卡通常被大众简称为"黑卡"。

图 6-13　美国运通百夫长黑金卡（黑卡）

大众要想持有黑卡，必须由美国运通公司发出邀请才能进行办理。目前，全球仅有极少数的国家政要、亿万富豪、社会名流持有黑卡。这张卡没有额度上限，持有者享有全世界最高端的各种服务与权益，可以自由出入全球各种顶级俱乐部，扩大社交圈。无论持有者身在何处，提出的任何看似不可能达成的要求都能几乎有求必应并神奇地实现。这张最负盛名、最神秘的顶级卡片不仅在坊间流传着各种各样带有传奇色彩的故事，还屡屡被搬上大荧屏。例如，《007：大战皇家赌场》中，詹姆斯·邦德凭借黑卡进入一家高档俱乐部，并在没有预订房间的情况下入住总统套房。

1　美国运通公司创立于1850年，是国际上最大的旅游服务及综合性财务、金融投资及信息处理的环球公司。

我们会发现各大银行最高等级的储蓄卡、信用卡大多为黑色或黑金色。经过几十年时间的教育，用户已经对少数颜色的卡形成了固有的认知。有黑色和金色的卡在银行通常代表最高等级，持有者享有更多的特权。很少有哪家银行将其最高等级的卡设为绿色，因为绿卡通常代表通过，持有者获得某个国家的永久居住权，也很少有哪个国家将其代表永久居住特权的卡设为白色。

因此，我们将这张虚拟卡取名为"财会黑卡"，并以美国运通百夫长黑金卡为原型，参考其使用的古罗马军团百夫长的头像，改造为现代"会计之父"——卢卡·帕乔利，临摹出财会黑卡，如图 6-14 所示。同时，所有裂变物料的设计也采取以黑色为主、金色为辅的黑金风格。

图 6-14 采用现代"会计之父"头像的财会黑卡

6.4.3 基于裂变载体开发和设计裂变活动

财会黑卡裂变活动的载体为 H5，个性化需求较多，所以不能通过第三方工具套用模板直接实现，我们需要自己开发，并且最少需要前端工程师、后端工程师、设计师和产品经理各一名。考虑到企业自身不熟悉和不擅长裂变落地页的开发，为了提升效率和确保质量，我们聘请到专业的外包团队，只需通过文档和原型图描述清楚需求，外包团队即可根据我们的需求进行设计和开发，并随时响应裂变活动前、中、后的需求。财会黑卡裂变活动的整体流程如图 6-15 所示。

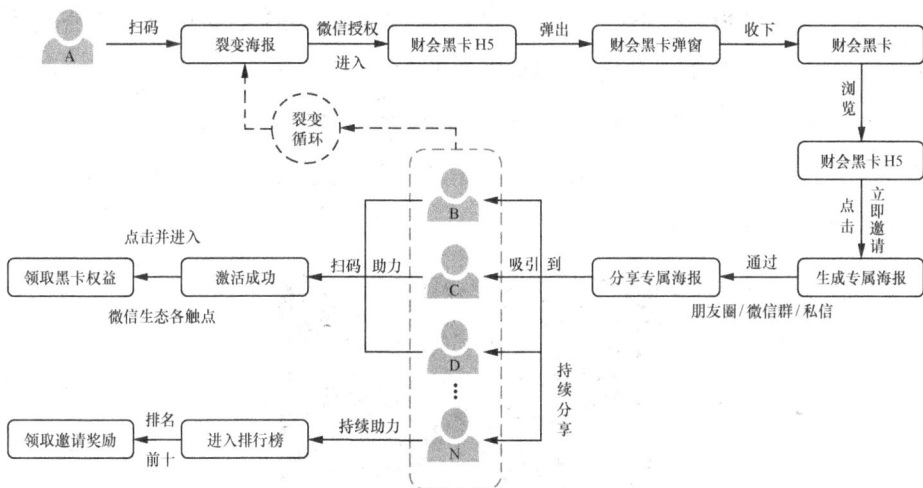

图 6-15　财会黑卡裂变活动的整体流程

　　裂变海报的设计是所有裂变活动的重中之重。对于大型裂变活动，我们一般会先设计十几个版本，然后内部投票选出 3～5 张在目标用户群内小范围测试，最后选出一张终版。在财会黑卡裂变中，我们选取以下 4 张海报（见图 6-16）在"财会赏金猎人"群和全国 KOL 群内测。"财会赏金猎人"群的成员大部分为初、中级会计；全国 KOL 群的成员大部分为中、高级会计，且 90% 为小微企业的会计。内测人群与裂变群体一致。通过内测，最终决定图 6-16 中右侧第一张海报作为最终版本。

图 6-16　财会黑卡裂变海报的选取

　　为了增强仪式感，凸显财会黑卡的稀缺性，区别于大多数裂变活动使用的用户通过裂变海报扫码进入即刻提示参与裂变任务的做法，我们在裂变流程中增加了一个按钮和金边带动效的弹窗，如图 6-17 所示。当用户通过裂变海报扫码进入落地页时，系统首先会立即恭喜他"抢"到一张财会黑卡。相比"领"到、"拿"到、"得"到、"获取"等动词，"抢"字更能凸显财会黑卡的稀缺性，也更能调动用户进行下一步的行为。

图 6-17　财会黑卡弹窗

除了弹窗顶部的文案，我们还设计了按钮的动效引导用户做"收下黑卡"的动作，然后进入 H5 页面进行财会黑卡的激活。相比直接让用户做裂变任务，领取财会黑卡享受权益，先让用户有"抢"到的快感和"收"下的喜感，再让用户做裂变任务，激活财会黑卡享受权益，后者将在一定程度上降低裂变任务的阻力，提升做裂变任务的用户比例，降低中途放弃做裂变任务的用户比例。

收下黑卡后进入落地页，用户即可看到裂变诱饵，可以开始做裂变任务，如图 6-18 所示。根据调研结果，我们将人脉、课程、财税新政、讲座、实操 5 个关键词依次放在首页的最顶端。财税新政是我们在调研过程中看到的会计群体的最大需求，所以根据用户从上至下、从左至右的阅读习惯将其放在中央的位置。用户点击"立即邀请"后，即可生成专属邀请卡（裂变海报）。右侧的悬浮图标用于引导用户关注服务号，以便随时查看和使用财会黑卡，及时接受财会黑卡权益更新的微信模板消息提醒。

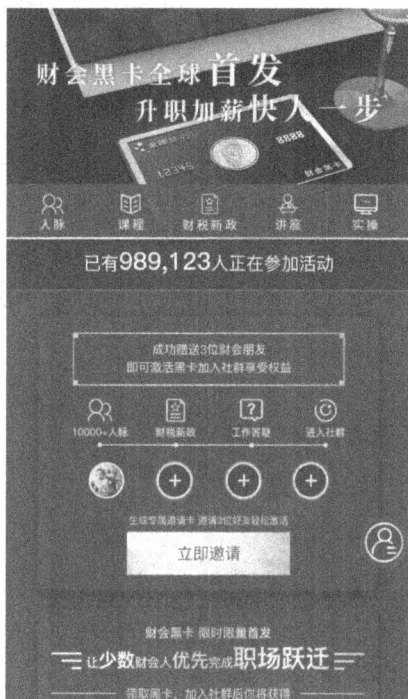

图 6-18　财会黑卡首页第一屏

为了进一步提升裂变任务的完成率，我们还在财会黑卡的首页设置了以下细节。

（1）从众心理：用户进入首页后，会有"已有×××人正在参加活动"的文案出现在裂变任务模块的上方，其中多少人参与的数字会随着参与用户数的增加而不断滚动增加。

（2）进度条设置：用户每完成一个邀请助力，助力人的微信头像都会被点亮至闪闪发光的圆形图中，对应不同的权益，这意味着距离激活财会黑卡又更近了一步。为了提示经常不参与这种裂变活动的会计群体，进度条的上方和按钮的上方均放置如何参与裂变活动的文案提示。

（3）裂变诱饵展示：在财会黑卡首页的第一屏后[1]，首先对包装过的主要诱饵

---

[1]　关注公众号"B2B运营笔记"，回复关键词"财会黑卡"，领取财会黑卡第一屏的完整设计稿。

用金色权益图标进行统一罗列，然后选取吸引力较高的 4 个主要诱饵详细说明，最后放置次要诱饵。

（4）裂变势能展示：在第一个主要诱饵下选取金蝶内部的财务专家和我们招募到的职务比较高的 KOL，放置专业的职场形象照，用于展示 KOL 势能。结尾是关于我们的介绍文案和烫金标志，用于展示品牌势能。

用户将专属海报分享至微信群、朋友圈或私信，邀请到 3 位好友扫码助力即可激活黑卡，并享受财会黑卡的所有权益；邀请更多好友扫码助力进入排行榜前 10 名，还可获取额外的奖励。激活成功后，用户将跳转至财会黑卡的权益页面，相关权益会将用户引导至社群、小程序、个人号、资料集合页、课程集合页等可进行内容培育的触点上，如图 6-19 所示。

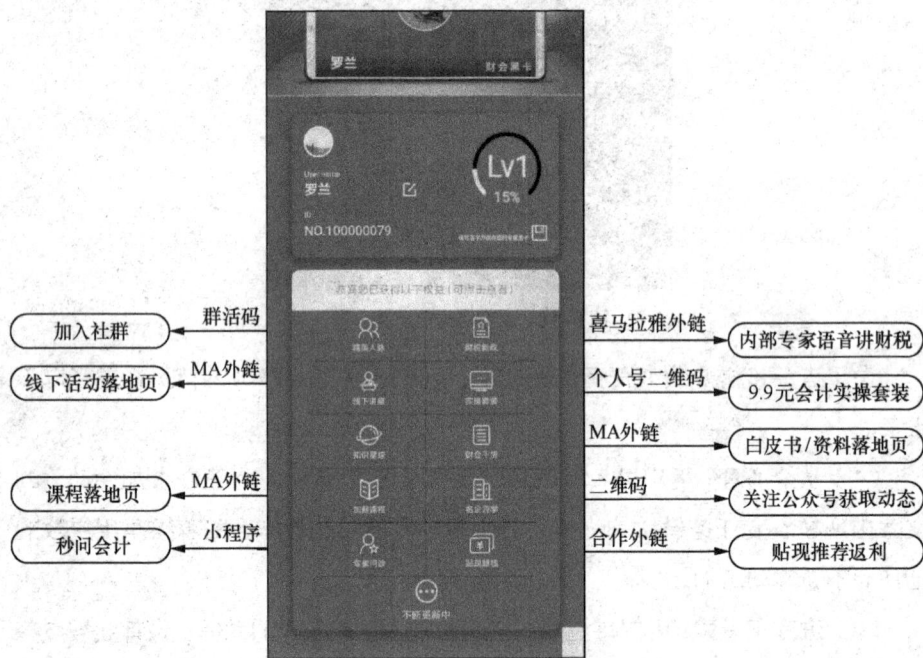

图 6-19　财会黑卡权益页面的跳转

为了满足用户的炫耀心理，激发用户参与完裂变活动后再传播，我们在财会黑卡的权益页面做了个性化设置。用户只需输入自己的姓名，便可以得到一张刻有自己姓名的专属财会黑卡，卡号按照激活成功的人数依次生成。

6.4.4　浪潮式推广裂变活动

经过小范围的测试，不断优化裂变流程及其中的每一个跳转环节、文案细节，并预留客服位及时发现和解决裂变活动中可能出现的意外情况，我们便开始着手准备裂变活动的推广。

杰夫·沃克（Jeff·Walker）在《浪潮式发售》一书中总结了一套让任何人卖什么都可以首发"秒光"并持续热卖的产品发售方程式。通过这个方程式，他不仅让自己从家庭"煮夫"变成创造单日销量过百万的销售冠军，还一跃成为亚马逊创始人杰夫·贝索斯的创业教练。这个产品发售方程式包括造势、预售、发售、跟进 4 个步骤（见图 6-20），目前广泛应用于苹果、小米等大型企业的新产品发布会。相比平铺直叙地直接发售，浪潮式发售将给产品带来成倍的销量增长。除了裂变活动的推广，B2B 企业在进行新品发布会时也可以借鉴这个发售方程式。

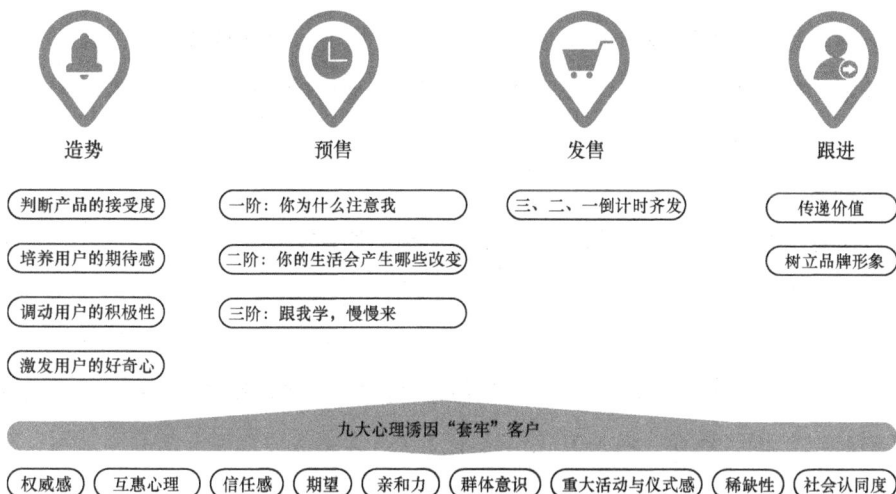

造势	预售	发售	跟进
判断产品的接受度	一阶：你为什么注意我	三、二、一倒计时齐发	传递价值
培养用户的期待感	二阶：你的生活会产生哪些改变		树立品牌形象
调动用户的积极性	三阶：跟我学，慢慢来		
激发用户的好奇心			

九大心理诱因"套牢"客户

| 权威感 | 互惠心理 | 信任感 | 期望 | 亲和力 | 群体意识 | 重大活动与仪式感 | 稀缺性 | 社会认同度 |

图 6-20　浪潮式发售的步骤

财会黑卡的造势其实伴随着前期调研就已经开始，接受调研的会计群体均会被告知即将有一张会计界的卡要发布，并被询问需求和建议。我们据此判断他们对财会黑卡的接受度。此外，我们还会给予参与调研的用户优先免费领取财会黑卡的权益，以调动这部分用户的积极性和期待感。在财会黑卡正式发布的前一周，我们会在各个渠道陆续推送会计圈即将出现首张有各种权益的神秘卡片的软文，激发用户的好奇心。

由于财会黑卡是免费的，所以造势后不会有预售，直接进入发售步骤，即裂变活动正式开启。裂变活动正式开启后的推广需要在短时间内铺满各个渠道，为裂变群体营造火爆而紧张的氛围，利用从众心理吸引更多用户参与。对于小型裂变活动，我们要求在半小时内铺完所有微信私域的渠道；对于大型裂变活动，考虑到涉及的推广渠道比较多，推广文案比较杂，我们会延长至 1 小时。

此次对财会黑卡的推广，我们一贯延续了做裂变活动都是 0 推广费用的做法，通过自有渠道、KOL 渠道、资源互换渠道进行推广。前两者需要在 1 小时内完成，后者可以持续与合作方进行资源互换，不限时间。

自有渠道

自有渠道包括所有自有媒体，详情请见 4.3.3 节。财会黑卡推广的主阵地在微信私域内的公众号、微信群、个人号等，次阵地在官网的首页 banner 位、工作台弹窗位、云会计产品公告位等，再次要阵地在公域的百度贴吧、会计论坛、知乎等。每个阵地的每个渠道均生成专属裂变海报以衡量渠道效果。鉴于微信个人号的触达率是最高的，我们为所有微信个人号的好友发送了专属私信，后来的数据显示也确实如此。

KOL 渠道

裂变是具有圈层效应的，所以找到越多圈层中有影响力的人参与，将能为裂变活动带来更高量级的传播。这时，我们在全国招募的 KOL 便起到了作用。为了体现 KOL 的特殊身份，我们为每一位 KOL 制作了拥有其单独形象照的裂变海报，供他们进行传播。邀请排行榜的数据显示，排行榜前 10 名均为我们招募的 KOL，而且最高一名 KOL 带来了近 2000 人领取财会黑卡。

资源互换渠道

资源互换一定是建立在双方互惠共赢的前提下。由于财会黑卡的权益可以不断新增，领取黑卡的人数越来越多，也就为我们与第三方进行资源互换创造了条件。例如，我们与金蝶极速贴进行的资源互换如下。

- 我方：提供财会黑卡权益的"贴现赚钱"模块位，可为合作方长期带去精准客户。
- 合作方：提供金蝶极速贴官网首页 banner 位，宣传财会黑卡 3 天，并在官网首页设置长期展示位。

"贴现赚钱"既是财会黑卡给予会计群体的一项福利，也是金蝶极速贴的一种获客方式。为了不影响用户体验，合作方需要提供同样是黑金风格的落地页，内嵌至财会黑卡的权益中。由于财会黑卡是裂变活动，当合作方为我们进行推广时，财会黑卡的领取人数会进一步增加，我们就能为合作方带去更多的客户资源，合作方又会更乐意给财会黑卡提供更多资源位推广，因而形成互惠共赢的正循环。B2B 企业要善用上下游的力量，在利益不冲突、互惠共赢的前提下为双方都带来更多收益。

通过财会黑卡的不断裂变，微信私域的各触点获得了源源不断的精准会计群体流量，我们也由此建立了覆盖全国各省级行政区的会计社群。

6.5 案例：0推广费用裂变获取8万商家注册的零一裂变SaaS

谈及微信生态的各种爆款裂变，很多运营人第一时间都会想到零一裂变（简称"零一"）。因为就是这家 B2B 初创企业开创了微信爆款裂变的先河，并接连不断地帮助企业做出 1 天卖 16 万份的"网易戏精出来讲课啦"、上线 1 小时就破百万 UV 的"趣拍卖"，还有一个月就裂变了 1000 万用户的"trytry"等一系列爆款裂变案例。

2018 年 1 月，零一正式成立。最初，这家由运营驱动的 B2B 企业没有市场团队，也没有销售团队，甚至没有企业官网。但就是在这种情况下，零一接二连三地拿到了宝洁、腾讯、京东、小米等世界 500 强企业的订单。如今，零一已经被业界公认为微信裂变领域的第一团队，并已经服务超过 15 万家客户，涵盖大、中、小、微型企业。

6.5.1 "T 型"发展战略，先聚焦，后延展

2019 年 7 月，金蝶·精斗云想在获客方面寻找新的突破，我们便拜访零一，寻求合作。令我们印象深刻的是，在 B2B 企业普遍都在找流量、找客户

的情况下，零一却是反过来的，他们不仅不愁没有客户，而且在选择排队的客户。很不幸，由于 B2B 企业普遍不如金融及零售企业"富有"，我们也是众多排队的客户之一。

"T 型"发展战略是零一的 CEO 鉴锋在个人职业发展和公司业务发展上都坚定不移的战略，即"先长后宽，T 型成长"。不论是个人，还是公司，先朝着纵向，也就是"T"中的一竖发展，在一件事情上做精、做强，做到细分领域的第一，建立核心竞争力；再朝着横向，也就是"T"中的一横发展，围绕已经具备核心竞争力的点逐步拓宽到其他横向领域。

零一最初定位为"帮助客户策划微信生态最有效的裂变活动"，公司的业务全部专注于研究、迭代、创新微信生态的裂变。从个人号裂变、群裂变、公众号裂变到小程序裂变，运营人熟知的在微信生态的爆款裂变活动大部分由零一在幕后操盘。每一场刷屏级的爆款裂变活动过后，零一都会将其详细复盘并整理成文章，再发布到他们的"运营深度精选"公众号。零一的公开数据显示，大约有 50% 的客户都来自该公众号。这也再一次说明了优质内容的强大力量。

短平快的裂变活动很容易快速积累各行各业的裂变经验。在鉴锋的带领下，零一发展为一个有着超强自我驱动意识的学习型组织。通过帮助客户策划裂变活动，积累裂变经验，不断总结和迭代 SOP，零一的员工也能用其帮助自己策划裂变活动获客，由此形成了零一的进化飞轮，如图 6-21 所示。显而易见，相比客户需要使用半年、一年甚至更久才能见效的企业服务，像零一这种能帮助客户快速见效的组织的进化速度将会快很多。

坚定选择看似容易，实则非常困难，零一也是如此。在专注于策划微信生态最有效的裂变活动期间，有很多企业期望零一帮助他们做品牌宣传、企业内训、渠道采购等其他业务，其中有些业务的利润甚至比帮助企业策划裂变活动还高不少，但均被零一拒绝。经过一年多时间的专注与打磨，当零一已经成为业内公认的微信裂变领域第一专家后，其业务才开始拓宽到其他横向领域。

或许是意识到以人力为主的企业服务很难得到规模化发展，2020 年，零一开始将业务拓展到企业级 SaaS。同样，还是从最擅长的微信生态裂变入手，零一将在众多大客户身上验证有效的裂变方案，和一次又一次的爆款裂变活动经验，总结打造成通用型工具的裂变 SaaS，包括分销裂变、1 元解锁、0 元裂变、定金裂变等裂变功能，以服务更多小微型企业。

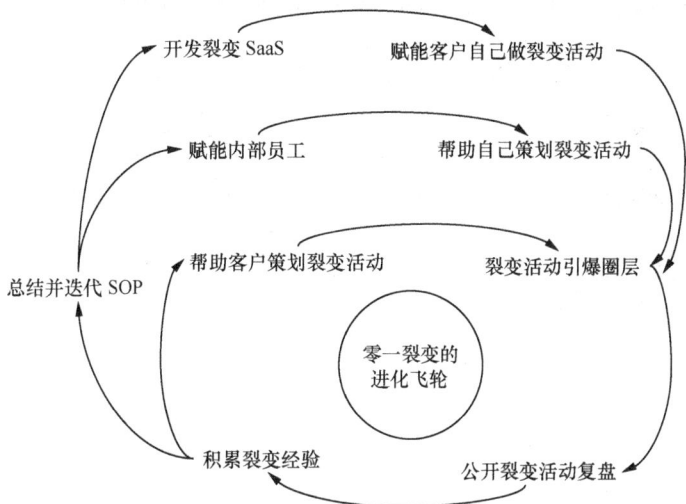

图 6-21　零一裂变的进化飞轮

定价策略一直是 B2B 企业的一门艺术，零一的裂变 SaaS 采取大会员制，普通会员为 3800 元 / 年，仅能使用一个裂变功能；双功能为 4800 元 / 年；高级会员为 6800 元 / 年，能使用全部裂变功能，且采购期一年内可享受所有新上线的裂变功能。

通常情况下，企业级 SaaS 一般最少需要 1～2 年才会开始盈利。而零一的裂变 SaaS 在开始销售的第二个月就已经盈利，并且在不到 8 个月的时间，以 0 推广费用，通过裂变获取 8 万多商家注册试用。

6.5.2　底部版权裂变，个人 IP 号承接

客户会对外使用的企业级 SaaS 具有天然的品牌传播优势。例如，小鹅通的客户在进行直播时，直播间的底部都会有版权——"由小鹅通提供技术支持"。对于这样的底部版权，普通用户一般不会关注，只有客户的同行或有意向采购的企业客户才会滑至底部了解这是采用的哪家供应商。底部版权每年都能为小鹅通带去大量的精准潜在客户。零一的裂变 SaaS 也有这样的优势，客户在使用裂变 SaaS 获客时，底部版权的露出将会在无形中为零一做宣传。

作为一家深耕裂变的公司，自然不能放过每一个能裂变的细节。零一在培

育潜在客户旅程中的众多环节都设置了裂变诱饵，引导用户参与裂变活动，通过裂变，将原本潜在客户会越来越少的漏斗状旅程变为潜在客户会越来越多的倒漏斗状旅程，形成潜在客户的自增长（见图 6-22）。

图 6-22　有无裂变的潜在客户旅程的区别

在底部版权上，零一也融入了裂变。在客户进行的每一场裂变活动中，底部都会有 3 处零一的版权显示（见图 6-23 的左一），由上至下，点击"零一裂变"会弹出零一客服的电话号码和微信个人号二维码，点击"零一裂变仅提供技术支持"和"马上创建"会跳转至免费领会员的页面，进入该页面的新用户均会获得一张 30 天的普通会员卡，可以免费使用一个裂变功能。

图 6-23　零一工具的裂变页面

用户在该页面可以生成专属裂变海报，分享给他人注册领取后，他人也可以领取 30 天的普通会员卡。利用投机心理，让用户分享成功后可以翻倍获得

30 ～ 300 天的普通会员卡天数，增加用户分享裂变海报的概率。

此外，底部版权还设有二级分销分润。如果有用户通过底部版权采购零一，零一将会提供一级分销 5% 和二级分销 5% 的采购金额返现比例给老客户，直接发放至微信零钱，给予老客户意外赚钱的惊喜感。这样一来，不仅不会让老客户觉得底部版权是在为零一打广告，还会让老客户更有动力推荐零一的裂变 SaaS。零一的公开数据显示，裂变 SaaS 新客户的 60% 都来源于老客户转介绍。

在底部版权处设置裂变，把原本仅仅是通过老客户向潜在客户单向、多次传播品牌的渠道，变成了由老客户带新客户、老用户带新用户且不断自增长的精准获客渠道。

微信个人号是零一在微信私域承接流量和培育客户的主阵地，通过包装顶级裂变操盘手的真人 IP，在朋友圈和私信互动中不断给予用户有价值的内容，与用户建立信任关系，提升潜在客户的转化率。

为了将裂变 SaaS 的潜在客户沉淀至私域再培育（见图 6-23 的右一），零一会将增长案例、运营工具、增长文章、裂变海报汇总为资料包，吸引用户添加微信个人号免费领取。对于添加微信个人号的用户，零一会通过私信聊天 SOP 和朋友圈人设打造 SOP 逐步进行培育转化。

私信聊天 SOP 包括打招呼破冰、激发用户痛点、问题分析与解答、引入解决方案、产品答疑与成交异议、关单 6 个步骤，针对每一个步骤、多个可能发生的情况，均有配套的话术可以参考或直接使用。通常情况下，零一与用户破冰的方式是询问用户处在哪个行业，是否需要加入某城市、某行业的社群以获取更多资料。询问到用户的行业后，零一会给予用户该行业的标杆客户案例，并询问用户目前的情况，然后将其与行业标杆做对比，引出用户的痛点和需求，再逐步引导成交转化。

个人号的 IP 打造也遵循一套 SOP。零一对外的 IP 都是统一的顶级裂变操盘手，一个裂变专家的 IP 会有多个微信个人号来承接引导至私域的流量。与目前大多数 B2B 企业的个人号仅冷冰冰、硬生生地转发不同，零一的裂变专家不仅会分享裂变增长的相关干货，还会分享自己的生活、公司的动态，宛如你朋友圈中真实的一位好友。此外，零一的裂变专家还会根据不同的用户标签，在不同的时间发送不同的内容，精细化运营朋友圈，针对性培育潜在客户。

6.5.3　知识付费集训营，赋能转化和客户成功

个人号通过私信和朋友圈的培育是"小火慢炖"，要想让潜在客户加速转化还需要不断地"添柴加薪"。电销转化、直播转化、知识付费集训营转化是零一经探索后最有效的 3 种转化方式。

电销转化即通过电话不断挖掘和引导客户需求、转化意向客户的过程。借助"6·18""11·11"等大型电商活动日，以及新上线某裂变工具的噱头，零一基本会每个月都在微信举办一场直播，解读最新增长趋势和最新裂变玩法，同时搭配裂变 SaaS 的促销活动，引导用户在直播间或直播活动微信群付定金转化。

每一家 B2B 企业其实都是咨询公司，因为在某个领域或某个行业已经服务过多家客户，具备该领域或该行业某一家企业所不具备的、达到一定量级的知识和经验积累。这些知识和经验积累到一定量级便会成为智慧，智慧就能以脑力劳动的形式服务于客户。"听君一席话，胜读十年书"，客户往往都愿意花高价采购 B2B 企业的智慧，这也是咨询公司普遍收费较高的原因。

零一将其裂变的智慧包装成知识付费集训营，将裂变方法论与裂变工具相结合，一方面用于加速个人 IP 号上的潜在客户转化，另一方面用于老客户的客户成功。

知识付费集训营以每 1 ～ 2 周为一期的频率进行，每期 5 天，针对未付费用户采取 99 元押金制，已采购的老客户每家均有 2 个参加集训营的名额。随着零一的裂变 SaaS 从最初仅有单一的分销裂变工具发展成多个裂变工具，知识付费集训营也从"5 天分销裂变实战营"迭代为"5 天裂变实操训练营"，如图 6-24 所示。

以我参加过的"5 天分销裂变实战营"（见表 6-3）为例，学员进群后会有助教实时提醒每天的学习内容、统计作业提交情况，陪伴和督促学员完成这 5 天的训练。讲师由策划过很多爆款裂变的专家，也是零一的员工担任，以语音和图文的形式在群内直播授课。

图 6-24　零一的知识付费集训营

表 6-3　零一"5 天分销裂变实战营"的学习安排

时间	学习主题	学习内容
第 1 天	开营仪式	• 训练营介绍 • 学员破冰、承诺
	如何设计引流产品	• 产品诱点设计 • 分销规则设计 • 留存路径设计 • 转化路径设计
第 2 天	如何为产品找需求卖点、定活动主题	• 活动需求分析 • 活动主题文案 • 产品卖点挖掘 • 产品定价策略
第 3 天	如何设计裂变海报，引爆用户刷屏	• 海报设计四大原则 • 海报设计 8 要素 • 海报分享的 5 种动机 • 如何设计优秀海报
第 4 天	如何设计详情页、转化路径配置	• 四大高转化详情页结构 • 4 种分销路径详解 • 活动路径配置上线

时间	学习主题	学习内容
第5天	上线前准备、上线后迭代	• 种子用户招募 • A/B测试及迭代 • 风险控制预案 • 分销组队原则 • 数据分析方法
	闭营仪式	• 颁发电子毕业证书 • 退还押金 • 折扣促销

第一天和第三天的学习内容均为纯知识和经验的教授，第四天和第五天的学习内容会使用零一的裂变SaaS，5天的学习过程中不会出现任何宣传产品的内容。每天18:00前完成作业的学员会有机会提问并获得裂变专家的针对性解答，以鼓励学员按时完成作业。

训练营的最后一天，全部完成集训营作业的学员，其押金将会全额返还。排名靠前的学员会获得额外奖励——裂变SaaS的普通会员卡和优惠券，如表6-4所示。未完成作业的学员的押金将会被用作分销奖金，一级分销占30%，二级分销占10%，分享裂变海报邀请好友成功付押金参与集训营即可获得。这也是零一在潜在客户的培育旅程中设置的又一个裂变环节。

表6-4 零一"5天分销裂变实战营"排名奖励

排名	奖励	
第1名	零一裂变SaaS工具365天的普通会员	零一裂变SaaS高级会员5.5折优惠券
第2~10名		零一裂变SaaS高级会员6折优惠券
第11~30名		零一裂变SaaS高级会员6.5折优惠券
第31~100名		零一裂变SaaS高级会员7折优惠券

集训营结束后，零一会在群内进行裂变SaaS的促销，通过在群内接龙已采购客户的昵称营造火爆的氛围；通过有限的优惠名额和优惠时间营造紧张的氛围；其间会由企业员工或老客户不断烘托这两种氛围。为了进一步提升采购转化率，缩短企业采购角色链，零一采取预定制，即只需交99元定金就可以抢占优惠名额，如后续由于其他各种原因没有采购，将全额退还。

借助底部版权将精准潜在客户引流至微信个人号，通过个人号私信聊天

SOP 激发用户潜在需求，和朋友圈人设打造 SOP 树立裂变专家形象，然后搭配电销转化、直播转化、知识付费训练营转化 3 种转化方式，对潜在客户进行精细化转化。对于已转化为付费客户的企业，零一为其提供 6 对 1 的客户成功服务，即由售前、售后、裂变操盘手、项目经理、产品经理、客户成功经理在同一个微信群内，为客户提供裂变活动前、中、后的产品操作指导和策划指导。同时，在不同的载体尽可能地融入裂变让用户自增长，便形成了零一以 0 推广费用获取 8 万商家注册的裂变增长闭环，如图 6-25 所示。

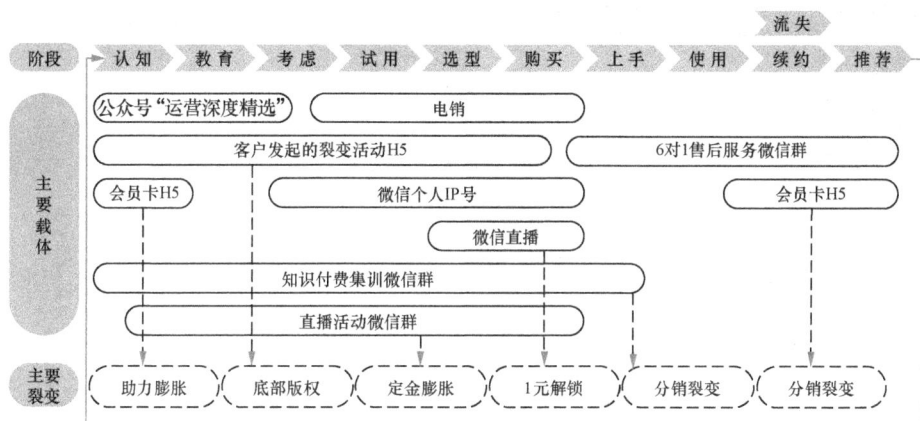

图 6-25　零一裂变 SaaS 的裂变增长闭环

模板3 裂变海报设计检查清单

裂变海报的组成部分（从上至下）	裂变海报的面积占比	裂变活动的必备要素	裂变海报的组成内容	裂变海报的心理学
第一部分	__ / 11	☐裂变群体 ☐裂变诱饵 ☐裂变势能 ☐裂变任务 ☐裂变载体	☐参与裂变活动用户的头像 ☐参与裂变活动用户的昵称 ☐参与裂变活动的宣言 ☐品牌 Logo	☐稀缺性 ☐紧迫性 ☐价格锚点 ☐损失规避 ☐承诺一致原理 ☐社会认同原理 ☐信任背书 其他 _____
第二部分	__ / 11		☐标题	
第三部分	__ / 11		☐副标题	
第四部分	__ / 11		☐裂变诱饵的亮点罗列	
第五部分	__ / 11		☐次要诱饵 ☐价格 ☐二维码 ☐引导扫码文案	

第 7 章

社群与社区

7.1 认识社群和社区

社群和社区往往容易被混淆，它们的作用也往往被大多数 B2B 企业忽视。但是，随着 2020 年初新冠肺炎疫情的爆发，越来越多的 B2B 企业意识到社群和社区的重要性。B2B 企业要想开展社群或社区运营，应该先从认识社群和社区开始。

7.1.1 微信群 ≠ 社群

一提到社群，很多人都会不由自主地联想到微信群，更有甚者直接将社群运营等同于微信群运营，但其实微信群只是承载社群的载体而已。社群是从古至今都存在的、基于人与人关系连接的产物，其核心是情感归宿和价值认同。随着时代的发展，社群的载体从线下的物理空间拓展至线上的虚拟空间，摆脱了时间和地域的限制，社群的数量和种类也随之蓬勃增长。

我国古代的墨家巧工社是社群，社群成员都是墨家学派的门生，他们会在固定的地点围绕墨家学问、墨家机关术等共同探讨和学习。在现代，借助互联网，社群可以承载于微信、QQ、知乎等众多互联网产品上，社群成员大多因为有共同的兴趣爱好而汇聚在一起。

目前，大多数 B2B 企业要么还在纠结是否开展社群运营，要么已经开展了但还停留在拉群的层面，而真正把社群运营得风生水起的 B2B 企业凤毛麟角。像直播群、裂变群、线上线下活动群等微信群，其实都不是真正意义上的社群，只能说是在某个集中的时间把某些人拉到一起组成的微信群。拉进微信群后可能一开始很热闹，但如果前期没有做好规划，终究逃不过微信群"3 个月沉寂"的诅咒，有时可能不需要等到 3 个月就已经沦为广告群或"死群"。

我们可以通过"ISOOC 原则"[119] 判断正在建立的是微信群还是社群，即能被称为社群的需要具备 5 个要素：同好（Interest）、结构（Structure）、输出（Output）、运营（Operate）、复制（Copy）。

同好

社群需要其成员有明确的同好。同好是指人们对某种事物的共同认可或行为，如某品牌手机的发烧友、某明星的崇拜者、某领域的资深从业者。只有基于同好，社群成员之间才能产生连接。如果想让社群长期存在，这个同好要么能让社群成员找到极大的情感慰藉，要么能给社群成员带来极大的互动快乐，要么能有极大的现实利益输送给社群成员，三者最少满足其一。

结构

社群需要有完整的结构。结构决定社群的存活时间，提前规划得越好，社群存活的时间也就越长。社群的结构包括社群成员、交流平台、加入原则和管理规范。社群成员最好具备金字塔结构，既有 KOL，又有普通用户；交流平台需要选择一个主阵地，可以是微信、QQ 或其他；加入原则和管理规范可以随着社群的发展不断迭代，但从有第一个社群成员加入的那一刻起就必须明确清晰。

输出

社群需要能持续输出有价值的内容。内容输出方可以是社群的任一成员，包括 B2B 企业自己。准备开展社群运营的 B2B 企业需要具备一定的知识和经验积累，如果输出的内容还达不到社群成员的高度，社群将难以维持。能否持续输出高于社群成员期望的内容，将决定社群成员的留存率。

运营

社群运营需要持续投入人力、物力、精力，通过活动运营、内容运营、用户运营等，不断给予社群成员仪式感、归属感、参与感、荣誉感和组织感，以提升社群的活跃度、转化率，延长社群的生命周期。可以说，要想打造高质量的社群，运营成本是极高的，不亚于运营一款互联网产品。

复制

社群需要具备自我复制能力。自我复制能力的高低决定了社群的扩张速度和规模大小。然而，社群规模不是越大越好，小而美的社群或许具有更强的凝聚力，

1　"ISOOC原则"由秋叶在《社群营销实战手册》一书中提出。

其生命周期也更长。社群的自我复制主要包括时间线复制（例如，到期付费制社群）、空间线复制（例如，按不同地域分社或分舵扩张的社群）和产品线复制（例如，秋叶 PPT 社群围绕 PPT 不断为社群成员提供课程、图书、讲座等新产品）。

7.1.2　社群 ⊆ 社区

社区是指在一定地域内由相互关联的人们组成的社会生活共同体，是由从事政治、经济、文化等各种活动的人们组成的区域性的社会实体。相比社群，社区更具有包容性。如果说社群是由一群具有相同兴趣爱好的人聚集在一起形成的，那么社区就是由多个具有不同兴趣爱好的社群组成的综合体，如图 7-1 所示。

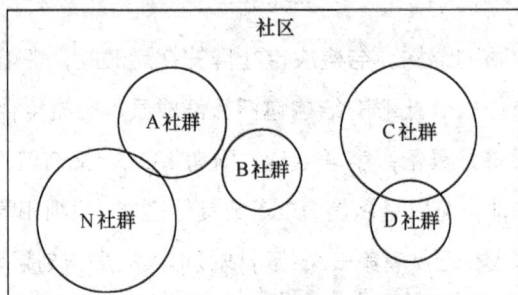

图 7-1　社群与社区的关系

例如，我们居住的小区就是一个大型社区，社区里可能有人喜欢打乒乓球，有人喜欢打羽毛球，有人喜欢打篮球，等等，那么这些分别喜欢打不同类型球的人聚集在一起就可以理解为一个个有着相同兴趣爱好的社群。

社群发展到一定规模，内部必然会重新排列组合，衍生出基于母社群下的子社群；子社群会因进一步吸纳新的社群成员而发展壮大，并超出原有母社群的边界，最终整体发展成为社区，如图 7-2 所示。

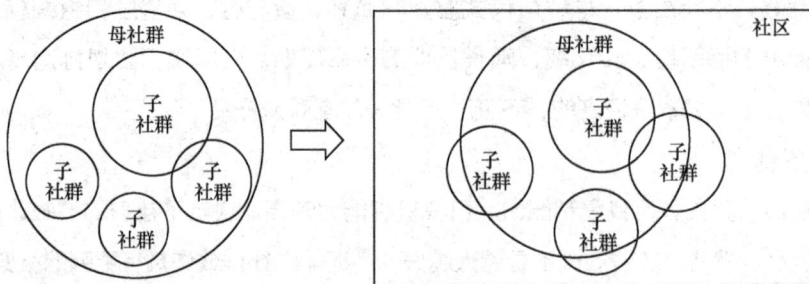

图 7-2　社群进化为社区

同样，以我们居住的小区为例。随着乒乓球社群的扩大，由几十人发展到几百人，社群成员之间的交流逐渐增多，他们可能会发现彼此新的共同爱好，组成喜欢下象棋的、下围棋的、下五子棋的不同社群。这些子社群又会不断地在乒乓球社群内外吸引新的社群成员加入，并逐步发展壮大，超出原有乒乓球社群的边界，形成包容多个具有不同兴趣爱好的社群的社区。

在 B2B 企业从初创公司成长为集团公司的过程中，产品线和业务线会不断地扩充，覆盖的客户范围会更广、类型会更多，由其目标客户组成的社群最终也会发展为多元化的社区。

7.2 社群运营：高效渗透目标圈层

纵观我国社群运营较有成效的 B2B 企业，它们要么是发展成熟的大型企业或集团型企业，有充足的资源和经费、独立的团队，能够花费数年的时间持续运营社群；要么是有长远眼光的初创企业，管理层重视社群，会安排专人运营，但不会要求短期内有特别的产出。

因为 B2B 社群运营是一项持久战，前期需要投入大量的人力、物力、精力，并且不会有太快、太直接的效果。相比 B2C 社群可以快速变现，B2B 社群最少需要半年才能变现，有时需要一年，甚至更久才能见效（例如，产出一个商机）。此外，由于目前的归因手段有限，社群运营的成果也很难被衡量。前期投入大，见效时间长，效果归因难，这是让很多 B2B 企业对社群运营望而却步的主要原因。

但从长期来看，社群一旦建成，将成为 B2B 企业渗透目标圈层最高效的方式之一。相比 B2C 品牌需要面向大众广泛传播，B2B 品牌基本只会面向少量的目标客户传播，这也是我们较少看到 B2B 企业进行电视广告、户外广告等面向泛大众广告的原因。面对专业的目标客户群，能高效渗透就意味着能更快速地建立品牌认知、更精准地获取意向客户、更便捷地了解市场动态。

7.2.1 融入社群或创造社群

B2B 企业开展社群运营的方式有两种：第一种是融入既有社群，借助头部圈层扩大辐射半径，影响更多既有社群人群；第二种是创造新社群，通过连接或培养头部圈层和中部圈层，普及新理念，树立新标准，不断吸纳拥有同好的用户加入社群。

某工业品 B2B 企业连接工业品的采购方和供给方，通过融入采购社群快速提升品牌影响力，并赋能官网获取精准搜索流量。

为了迅速突破圈层，该 B2B 企业邀请到一些知名的世界 500 强企业的采购 VP 或采购总监站台，并借助他们的影响力建立只允许世界 500 强企业总监级别以上采购从业者加入的全球采购社群，而这些人正是供给方难以寻觅的精准客户。此外，该 B2B 企业会定期在自己的品牌标志下对采购 VP 或总监进行视频采访，采访话题围绕采购方关心的职场发展和供给方关心的采购标准等，通过全网分发采访视频和社群成员的自发传播，企业官网在短时间内通过品牌词搜索的新访客迅速新增过万。

某老牌制药 B2B 企业主要为医院提供神经类疾病的处方药品，通过融入医生社群并创造顶尖医生的学术圈，打破传统医药销售模式，在终端潜移默化地提升药品销量。

处方药品要想进入医院销售，有一系列严格且繁杂的程序，但最终销量如何，取决于开处方药的医生。所以，企业要想向医院销售处方药品，大多把重点放在围绕医生的情感维系和回扣给予上。该 B2B 企业把重点放在与医生建立学术关系上，通过引进国内外在该领域的一流医生组建核心学术圈，再逐步吸引二三线医生加入。在社群内，按照医生的级别提供不同的权益，如表 7-1 所示。这样不仅帮助医生更好地提升专业技能、完善职业发展，还在学术研讨的过程中顺其自然地增加了医生对药品的信任度，大幅提升了药品在终端的销量。

表 7-1　不同级别医生的权益

医生等级	面对面拜访	专业讲座	巡回研讨	圆桌会	核心委员会
VIP	☑	☑	☑	☑	☑
A	☑	☑	☑	☑	☑
B	☑	☑	☑	☑	
C	☑	☑	☑		

某国际型照明 B2B 企业主要为客户提供包含设计、硬件、软件等全方位的专业照明解决方案。从 2013 年开始，该 B2B 企业通过培养照明设计师，创造照明设计师社群，不仅建立了在新领域的绝对品牌影响力，还实现了高效率的精准获客。

由于照明设计师是一个新兴职业，该 B2B 企业需要引入国外的头部照明设计师，吸引国内相关领域的人才加入，再通过培养国内的照明设计师 KOL，借助不断举办的线下沙龙、行业大赛等，逐步组建国内颇具影响力的照明设计师社群。社群成员不仅可以学到知识、分享知识，还可以通过该 B2B 企业的扶持计划打造个人品牌，获得一定的成就感。当这些照明设计师接到委托项目时，可能完全不需要销售人员介入，自然而然地就会想到该 B2B 企业的产品和系统。随着照明设计师在专业领域的影响力不断扩大，还会带动更多客户采购。

不管是融入还是创造社群，借助头部圈层吸引中部圈层，形成一定的影响力，给社群成员带来切实的价值，再逐步扩大社群规模，是 B2B 企业快速建立社群的常用方式，如图 7-3 所示。相比融入社群，创造社群是 B2B 企业树立领导地位的更好的方式。因为混沌之初可以先入为主，每一个新兴职业或新兴行业的出现都意味着即将诞生新的社群。

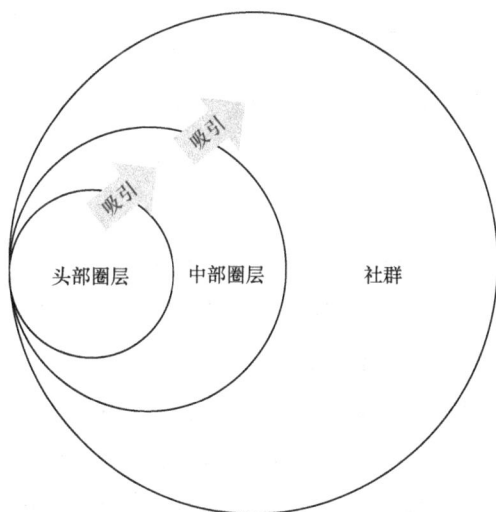

图 7-3　B2B 企业快速建立社群的方式

当我们下定决心准备开展社群运营时，出发点一定要正确。出发点指导具体行为，如果上述老牌制药 B2B 企业建立社群的出发点是销售更多处方药，那么其学术研讨会很可能就会变成药品推介会。社群运营的出发点不是 B2B 企业要通过社群运营达到什么目的，而是要从社群的角度出发，思考能给社群成员带来什么价值，能为社群发展做什么贡献。

7.2.2　社群运营的三大支柱

前文在讲述"ISOOC 原则"时提到，社群运营是需要持续投入人力、物力、精力的，运营一个高质量的社群不亚于运营一款互联网产品，其中就离不开社群运营的三大支柱，如图 7-4 所示。

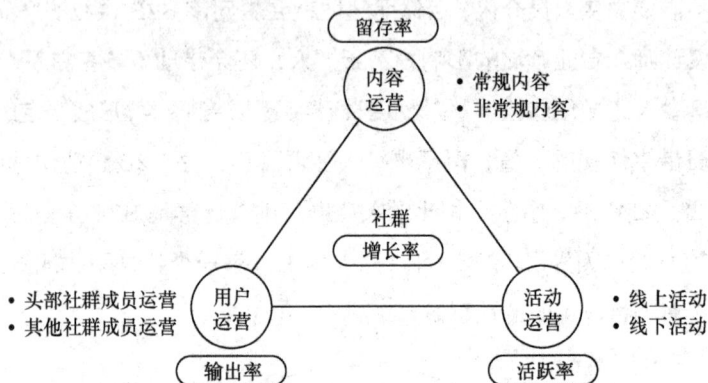

图 7-4　社群运营的三大支柱

在 B2B 企业的社群运营中，用户运营主要为社群的输出率负责，内容运营主要为社群的留存率负责，活动运营主要为社群的活跃率负责。三者共同作用，决定社群的增长率。

社群成员是具备金字塔结构的。在用户运营上，面对头部社群成员和其他社群成员需要有不同的用户运营策略，以满足他们不同的需求。头部社群成员的运营即 5.4 节提到的 KOL 运营，通过给予 KOL 仪式感、自豪感、成就感、荣誉感等，让 KOL 为所有社群成员持续性输出专业的、优质的内容。其他社群成员则不需要输出体系化的内容，但需要我们通过用户运营给予其归属感，引导他们在社群内提问、解答、讨论，输出观点和建议，互帮互助，并虚心接受他们的建议，指导内容运营和活动运营的迭代。

是否具有高于社群成员平均水平的内容，决定了社群留存率的高低。内容运营包括常规内容和非常规内容。常规内容包括新闻（如日报、周报、月报）、公开课、文章、白皮书等，最好以固定频率输出，用于培养社群成员的依赖感，增强社群成员的黏性。非常规内容以不固定的频率出现，通常结合热点事件、重磅嘉宾等制作内容，给予社群成员惊喜感和超预期的体验。

活动运营用于维持社群的活跃度。线上活动通常都是为了达成某项指标，变着花样借助各种活动给社群成员赠送福利。例如，在社群运营期间，想调研社群成员对内容的满意度和对未来内容选题的期望，就可以通过问卷调研活动为参与调研的用户派送礼品。线下活动是增进社群成员之间产生连接的最有效的方式，经过线下见面交流的社群成员彼此之间将会有更紧密的联系。然而，社群不是越活跃越好，短期高频的活动促成的社群高活跃不仅会耗费我们大量的精力，也会加速消耗社群成员的热情。

7.3 社区运营：连接客户全生命周期

随着数字化时代的到来，以及千禧一代（1982—2000 年出生的人群）和 Z 世代（1995—2009 年出生的人群）逐渐成为企业客户采购角色链的主力军，企业客户生命旅程愈发变幻莫测。例如，在考虑阶段，电话销售正在被微信销售逐渐替代；在选型阶段，年轻群体十分擅长通过互联网货比三家，可能在销售人员上门拜访前，选型就已成定局；在使用阶段，年轻群体更倾向于自助服务，对产品有着更高的用户体验需求；在推荐阶段，Z 世代可能会因为各种原因主动帮我们"种草"。

B2B 企业需要在企业客户生命旅程的每一个阶段加强与客户的有效互动，才能与客户建立更牢固的信任关系，掌握主动权。而社区就是针对这个复杂问题的解决方案，它不仅能加强企业内部运营、市场、销售、产品、客户成功等各部门的协同联通，还能服务于企业客户的全生命周期，有效提升优质内容生产率、客户保留率、产品满意度等指标。

7.3.1 在线社区的强大作用

过去，社区与社群一样，都是基本只有大型 B2B 企业才会选择长期投入去做。例如，Salesforce 的 Trailhead 社区、微软的 Dynamics 356 社区、SAP 的 SAP 社区、金蝶的金蝶云社区、腾讯云的"云+"社区都已经建立多年，并且拥有专业的社区运营团队。但自 2020 年初新冠肺炎疫情爆发以来，"在线社区"这个已经存在多年、极具年代感的词语再一次被全球的 B2B 企业广泛提及，由于社区运营具有极高的 ROI，不少 B2B 企业已经开始加大投入。

The Community Roundtable（一家社区研究机构）联合微软等多家企业发布的《2020 年社区管理状况》（*The State of Community Management 2020*）报告显示（见图 7-5），建立外部社区的平均 ROI 高达 6130%；随着时间的推移，社区的 ROI 还会越来越高。

内部社区平均值	指面向企业内部员工的社区ROI的平均值
整体社区平均值	指研究中所有社区ROI的平均值
外部社区平均值	指面向企业外部客户、合作伙伴等的社区ROI的平均值

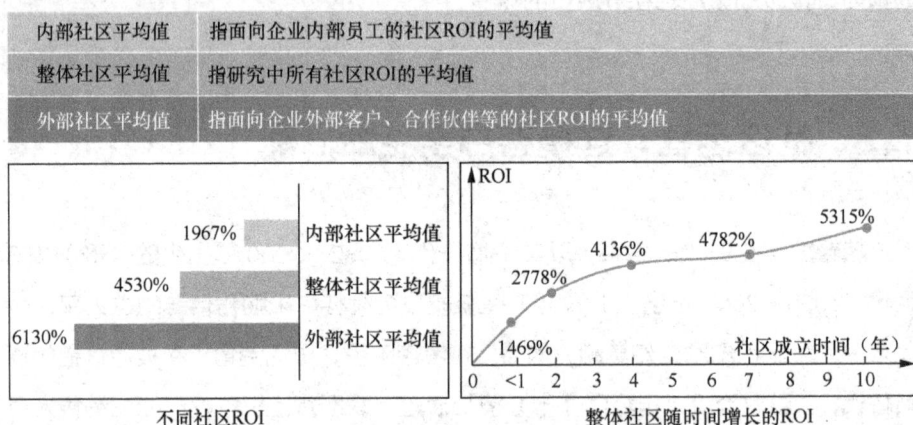

图 7-5　社区 ROI 的相关数据

不同于目前的社群主要以微信群为载体，B2B 企业建立的社区主要以网站为载体，通常与企业官网处在同一个域名下，存在于企业官网的某个子页面中。用户需要注册登录，才能在社区中与其他成员交流互动。

作为包容性更强的综合体，社区能服务于企业客户的全生命周期。在线社区具有可向任何人开放、可采集和记录用户数据、可数据驱动迭代的特点，对 B2B 企业在提升品牌影响力、促进产品的改进与创新、降低客户支持成本、提升客户忠诚度等方面均能起到不同程度的作用。具体而言，在线社区的作用主要集中在客户成功侧、产品侧、市场营销侧。

客户成功侧

社区非常适合解决客户问题，提供售后支持。产品操作视频、产品介绍文档、产品操作手册、产品常见问题（Frequently Asked Question，FAQ）等支持售后客户的相关内容，通常都会被集中放置在社区的某个模块，为客户提供自助支持服务，以减轻客服团队的压力。

当客户遇到自助服务解决不了的问题，需要寻求人工帮助时，社区就是可以寻求帮助的另一个场所。因为任何客户在社区都可以提问和回答，经验丰富的客户有时候更能帮助我们高效解决其他客户遇到的问题。在社区的一个提问和回答可能会帮助数十个甚至数百个遇到类似问题的客户，从而极大地降低了我们的客户支持成本。

在互帮互助的过程中，客户还可以互相分享最佳实践，有可能探讨出解决某个问题的新方法、产品的某个创新使用场景等，这都将增加客户从我们这里获得的价值，进而有效提升客户的保留率。

产品侧

小米的成功很大一部分要归功于社区给予发烧友的参与感。如今，参与感已经不仅是 C 端产品的专属，B 端产品的客户也对参与感的需求愈发强烈。全球前沿的 B2B 企业正在借助社区，以客户为中心研发产品，实现与客户进行产品共创。

收集客户的真实反馈，倾听客户的真实声音，对于 B2B 企业尤其管理层来说不是一件容易的事情。系统的割裂、人员的流动、组织的隔阂等因素都可能造成客户的反馈传递中断。而社区能够记录和统计来自客户的一手真实反馈，并向所有人开放，是直连客户的绝佳途径。

新版本发布时，产品经理可以第一时间在社区接收到来自客户的积极或消极的反馈。新功能开发时，产品经理还可以通过社区的投票功能确定"最需要"和"最不需要"的产品功能，进而作为确定优先级的数据依据之一，减少产品团队与销售团队和客户成功团队之间的摩擦。通过社区，产品经理可以更真实、更便捷、更全面地了解客户，以此迭代产品，提升产品满意度。

管理层长期听不到一线最真实的声音是一件很危险的事情。2018 年，徐少春开通微信公众号——徐少春个人号。他每天都会花 1～2 小时与客户对话，解答客户各方面的疑问，以期用最短的路径直接连接客户。关于金蝶任何产品或服务的问题，客户都可以直接在公众号后台留言，向徐少春反馈。客户的反馈会经总部处理后流转至各子公司、业务线、产品线，直至最终相关人员。对于所有反馈，相关人员都会在一天内给予客户答复，再视客户需求按 N 天、N 周的时间限制为客户解决问题。

市场营销侧

在线社区具有长尾效应，长期的积累不仅能提升品牌知名度，还能帮助我们获取和转化更多新客户。

社区运营的过程中会不断产生提问、回答、文章、PDF 文件、视频等内容，这些内容的不断积累将有效提升企业官网的 SEO，帮助我们在搜索引擎上覆盖更多潜在客户，为企业官网带去相对精准的额外流量。

当潜在客户在搜索引擎上寻找解决方案时，社区上来自客户的真实体验相比投放的广告将更具吸引力和说服力，从而帮助 B2B 企业在选型的前期就占领用户心智，也在一定程度上缩短了采购转化周期。

头部 B2B 企业的在线社区还会记录用户行为并同步给销售人员，销售人员可以查看客户正在访问的页面、关注的话题、下载的文件、参与的讨论等。对于多次访问产品或解决方案介绍页的客户，在线社区还会给予销售人员提示，从而增加追加销售和交叉销售的可能。

7.3.2　游戏化的社区运营

B2B 企业建立的社区可以被看作一款互联网产品，它最主要的目标用户是 B2B 企业的客户，包括已采购客户和未采购客户，此外还有 B2B 企业的代理商、生态合作伙伴等。社区需要满足不同场景下目标用户对企业服务的相关需求，以及创造新的场景满足目标用户的新需求。

相比社群运营，社区运营的难度更高。因为社区运营不仅需要让社区成员有持续参与的动力，还需要有推动社区成员逐渐融入其中找到动力的机制，以及通过积分、等级、徽章、任务、排行榜等组件引导社区成员进行我们想要的行为，同时还需要兼顾满足众多社群的不同需求。所以，社区运营通常会在社群运营的三大支柱的基础上融入游戏化，如图 7-6 所示。

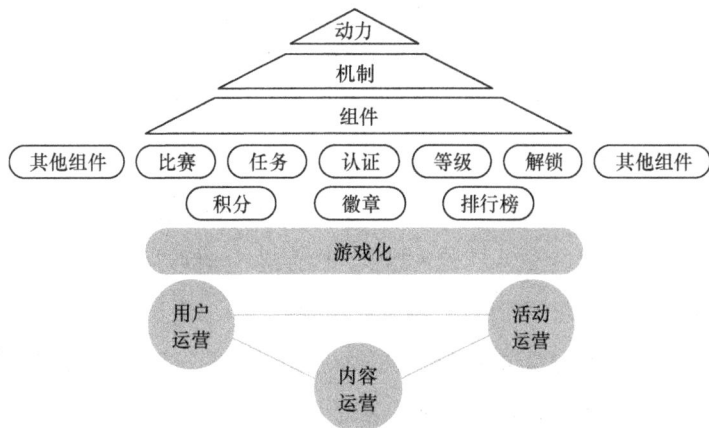

图 7-6 社区运营的游戏化

我们不得不承认，没有太多人会认为在工作中使用的软件比"王者荣耀""英雄联盟"等游戏更有吸引力，大多数企业服务的理解和学习过程甚至是枯燥乏味的。游戏化不是将社区变成一款游戏，而是通过游戏化让原本枯燥的企业服务变得有趣，激发目标用户的内在或外在动机，让他们围绕企业服务持续产生互动。

积分、徽章、排行榜是游戏化社区的三大基本组件。积分是指通过社区运营引导社区成员进行相关行为获得积分，这些行为通常包括以下几方面：

（1）完善姓名、头像、职位、性别、擅长的领域等个人资料；

（2）关注社区内感兴趣的某些话题、某些 KOL，加入感兴趣的某些小组；

（3）在社区发起提问、进行回答，以及点赞、评论、分享提问和回答；

（4）选择某个产品进行上手学习、进阶学习等。

更完善的社区还会有相应的任务组件，社区成员领取新社区成员上手、睡眠社区成员激活等任务后均可以获得相应的积分。积分可以用于衡量社区成员在社区中的等级排行，还可以用于兑换虚拟商品和实物商品。

徽章通常应用于企业服务的学习，以彰显社区成员在某方面的专业度。像游戏中的升级打怪一样，有面向不同职级的学习内容，难度逐步增加，原本需要长时间学习的内容会被模块化，每完成一个子模块的学习都会有相应的测试和挑战，直至最终通关获得徽章。除了学习以外，我们还可以设置鼓励社区成员积极回答提问、寻找产品缺陷等多元化的徽章体系。

徽章的更进一步是证书。相比线上的虚拟徽章，证书需要经过严格的考试，通过后既能获取线上的认证，也能领取纸质版的证书。产品实践能力认证证书可以说是 B2B 产品相较于 B2C 产品的特色，可作为 B2B 企业的一项收入来源。不仅如此，它还具有双边效应。一方面，B2B 企业的客户群越广，进行认证的人会越多；另一方面，参加考试认证的人越多，也会进一步促进更多潜在客户采购。

金蝶拥有财务管理师、供应链管理师、生产制造管理师等多项认证，并与工业和信息化部教育与考试中心合作，为通过考试的学员颁发权威证书，录入全国信息技术人才库。此外，金蝶还会与人力资源机构的人才通道合作，为认证学员提供更多合适的就业机会。

排行榜不仅是社区成员习惯和喜欢关注，还希望能位列其中的重要组件，在游戏化社区中也有不小的作用，一是提升社区成员的选择效率，二是调动社区成员的从众心理。

排行榜的设置主要围绕两个维度：一是社区成员，例如，按不同岗位获取的勋章数、按社区回答的贡献度、按连续登录社区的总天数，能让不同时间段加入的社区成员都有上榜的机会，有效提升社区成员的成就感和活跃度；二是内容，例如，某天／周／月关注最多的话题、浏览最多的问答、点赞最多的文章，通过从众心理引导社区成员集中在某个时间段浏览特定的内容。

游戏化社区的打造并非一日之功。在用户运营、内容运营、活动运营三大支柱之上，各种游戏化组件的组合及应用需要 B2B 企业根据自身的业务不断调整和迭代。

7.4 实战：从0到1建立万人财会社群

起初，我们仅有服务已采购客户的 QQ 群，包含金蝶·精斗云旗下云会计、云进销存、云 POS、云报销、云零售等系列产品的客户。为了积累初始流量，我们选取即将开始报考的初级会计职称，邀请内部专家作为讲师，以免费的初级会计职称陪考教程为诱饵（通常情况下，这类课程在培训机构都会收取几百到几千元的费用），进行群裂变。

除了服务客户的 QQ 群，我们还潜入 50 多个会计类的微信群和 QQ 群，并与群主建立联系。此外，我们在百度会计贴吧发帖附带裂变海报，并用"马甲"号不断回复以保持置顶状态，作为群裂变的初始用户。正是通过本次群裂变，我们沉淀了近 5000 人至微信群内。由于讲师提供的内容优质，群内陪考的工作人员服务周到，我们也由此从 0 积累了微信群的第一批种子用户。

在此基础上，增长团队不断发掘新的裂变诱饵，进行群裂变。随着每次群裂变都平均新增几十个微信群，我们发现裂变群用户的新鲜感和话题基本仅限于裂变诱饵，裂变群具有时效性，非常容易短时间就沦为"死群"。如果这样裂变下去，微信群会越来越多，每种裂变群的用户需求又不一样，运营成本极高。于是，我们开始基于微信群建立投入重点运营的财会社群。

7.4.1 4 个步骤定位社群

相比满腔热情地迅速投入，事先花一定时间想清楚做什么、为什么要做、如何做，进行社群运营的初步规划，将会事半功倍。我们通过以下 4 个步骤（见图 7-7），定位即将建立的财会社群。

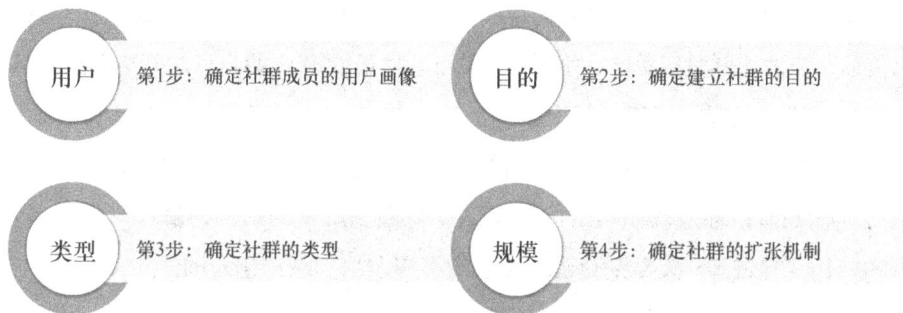

| 用户 | 第1步：确定社群成员的用户画像 | 目的 | 第2步：确定建立社群的目的 |
| 类型 | 第3步：确定社群的类型 | 规模 | 第4步：确定社群的扩张机制 |

图 7-7　定位社群的 4 个步骤

第 1 步：确定社群成员的用户画像

通过人口属性、社会属性、心理属性、行为习惯、兴趣偏好这 5 个维度的任一维度或维度组合，确定社群成员的用户画像，如图 7-8 所示。在人口属性上，按地域划分的社群生命周期会更长，因为 B2B 企业通常会在不同的地域举办线下活动，可以增进社群成员之间的连接。在社会属性上，B2B 企业社群运营的对象一般分为两种：使用者和决策者。相比而言，使用者的职级较低，更容易被吸引加入社群，后续的社群运营也更容易；决策者则与之相反。

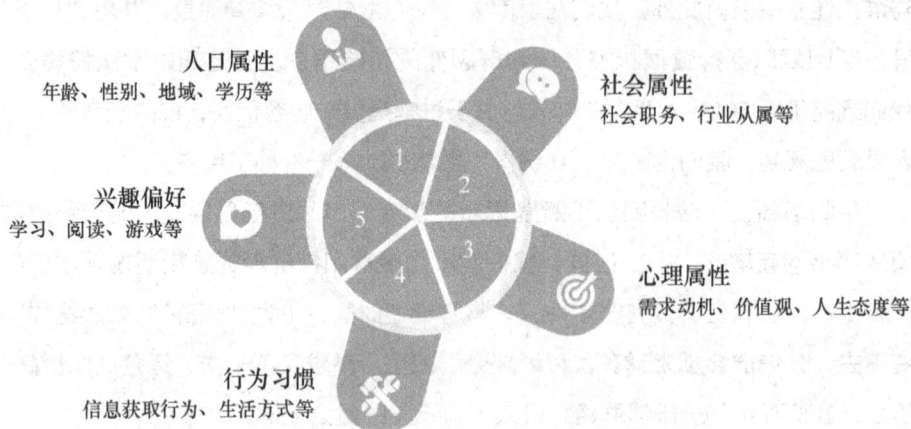

图 7-8 社群成员的画像维度

我们对即将建立的财会社群，在人口属性上，按全国各省级行政区的地域划分；在社会属性上，以初、中级会计为主，以高级会计为辅；在心理属性上，以渴望职场精进和跃迁的会计人员为主；在兴趣偏好上，以爱学习的会计人员为主。

第 2 步：确定建立社群的目的

B2B 企业建立社群的首要目的要从社群的角度出发，思考能给社群成员带来什么价值，能为社群发展做什么贡献；次要目的才是 B2B 企业自身想要达到的目的，是获客、转化，还是维护老客户以促进老带新，或者树立品牌形象以提升品牌影响力。

我们即将建立的财会社群，首要目的是帮助社群成员快速实现职场进阶和同行人脉积累，通过高质量的内容和活动打造高质量的财会社群，与会计从业者同成长、共进步；次要目的是以获取新客户为主，以转化为辅。

第 3 步：确定社群的类型

社群有多种类型。例如，由健身、骑车、游泳、阅读等共同兴趣爱好驱使形成的兴趣型社群；由相同职业或行业的一群人组成的学习氛围浓厚、乐于分享成果和经验的知识型社群；逻辑思维、吴晓波财经、樊登读书会等以核心人物为首的人格型社群；特斯拉、小米等通过优秀产品吸引用户的产品型社群；品牌型社群是产品型社群的延伸，像被发烧友捧出圈的小米，就从以手机为单一产品的产品型社群逐渐进化到了多产品线的品牌型社群；还有以资源互换、人脉共享为吸引力的社交型社群。

7.2.1 节提到的某工业品 B2B 企业建立的社群更偏向社交型，某老牌制药 B2B 企业更偏向知识型，某国际型照明 B2B 企业更偏向兴趣型。社群类型可以是单一类型，也可以是多种类型的组合。我们即将建立的财会社群更偏向知识型社群。同时，我们准备将微信群统一命名为"会计联盟—省级行政区精英分社—× 班"，例如，会计联盟—北京市精英分社—3 班。

第 4 步：确定社群的扩张机制

社群规模既有固定人数、小而美的，也有不固定人数、不断发展壮大的。B2B 企业需要结合建立社群的目的确定社群规模。规模小的社群，其成员之间连接的机会更多，凝聚力会更强，更容易培养忠诚度，比较适合维护老客户；规模大的社群需要的投入更多，但能高效渗透目标圈层，比较适合获取新客户。

在扩张方式上，规模小的社群通常需要老社群成员的邀请才能加入，有严格的加入、退出审核机制；规模大的社群在新成员纳入上相对比较宽松，但也需要有一定的审核机制。加入社群的审核机制给予社群成员的感受如何，将决定他接下来对社群的态度和重视程度。无门槛即可加入的社群往往不会被用户珍惜。

我们对即将建立的财会社群，结合建立社群的首要目的和次要目的，选择无限扩张的大规模社群，用户需要激活财会黑卡，或由 KOL 和电销人员邀请才能加入。

7.4.2 微信群矩阵下的社群引流与转化路径

我们既然选择无限扩张的大规模社群，就需要为社群的引流和转化做好充分的准备。因此，我们在微信生态建立了以下微信群矩阵，如表 7-2 所示。

表 7-2　微信群矩阵

群性质	微信群名称	群规模	主要群成员	是否属于社群	群流量来源
财会社群	会计联盟—省级行政区精英分社—× 班	无限制，多个微信群	全国各省级行政区的会计群体	是	①财会黑卡②KOL 或电销人员邀请
KOL 群	金蝶·精斗云"大当家"	500 人，一个微信群	签约成功的 KOL		①招募②内推

续表

群性质	微信群名称	群规模	主要群成员	是否属于社群	群流量来源
内部专家的粉丝群	会计一姐帮帮群	500人，一个微信群	内部女性专家的粉丝群	是	①专家线下活动②专家线上课程
	会计一哥帮帮群	500人，一个微信群	内部男性专家的粉丝群		
裂变群	视裂变活动而定	无限制，多个微信群	参与裂变活动的用户	否	群裂变活动
裂变活动种子用户群	财会赏金猎人群	500人，一个微信群	传播裂变活动的种子用户		①招募②内推
转化群	会计实操学习群	无限制，多个微信群	9.9元购买会计实操教程的用户		9.9元会计实操教程的推广

"会计一姐帮帮群"和"会计一哥帮帮群"是以两位内部专家为首的人格型社群，对两位专家有较强的依赖；社群成员的待遇与财会社群一致，也由增长团队负责主要的运营工作。社群成员以老客户居多，也有部分未采购客户，云会计的产品经理也会在群内。通过内部专家的 IP 打造，可以与其他企业免费置换很多会议演讲资源，也便于我们高效进行产品调研和市场调研。

"财会赏金猎人群"可以为有奖励的群裂变活动赋能。裂变群基本为一次性群，每一次群裂变过后，我们不会再投入人力运营。但是，我们会在裂变活动结束后的一周内，通过在裂变群发布群公告搭配更改微信群名称的方式，引导用户领取财会黑卡进行再裂变，激活成功的用户将会加入重点运营的财会社群，享受更多权益。

为了促进用户转化，我们开发了原价 996 元、限时 9.9 元的会计实操教程，主打会计的"互联网 +"转型，包含一套云会计实操软件、一本云会计实操手册（单用户购买为电子版，20 位及以上用户购买为纸质版）、一系列会计实操视频，适用于院校的会计师生、会计自学者和云会计的新用户。购买成功的用户将会被邀请进入"会计实操学习群"，群内会安排专人解决他们实操过程中遇到的问题。

通过该教程，既可以提前布局院校市场[1]，还可以赋能客户成功，以及完成对未采购客户的初步转化。完成该教程的用户通过考试后，即可在官网领取由金蝶·精斗云颁发的电子版或纸质版"会计岗位从业能力证书"。

在微信群矩阵上，财会社群的引流与转化路径也逐渐建立起来，如图 7-9

---

1 金蝶有独立的部门负责院校市场，该课程仅是开拓院校市场的方式之一。

所示。用户需要激活财会黑卡，或由 KOL 和电销人员邀请才能加入社群，我们想要引流就必须从三个地方寻找突破：一是通过各种方式为财会黑卡引流；二是招募更多 KOL 并鼓励他们邀请好友加入自己负责的财会社群；三是为每位电销人员平均分配各微信群，带动他们将待成交客户和老客户邀请进群。这三者相结合，为财会社群提供了源源不断的新成员。

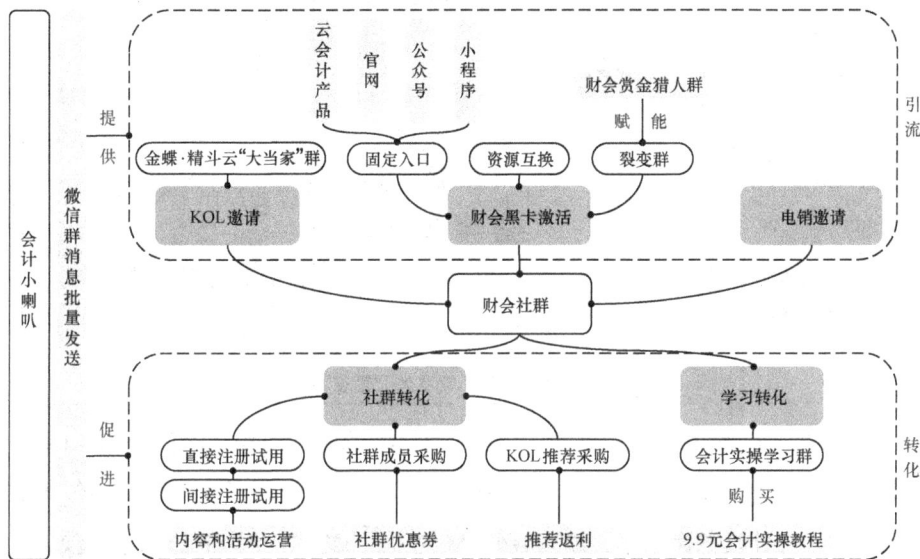

图 7-9　财会社群的引流与转化路径

在财会黑卡的引流上，除了固定入口、裂变群二次引导、资源互换新增推广渠道以外，我们还引入了从第三方采购的会计小喇叭，如图 7-10 所示。会计小喇叭是一个可以"领养"至任何微信群的机器人，能帮助我们以最快的速度扩大会计类微信群的覆盖范围。

"领养"方式十分简单，只需添加会计小喇叭为微信好友，并将其拉入微信群即可。会计小喇叭进入微信群后会自动弹出话术，引导群内用户与其对话，自带天气预报、快递查询、星座运势等陪聊功能。此外，我们还可以自定义设置会计类专业知识的关键词回复，回答群内用户简单的会计专业问题。

此外，我们还可以让会计小喇叭在被"领养"的群和它自己的朋友圈，在固定时间播报热点新闻、财税新政、会计干货等有价值的内容。这些内容由我们自己编辑，我们还可在其中适当且适时地嵌入财会黑卡、9.9 元会计实操教程、公众号文章、云会计产品免费试用 30 天等产品或服务的链接，不仅能为微信私域提供流量，还能促进微信群的用户转化。

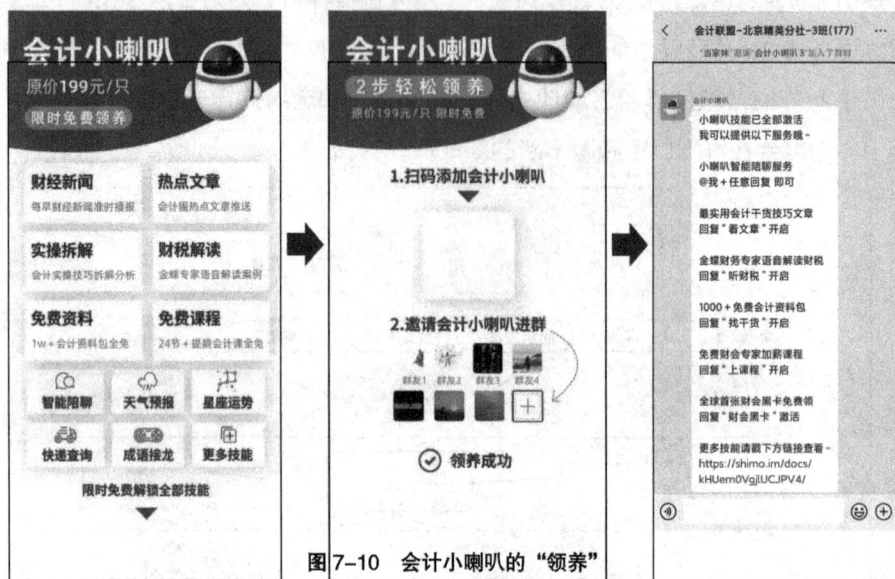

图 7-10　会计小喇叭的"领养"

由于在会计领域还比较新颖，会计小喇叭在仅被"领养"至十多个自有微信群、无推广的情况下，一周自增长的微信群总人数就超过 1 万人，半年覆盖近 1000 个会计类的微信群，成为我们微信生态"取之不尽"的流量池。我们也将其用作除了裂变群以外，微信群矩阵中所有群的批量式播报工具。

在 KOL 的邀请上，5.4 节有全面阐述，我们可以通过权利与义务的平衡，激励 KOL 履行相应的义务。

在电销人员的邀请上，增长团队经过与电销负责人沟通，为每位电销人员平均分配了各省级行政区的微信群，在对应群产生的商机、对应群 KOL 推荐的商机和电销人员邀请待成交客户转成交的业绩均归对应的电销人员所有。

为了减少电销人员的推销性质，我们会要求所有电销人员的群昵称改为"金蝶实操顾问—真实姓名"，并以职业形象照作为头像。当群内出现会计实操的相关问题时，我们鼓励电销人员能回复的就回复，逐渐在社群树立专业的形象，让社群成员想要采购产品时第一时间就能想到金蝶实操顾问，即电销人员。

社群转化有三条路径（见图 7-10），第一条是通过内容和活动带来的直接注册试用线索，会进入 CRM 按 3.5.2 节提到的分配规则分配给电销人员；第二条是每一位社群成员在加入社群时都会被给予惊喜福利——云会计产品的 800 元现金抵用券，如需使用可找群内的 KOL 或电销人员领取；第三条是 KOL 可以通过商机推荐系统进行商机推荐，商机推荐系统与 CRM 打通，KOL 推荐的商机会分配给综合排名靠前的电销人员。

财会社群帮助电销人员在原有仅通过朋友圈和私信培育的基础上新增了一条在社群的培育路径，如图 7-11 所示。随着财会社群的发展壮大，不断产生和培育新的商机分配给电销人员，电销人员也会更乐意邀请客户加入社群，帮助他们更高效地培育线索。微信群运营效果数据跟进表见模板 4。

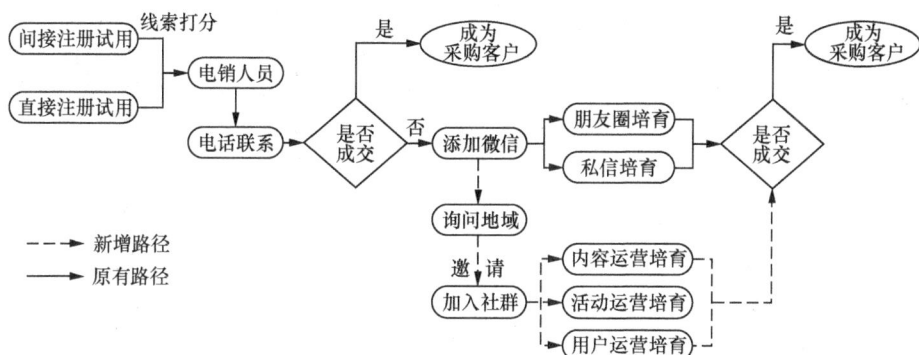

图 7-11　电销人员的线索培育路径

7.4.3　支撑社群运营的 3 套 SOP

财会社群的引流与转化路径设计完毕后，接下来我们从"大局"转移至"小节"，进一步设计新成员加入社群后的运营细节，主要包含新成员融入 SOP、内容运营周 SOP、活动运营月 SOP。这 3 套 SOP 囊括了我们大部分的社群运营工作，也是财会社群维持一定留存率和活跃率的重要支撑。

新成员融入 SOP

新成员加入社群后的第一刻，我们就需要让他感受到社群的文化，更进一步地了解社群，包括社群简介、社群愿景、社群规则、社群内容安排和活动安排等，并通过自我介绍、破冰红包等互动行为让新成员更快速地融入社群。我们财会社群的新成员融入 SOP，如表 7-3 所示。

表 7-3　财会社群的新成员融入 SOP

流程	进入微信群		进行自我介绍	发送破冰红包	"马甲"号带动欢迎	完成人
动作	用户扫码加入 激活财会黑卡　→　领取精英人脉权益　→　选择所在省级行政区　→　扫码进入社群	**文字型欢迎语** 收割群会黑卡（可一次性@多个）入群 欢迎@新成员 进群请仔细阅读群规并改好备注："姓名—行业—职业" 【并将此群置顶】 自我介绍模板 【昵称】：您的大名 【行业】：写下来帮您快速认识同行 【城市】： 【职业经验】：从事 ×× 多少年，有 ×× 年 ×× 证，考到 ×× ×，交到 ×× 朋友等 【渴望成长】：学到 ××，考到 ××，交到 ×× 朋友等 新人进群可发破冰红包，金额随意，拒绝一味索取，鼓励多交流分享	是 【昵称】： 【行业】： 【城市】： 【职业经验】： 【渴望成长】：	非强求	欢迎文案＋欢迎表情包 【文案参考】： · 欢迎新同学加入 · 又来了一位大咖（视自我介绍情况） · 欢迎呀！群里的优秀同行越来越多了 · 哇塞！来了一位票亮的小姐姐/帅气的小哥哥（视头像情况）	融人
	KOL 邀请加入 朋友圈邀请话术 【文案】： 我和金蝶一起组建了 ×（省级行政区）的财会精英社群，这里有几个免费加入的名额，需要的朋友可以来私信我	**图片型社群规则介绍** 文字型社群规则 【社群愿景】：帮助会计从业者快速实现职场进阶和同行人脉积累，通过高质量内容和活动打造高质量的财会社群，与会计从业者同成长，共进步 【进群要求】：成功领取或购买财会黑卡的会计从业者 【成长安排】：每个社群都会配备一名财务大咖为你答疑解惑。此外，你在这里还将得到： 1. 每日财经新闻与会计圈热点文章 2. 周二财会干货资料包	否 工作人员私信提醒 ×× 同学，你好啊！欢迎加入我们的财务社群，精英社群，别忘了自我介绍，让大家都认识你哦			

续表

流程	进入微信群	收割群机器人@新成员	进行自我介绍	发送破冰红包	"马甲"号带动欢迎	完成融入
动作	KOL邀请加入 【海报】：KOL专属财会黑卡海报/微信群聊天界面截图 电话邀请话术 电销邀请加入 您好，我们有一个财会社群，不仅有会计专家答疑解惑，还有干货和课程可以免费学习。现在还剩几个免费的名额可以加入，如果您有需要的话，可以告知我您常在的城市，我再邀请您加入对应的群	3. 周四精品财会课程 还有不定期的线下沙龙、专家讲座、名企游学等等学习机会 【社群规则】 1. 进群请改好备注：姓名-行业-职位（例如：金小蝶-互联网-财务总监） 2. 进群人员必须是会计从业者；如果不是，一经发现将被踢除 3. 群内不得发任何广告与导向性的链接，一经发现，第一次警告，第二次将被踢除 4. 超过一个月没有完成一节课程的学习与财会资料包领取的，将被视为不上进者踢除出群 5. 进群第一时间请填写好自我介绍，不要一味索取，多交流分享让大家都愿意和你交朋友 （图片型社群规则介绍） 【进阶规则】 会计联盟由各个省区的精英社群组成，你所在的群也是全国各个分社之一，每个省都有多名经过层层筛选的"大当家"（财务大咖）带领大家共同成长；此外，每个群都有1~3位"小当家"协助"大当家"管理社群，同时也能获得与全国优秀"大当家"同群及名企内推的机会！向"当家妹"申请成为"小当家"→审核通过→进入全国"大当家"群→管理群人数达到300→可申请成为签约"大当家" 【惊喜福利】 1. 为鼓励学习·精英社群的活跃学习者及学习打卡积极者，每周都将会获得财会必备实体书、荣誉勋章等惊喜 2. 领取财会黑卡的每一位会计从业者都将享有金蝶·精斗云会计产品的800元现金抵用券，如需使用，可找各省区KOL或员工作人员领取	如果有什么需求或疑问不方便在群里说的，也可以随时私信我的 否	非强求		／

财会社群提倡互帮互助、共同进步的文化，新成员在进入微信群的第一时间就会收到文字型的欢迎语和图片型的社群规则介绍，如图 7-12 所示。我们通过欢迎语和社群规则介绍引导新成员按格式修改群昵称、置顶微信群、按模板自我介绍，并了解社群的相关规则。为了避免一次性发送太多消息打扰既有的社群成员，社群的相关规则可用一张长图囊括。

图 7-12　财会社群的进群欢迎仪式

其中，为了保持严肃的学习氛围，群昵称必须修改，工作人员会不定期检查和提醒。对置顶微信群这个动作的提示，能在一定程度上提高微信群的打开率。对于未进行自我介绍的新成员，工作人员将会私信提醒一次。新成员发送自我介绍后，每个群配备的 1～3 个"马甲"号都会出动营造热烈欢迎的氛围，体现对新成员加入的重视。破冰红包的发送虽然不是强求，但大约有 50% 的新成员都会主动发送，每一次红包发送都能在一定程度上提升社群活跃度，增进社群成员之间的连接。

相比没有任何门槛和动作引导即可直接加入的社群，经过新成员融入 SOP 的新成员会对财会社群有更进一步的认知，因而有效提升了财会社群在他加入的众多微信群中的地位，也能帮助他更快速地融入社群，与社群成员产生连接。

内容运营周 SOP

优质内容是财会社群的基石。在内容运营上，我们以周为单位，按照如表

7-4 所示的内容运营周 SOP 循环进行。每周一，我们会在社群提前预告本周的具体内容和活动安排，方便社群成员提前预留时间。每天上午 8:30 的早报、每工作日下午 4:00 的会计圈最热文章、周二的财会干货、周四的财会课程，均在固定的时间通过工具统一定时发送。每周五，我们会在社群回顾当周的学习内容，并附上链接，进一步提升内容的打开率。

表 7-4　财会社群的内容运营周 SOP

时间	内容	周一	周二	周三	周四	周五	周六周日	发送工具
8:30	内容类型	早报						工具名称	会计小喇叭
	格式：文案+链接	【会计人的每早"吃瓜"时间】 今天是 × 月 × 日，星期 × ① 新闻 1（1 ~ 3 句话介绍） ② 新闻 2 ③ 新闻 3 ④ 新闻 4 ⑤ 新闻 5 ⑥ 新闻 6 ⑦ 领养会计小喇叭（文案可替换） ⑧ 其他链接嵌入 ———————— 由"会计小喇叭"AI 编辑						登录网址
								账号密码
16:00	内容类型	会计圈最热文章				/		
	格式：文案+链接	分两条发送群消息 第一条：# 会计圈都在看什么？TOP1# 第二条： 非自有公众号文章：《文章标题》+140 字以内的简介 自有公众号文章：直接转发						
18:30	内容类型	预告	财会干货		财会课程	学习提醒		工具名称	微信群管理工具
	备注	/	内容涵盖、纳税筹划、职称考试、财税新政等财会干货，需结合会计热点和社群成员反馈迭代	/	课程内容由招募的 KOL 免费提供，主题根据 KOL 所长而定，可以根据社群成员反馈进行迭代	/		

211

时间	内容	周一	周二	周三	周四	周五	周六	周日	发送工具
18:30	格式：文案＋海报	【本周社群精彩预告】 ·周二18:30：具体干货名称 ·周四18:30：具体课程名称 ·其他时间：其他非常规内容或活动安排 本周预告亮点详细阐述；如果没有，可找会计励志语句代替	【本周二免费干货】 干货名称 提炼3～6个干货亮点 免费领取请群内回复"×" 超过×人回复，18：30分享到群里	/	【本周四免费课程】 课程名称 讲师昵称： 讲师简介：金蝶·精斗云×省"大当家"和其他介绍 内容：提炼3～6个亮点 需要听课的同学在群内回复×，满5人即可发送免费听课链接 今晚8点30分准时发送	【本周学习提醒】 ①本周二干货 具体干货名称 ②本周四课程 课程简单介绍 ③其他提醒 自定义语句			登录网址 账号密码

社群运营的内容供给要追求连续性的高质量，不追求低质量的高频率。长期坚持有规律地供给高质量内容，不仅能有效提高微信群的打开率，还能提升社群的口碑传播。因为社群成员会在潜意识里记得，在这个地方周二会有干货、周四会有课程。到每周的固定时间，即使财会社群被众多各种各样的微信群淹没，他也会想起去翻一翻、看一看有没有什么对自己有用的内容。遇到有价值的稀缺内容，他还会在朋友圈展示和分享。

为了提升干货的领取率和课程的报名率，我们会提前在财会社群进行预告，每个群回复"我要领资料""坐等听课""我要报名"等关键词，达到一定的人数才会发送链接。一方面，这样能调动社群成员学习的积极性；另一方面，借助心理学的自我暗示效应，提升社群成员的学习完成率。

除了按照内容运营周SOP进行常规的内容运营，我们还会结合会计圈的热点事件，推出话题讨论和案例拆解；结合重磅嘉宾，推出限时免费直播，给予社群成员超预期的体验和惊喜感。

活动运营月 SOP

适当频率的活动有利于维持社群的活跃度，增进社群成员之间的连接。财会社群的活动主要有两个来源。一个是活动运营团队举办的各种线上、线下活动，经增长团队筛选的大会、讲座、沙龙、名企游学等高质量的学习型活动，会帮助活动运营团队在财会社群进行推广；同时需要活动运营团队的配合，让社群成员享受优先报名和优先筛选的权益。

另一个是增长团队针对财会社群自办的活动，主要都集中在线上，按照如表 7-5 所示的活动运营月 SOP 循环进行。

表 7-5　财会社群的活动运营月 SOP

<table>
<tr><td rowspan="6">活动前</td><td>活动名称</td><td>学习小榜样奖</td><td>有奖投票</td><td>有奖调研</td></tr>
<tr><td>活动频率</td><td>每月 4 次</td><td>每月 1 次</td><td>每两月 1 次</td></tr>
<tr><td>活动目的</td><td>调动社群成员学习的积极性并提升公众号文章的阅读量</td><td>收集用户对社群提供干货和课程的反馈</td><td>收集用户对财会社群的反馈、建议及其他需求</td></tr>
<tr><td>推广渠道</td><td colspan="3">活动开始：所有财会社群
活动结束：所有财会社群 + 所有个人号朋友圈</td></tr>
<tr><td>设计支持</td><td>一张学习小榜样奖状</td><td>无</td><td>无</td></tr>
<tr><td rowspan="2"></td></tr>
<tr><td>发送内容模板</td><td>【学习小榜样奖】
为了鼓励大家积极学习，不拖延，做到今日事今日毕，我们设置了学习小榜样奖，每周包邮送一本实体书，本周送《书籍名称》

领书方式：听完课程后，在文章末尾留言你对本次课程的心得、感想或笔记，我们将选取点赞数最高的或最用心的同学包邮送出实体书 1 本</td><td>【有奖投票啦】
会计联盟的小伙伴们，为了给大家提供更好、更实用的干货 / 课程，请大家扫描以下小程序二维码投票，我们将选取票数最多的在下周 × 发放哦

如果你还需要什么（干货 / 课程），直接在社群内回复即可，我们也会安排上哒</td><td>【吸引人的标题】
Hello，会计同学们，这是一个有奖调研，我们为大家准备了丰厚的大礼
①礼品 1
②礼品 2
③礼品 3

扫描下方二维码或点击链接参与调研：
（链接）

我们将选取用心填写的同学送出以上所有礼物哦</td></tr>
</table>

续表

		询问获奖者地址，寄送书籍和精美的小礼品	根据投票情况迭代下个月的干货或课程	根据调研情况迭代社群权益
活动后	动作			
	发送内容模板	【学习小榜样奖】出炉 全社群寻找获得（*N*）赞的同学 在上周《课程名称》专家分享课程中获得： 《书籍名称》1本 联系工作人员微信：（会计联盟助理微信号） PS：每周一节提能课，大家一定要积极学习，一起快速进步哦	见内容运营周SOP中每周二干货和每周四课程发放 末尾补充该干货/课程为投票所出	【财会社群新增权益】 根据大家的调研情况，财会社群新增（权益名称） 权益简介： 领取方式： 感谢大家对财会社群一如既往的支持与陪伴，我们将不断迭代社群权益，帮助大家快速实现职场进阶和同行人脉积累

为了调动社群成员学习的积极性、提升公众号文章的阅读量，我们设置了"学习小榜样奖"。根据每周四的课程，我们会整理对应讲师的文章发布在公众号上。社群成员可以在文章底部留言学习笔记、心得、感悟等，我们会选取点赞数最多或最用心的留言，为其送上一本书。

为了给社群成员创造超预期的体验，我们在寄送书籍时会附加其他精美的小礼物。几乎每一位收到礼物的社群成员都会在社群发消息表示感谢，甚至发朋友圈"炫耀"。

不定期的社群调研是非常重要的。我们会每月进行1次有奖投票，根据投票情况迭代课程和干货的内容。这样不仅能让社群成员更有参与感，也能提升课程和干货带来的内容注册数。

我们还会每两月进行1次有奖调研，发掘社群成员的潜在需求，以帮助社群成员快速实现职场进阶和同行人脉积累。根据调研，财会社群新增了会计招聘通道，帮助财务总监或企业快速找到对口的会计人才。

7.4.4　社群成员的金字塔结构

B2B企业建立的社群要想处于良好的自运营和自增长状态，通常需要对社群成员进行等级划分。根据社群金字塔管理模型，我们最多可以将社群成员详细划分为 5 个等级，由普通用户、活跃用户、贡献用户、专业用户和名人组成，每一个层级的社群成员都有针对性的运营策略，如图 7-13 所示。

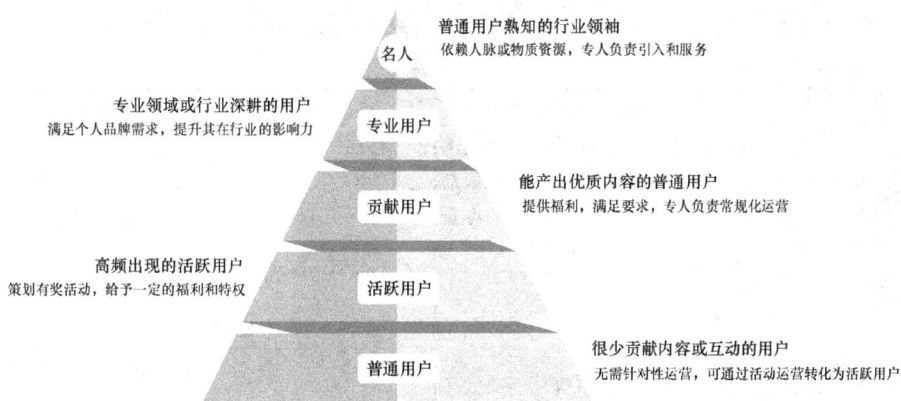

名人　普通用户熟知的行业领袖
依赖人脉或物质资源，专人负责引入和服务

专业领域或行业深耕的用户
满足个人品牌需求，提升其在行业的影响力　专业用户

贡献用户　能产出优质内容的普通用户
提供福利，满足要求，专人负责常规化运营

高频出现的活跃用户
策划有奖活动，给予一定的福利和特权　活跃用户

普通用户　很少贡献内容或互动的用户
无需针对性运营，可通过活动运营转化为活跃用户

图 7-13　社群金字塔管理模型

我们的财会社群也搭建了类似的金字塔结构，由"大当家""小当家"和普通社群成员组成，如图 7-14 所示。

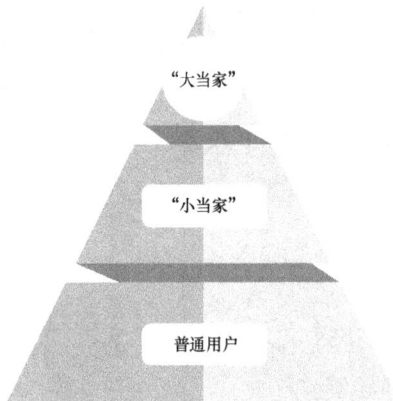

"大当家"

"小当家"

普通用户

图 7-14　财会社群的金字塔结构

"大当家"以我们自主招募的 KOL 为主，相当于名人、专业用户层级，每名"大当家"根据自己的意愿可以申请 1 ～ 10 个自己所在省级行政区的微信群进行管理。我们会给"大当家"提供"小当家"招募 SOP（见表 7-6），由其自主招募"小当家"。"小当家"相当于贡献用户、活跃用户层级，主要为"大当家"分担社群管理的日常事务，让"大当家"有更多精力投入演讲、写作等能力的提升中。剩下的社群成员为普通用户。

表 7-6 "小当家"招募 SOP

阶段	招募前	招募中		招募后	
事项	按照以下模板准备话术，在自己所在的群发送	按照以下问题询问报名者，自行决定是否聘用		按照以下步骤完成"小当家"的融入	
流程与话术	大家好，我是金蝶××省"大当家"××	表示感谢	感谢你报名"小当家"，为了更好地了解你，接下来有几个问题想和你沟通，请问你现在是否有时间？	第1步	邀请"小当家"同时加入财会社群（金蝶"小当家"—姓名）和全国"大当家"群（地域—"小当家"—姓名），并修改群备注	
	【工作经验】有××年的××经验，曾先后任职于××企业，在××领域有比较资深的经验	问题1	请问你有几年财会工作经验？	第2步	让"小当家"按照模板在群内进行自我介绍	"小当家"进入全国"大当家"群的自我介绍模板
						各位"大当家"好！我是××省"小当家"××，从事财会工作×年。很荣幸能有此机会向各位"大当家"学习，以后请多多指教！
	【拥有证书】国际内审师、美国注册会计师等					"小当家"进入财会社群的自我介绍模板
	为了打造更高效的学习环境，现在群内招募1～3名"小当家"（班委）。成功报名的"小当家"将享受海报上的所有权益。快来找我报名吧！	问题2	请问你每天能花几个小时管理社群？			各位伙伴，你们好！我是本群的"小当家"××，从事财会工作×年，很高兴能跟大家一起学习交流。作为本班的班委，我会积极为大家答疑解惑，促进群员交流，希望大家多多支持！
		问题3	你是性格开朗、乐于助人的人吗？	第3步	欢迎"小当家"入群	欢迎我的"小当家"入群与各位共同学习和进步！
		问题4	你报名"小当家"的初衷是什么呢？	第4步	开启共同管理社群	

　　为了招募"小当家"，我们也为"小当家"设计了相应的权利与义务。在权利上，除了个人品牌包装以外，"小当家"基本与"大当家"一致；在义务上，"小当家"仅需要帮助"大当家"管理社群，督促社群成员学习与进步，成为社群"大当家"的积极拥护者即可。"小当家"不仅能与全国的"大当家"同群，还有优先晋升为正式签约"大当家"的机会。

通过这样一套社群成员的金字塔结构，我们发现社群的活跃度和留存率与 KOL 有非常大的关系。大小"当家"活跃的、负责的微信群几乎每天都有社群成员在互动讨论，微信群人数的增长也很快。

所以，针对社群管理表现突出的大小"当家"，我们会不定期邀请他们在 KOL 群分享心得、传授经验，形成《社群运营管理手册》并迭代。

同时，我们也选择将精力重点投入金字塔顶端的"大当家"身上，再通过工具定时、批量分发内容和活动到普通用户，而不是把大量的时间浪费在盯社群广告、增删人员等繁杂的体力劳动上。

由于财会社群的整体规模比较大，我们通过建立社群成员的金字塔结构，不仅减少了自身的工作量，也提升了社群运营的效率。增长至万人规模后，财会社群也处于良好的自运营和自增长状态。

7.5 案例：SaaS鼻祖Salesforce的社区运营历程

1999 年，SaaS 鼻祖 Salesforce 由 CRM 起家，从 4 人初创团队发展成上市公司仅用了 5 年时间。自 2004 年在纽交所上市至今，Salesforce 的财年营收呈现指数式增长，2021 财年的营收已达 212.5 亿美元，如图 7-15 所示。

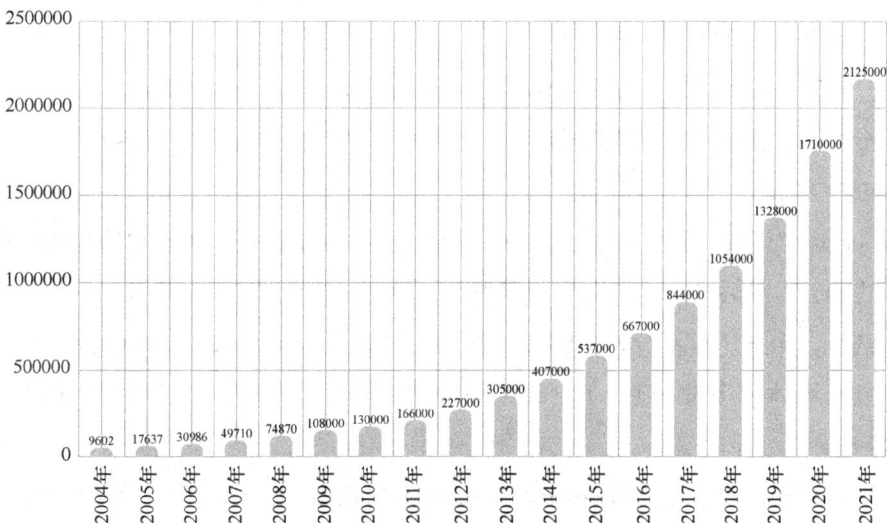

图 7-15 2004—2021 财年 Salesforce 的营收趋势

经过不断地创新和并购，Salesforce 在创业之初就致力于成为企业服务领域亚马逊的目标似乎已经实现。企业在 Salesforce 使用软件，能像用户使用电子商务网站一样便捷。Salesforce 不仅自己有销售云、服务云、营销云、分析云、社区云等可供企业直接采用的覆盖全面的 SaaS 应用，还有一个企业应用商店——AppExchange。任何企业都可以在 Salesforce 的 PaaS 平台开发企业级应用，供其他企业采购，而 Salesforce 则可以坐享其成，按年度订阅费的百分比抽佣。

如今，Salesforce 已经成为全球极少数市值过万亿元人民币的 B2B 企业，SaaS 模式也已经成为全球 B2B 企业的首选商业模式。

7.5.1　战术指导战略，偶然发现并复制产品型社群

被誉为"云计算之父"的马克·贝尼奥夫（Marc Benioff）在创立 Salesforce 之前，曾是甲骨文史上最年轻的副总裁。深知传统软件的弊端，于是几乎凭一己之力开拓整个 SaaS 行业的马克·贝尼奥夫，骨子里自然少不了标新立异。

Salesforce 在还是一家初创企业时，就只将当时 CRM 行业排名第一的企业——希柏（Siebel）视为要超越的竞争对手。要知道，希柏在 2000 年的营收就已经突破 10 亿美元大关，而当时 Salesforce 的客户数量还寥寥无几。

一次偶然的机会，Salesforce 的新品发布会与希柏的客户大会不期而遇，都同一时间在美国的旧金山召开。于是，Salesforce 的营销团队雇用了一批演员，扮演抗议者和电视台记者，在希柏的客户大会门前高举着"NO SOFTWARE"的抗议标语游行。

这场"闹剧"不仅惊动了希柏的高管，还引来了警察（由于在美国游行是合法的，本次活动得到了警察的保护），并获得了大批媒体的报道。更出其不意的是，当天还有不少希柏的客户真的前往并参加了 Salesforce 的发布会。得益于媒体的自发报道，Salesforce 的官网还因此获得了 1000 多名注册客户。

战术的成功指导 Salesforce 将其纳入营销战略。往后几乎希柏的每一场大型会议，Salesforce 都会如法炮制。例如，在希柏举办大会的城市，

Salesforce 租下机场的所有出租车，为参会者提供免费的接送服务，而车内都是 Salesforce 的相关装饰和资料手册。

同样是战术指导战略，在一场"城市之旅"线下活动的产品提问环节，原本安排由 Salesforce 的工作人员负责回答，却被现场的客户"抢"着回答。当把潜在客户和采购客户聚集在一起后，Salesforce 发现潜在客户最想听的并不是主办方的"自卖自夸"，而是采购客户的真实感受。他们会自发地聚集在一起探讨和研究 Salesforce 的产品，有些还会打开笔记本电脑互相分享自己的产品界面，并谈论自己的最佳实践。这种围绕 Salesforce 建立的本地化产品型社群，不仅能为采购客户提供分享的舞台，还能促进潜在客户的转化。

于是，在之后"城市之旅"的每一场线下活动中，Salesforce 都会给客户提供充分的自由发言的机会，首先是新增现场的自由交流环节，其次是新增现场随机抽点环节，随机抽取一名客户分享其使用产品的经验，最后是"城市之旅"线下活动的固定环节——客户问答。Salesforce 会事先邀请客户并与其确定分享的主题，鼓励客户畅所欲言，不论是好的还是坏的方面。活动结束后还会有一场鸡尾酒会，这是给予潜在客户和采购客户非正式交流的机会，进一步打消潜在客户的其他疑虑。

对于这些积极分享的客户，Salesforce 将他们称为"客户英雄"。因为他们敢于打破常规，接受新鲜事物，并为公司提升了效率，降低了成本。在每次的"城市之旅"线下活动中，Salesforce 都会对做出分享的客户给予荣誉感十足的宣传和服务，以巩固产品型社群的核心力量。

7.5.2　保持创新的秘密武器——IdeaExchange

不论在线下，还是在线上，Salesforce 一直都在着力打造产品型社群，为客户提供他们喜爱的产品，让客户成为产品的忠实粉丝。

2004 年，也就是 Salesforce 创立的第 5 年，Salesforce 开始为客户系统构建线上社区。通过线上社区能打破原有的地域限制，任何客户都可以在社区分享自己的产品使用经验，发表自己对产品的建议。

随着客户的提问和建议越来越多，Salesforce 在社区开发了一个名为 IdeaExchange（创意交流中心）的功能。客户不仅可以通过 IdeaExchange

发表自己对产品的想法，而且可以对自己或别人的想法进行"赞同"（加分）和"反对"（减分）。如果客户十分渴望某个想法被产品化实现，还可以分享到Twitter、Facebook 或领英进行拉票。产品经理会根据这些想法的综合得分，结合具体可行性，在 IdeaExchange 发布入选想法的列表。其间，所有客户都将获得 100 个虚拟硬币，对想法进行投票。总得票数排名靠前的想法将会被纳入产品路线图，进入正式的开发流程（见图 7-16）。

社区成员
发表产品想法

Salesforce 的产品团队
创建想法列表

Salesforce 的产品团队
确定产品路线图

社区成员
认同或反对想法

社区成员
为入选想法投票

Salesforce 的研发团队
开始研发

图 7-16　IdeaExchange 中想法的实现流程

Salesforce 的新功能迭代动态都会在 IdeaExchange 为客户展示开发中、测试中、已发布等现阶段的进度，并告知客户预计正式发布的时间。

传统软件的新版本研发往往耗时数年，首先要经历漫长的需求调研，需求和建议的收集往往仅面向企业的管理层；然后经过漫长的需求评估会议，将产品规格提交给技术团队；最后由技术团队苦心钻研去实现，力求成为一款完美的产品后再推向市场。

Salesforce 这种与客户共创产品的模式打破了传统软件基本都是"秘密"进行产品研发、产品使用者几乎没有发言权的格局，不仅能有效收集来自一线的产品创意，还能极大地提升客户的参与感，增强客户对产品的满意度。

IdeaExchange 被马克·贝尼奥夫称赞为"Salesforce 创新的秘密武器"，他还把 IdeaExchange 的创意推荐给了戴尔、星巴克等企业。我们在星巴克看到的能防止咖啡在颠簸时溢出的"防溅棒"，就是根据在社区收集的用户反馈改进而来的。

7.5.3　连接全球百万用户的 Trailblazer 社区

2021 年 6 月，Salesforce 宣布将 Trailhead 合并进 Trailblazer 社区，为社区成员打造集学习、晋升和连接于一体的综合性社区。经过多年的发展，目前的 Trailblazer 社区已经覆盖了 90 多个国家和地区，拥有 1300 多个细分社群，连接着 Salesforce 的数百万客户、员工、合作伙伴及学习爱好者。如今，Trailblazer 社区不仅有 PC 版，还有适用于安卓和 iOS 系统的 App。

学习

客户注册成为 Trailblazer 社区的成员后，可以自定义学习路线，或者按照 Salesforce 的规划选择模块或项目进行学习。Salesforce 为社区成员提供了 1000 多个模块和 200 多个项目的学习内容。学习内容主要围绕 Salesforce 的产品专业知识和实操技能，还有一部分是如项目管理、数据分析等通用技能，主要面向销售人员、市场人员和研发人员等 Salesforce 的产品使用者和学习爱好者。

企业服务的学习大多枯燥又漫长，Salesforce 将学习内容碎片化，每个碎片化内容学习完毕后都会有相应的测试题。社区成员通过学习和测试可以不断获得积分和勋章。积分可以用于兑换 Salesforce 的众多周边礼品。

综合积分和勋章的"战绩"，社区成员可以看到自己在全球的排名。累计 100 个勋章和 5000 积分的社区成员将会成为代表社区最高等级的 Trailhead Ranger（开拓者游侠）。只有 Trailhead Ranger 才有机会获得 Salesforce 官方赠送的黑色开拓者连帽衫，当 Salesforce 邀请他们出席活动时，他们都会穿上这件有着特殊身份象征的外套。

为了鼓励社区成员学习，Salesforce 会结合节假日发放限量版的勋章。此外，Trailblazer 社区还推出了任务体系，每个月都会为不同级别的社区成员制定不同的任务。领取任务并在规定时间内完成的社区成员将获得限量版的勋章，以及在每月抽奖活动中获得各种各样的 Salesforce 周边礼品。

对于 Salesforce 的客户，管理者可以通过后台为员工制定学习计划，规定学习路线，并查看员工的学习进度。因为每位社区成员的 Trailblazer 社区首页都是个性化的，员工可以在首页看到公司为其制定的学习内容并进行学习。

晋升

通过完成模块或项目的学习获得积分和勋章只是基础，在这之后还有一系列晋升流程，如图 7-17 所示。

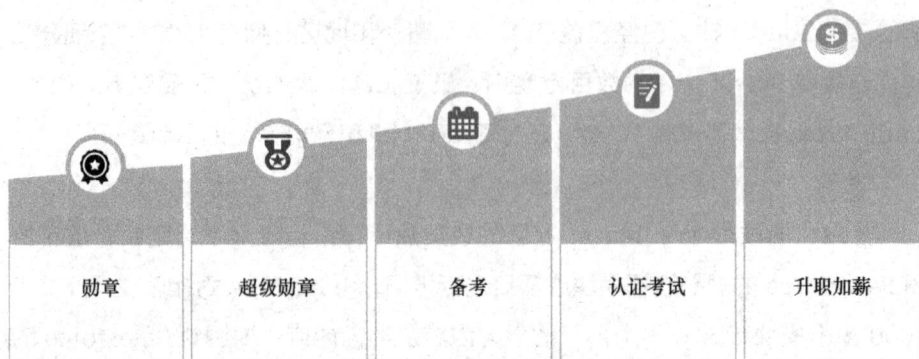

图 7-17 社区成员的晋升流程

在勋章之上，Salesforce 设置了超级勋章。超级勋章的获取更加困难，社区成员不仅要完成一定的模块或项目学习后才能解锁，还要基于工作中的真实场景进行测试。这更加考验学员将 Salesforce 应用于实际工作的能力。

在超级勋章之上，Salesforce 有一整套面向不同岗位的专业能力认证体系。截至 2021 年底，社区成员可以获得的证书已经覆盖 Salesforce 的管理员、架构师、开发人员、营销人员、顾问、设计师 6 个岗位，涵盖代表不同等级的 38 个证书。

社区成员要想取得被全球使用 Salesforce 产品的公司认可的证书，需要向 Salesforce 缴纳相应的费用。而且，证书的级别越高，费用越贵，基本需要 200 ～ 400 美元，少部分顶级证书需要上千美元。考生可以选择线下考试或线上考试。后者的监考会更加严格，如果考试过程中出现摄像头模糊或周围环境有变化等问题，均会被立即终止。

Salesforce 的所有证书不是永久有效的，而是以年度进行更新和迭代。证书持有者每年都需要结合 Salesforce 更新的内容通过测试才能延长有效期，这也是该证书被业界认可的重要原因之一。

不论是勋章，还是证书，社区成员都可以添加到如领英这类职场社交软件中的个人简介进行展示，以提升职场竞争力。此外，Trailblazer 社区不仅会邀请专业人士分享求职经验，还会直接与需要招聘的企业合作，通过招聘会、人才交流会等将合适的人才匹配给合适的企业。

根据 Salesforce 的统计数据，有 3/5 的社区成员表示通过 Trailblazer 社区找到了新工作或在原公司实现了升职加薪。

连接

在 Trailblazer 社区，社区成员可以加入心仪的兴趣小组、关注感兴趣的话题，或者成为某个社区成员的粉丝并与其建立对话、进行联系，还可以参加各种各样的线下和线上活动。Salesforce 会用各种方式增进社区成员之间的连接。

当然，社区成员之间的交流主要围绕 Salesforce 展开。在社区里，大多数问题都由社区成员互帮互助回答，社区成员在提出问题后的 48 小时内基本都能得到答复。就连 Salesforce 的 CSM 在为客户解答问题时，也会率先帮助客户邀请有经验的社区成员进行解答，优先引导客户去社区寻找答案。

面对分布在全球各地的庞大客户群，Salesforce 没有选择自己雇用客服团队，而是基本都交给社区，让客户在线自助服务。社区不仅有 IdeaExchange 这类产品反馈通道，还有详细且逻辑清晰的产品问答文档。CSM 也会经常邀请有经验的客户在社区分享 Salesforce 的最佳实践。可以说，中小型客户在使用 Salesforce 的过程中遇到的问题基本都能通过社区得到解决。

活跃且能高效为客户解决问题的社区得益于 Salesforce 重点运营的头部社区成员们。Trailblazer 社区每年都会提名、投票、审核评选出一批 MVP，这些 MVP 遍布全球，他们都是 Salesforce 的产品专家，热衷于在社区分享知识、帮助他人。Salesforce 会给予这些 MVP 极高的荣誉感，并让他们享有多种特权，例如：

- 免费进行各种证书的认证；
- 获赠为 MVP 专属定制的 Salesforce 周边产品；
- 在 Trailblazer 社区拥有特殊的身份标识和个人品牌展示；
- 有机会受邀参加 Salesforce 的 Dreamforce 大会，以及其他活动的演讲；
- 免费飞往美国旧金山参加一年一度的 MVP 峰会，与 Salesforce 的高管会面。

与此同时，MVP 也有相应的义务，例如，参与 Trailblazer 社区的直播或录播课程。Salesforce 还专门设置了 MVP "办公时间"，会定期邀请 MVP 在线上为社区成员分享他们想听的内容。

作为连接 Salesforce 客户、员工、合作伙伴及学习爱好者的枢纽，Trailblazer 社区将在产品创新、客户成功、市场营销等方面发挥越来越重要的作用。

模板 4　微信群运营效果数据跟进表

微信群名称：	KOL姓名：	202X年XX月				
	销售人员姓名：					
指标类型	具体指标	第 1 周	第 2 周	第 3 周	第 4 周	本月合计
虚荣指标	新增人数					
	KOL 邀请入群人数					
	电销邀请入群人数					
	目前总人数					/
获利指标	产品注册试用数					
	主动询问线索数					
	KOL 推荐商机数					
	帮助电销转化数					
	目前总成交客户数					/

第 8 章

未来的 B2B 运营

8.1　客户全生命周期互动数字化

企业客户生命旅程的每一个阶段，几乎都由不同部门管理的不同触点与客户互动。这些触点可能是线上的各种新媒体，也可能是线下的人员，如销售人员。这些触点触达客户的内容包罗万象，可能是线上比较容易收集数据的语音通话、网页浏览、视频观看，或者是线下比较难收集数据的实体物料、解决方案讲解。但是，没有一个部门集中管理与客户接触的所有触点和内容，就可能导致每个阶段都存在信息传递的不一致、数据的缺失，进而导致客户传递的断层，即客户流失。

未来的 B2B 运营将围绕客户，覆盖企业客户生命旅程的所有阶段，连接客户全生命周期。这也就意味着 B2B 运营不仅将在企业内部充当组织结构的黏结剂，还将围绕客户进行触点和内容的集中管理，以及统筹支撑精细化运营底层的数据融合打通，进而实现客户全生命周期互动的数字化。

8.1.1　触点和内容的集中管理

触点将内容触达客户便形成基本的客户互动。B2C 运营之所以迭代发展得快，除了面向的主要对象不一样之外，还有一个很重要的因素便是 B2C 运营能更方便地实现用户全生命周期互动数字化。

例如，抖音 App 的用户全生命周期互动，从获取、激活、留存、收益到推荐，因为基本都在抖音 App 上进行，所以抖音能采集用户在这个过程中的大量数据，加以分析后便能清楚地了解用户是通过哪些渠道或方式下载的抖音，进而优化抖音的拉新方式；新用户的注册流程是否流畅，进而优化注册体验；不同用户的内容观看偏好如何，进而个性化推荐用户可能喜爱的视频等。在便捷的数字化的基础上，B2C 运营能通过数据化和智能化实现用户全生命周期价值的最大化。

数字化和数据化经常容易被混淆。数字化是指将运营过程中与客户接触产生的信息变成计算机可以读取和处理的数字格式，这是数据化的基础。数据化是指将数字化的数据转变为可制表分析的量化形式的过程，能从数据中挖掘价值，找到新洞察。智能化是指在这两者的基础上，借助大数据、AI、机器学习等新兴技术，让机器辅助运营人员更好地完成工作。

B2B 企业仿佛早已习惯了企业客户生命旅程的割裂，通常情况下都是市场部负责获取有效线索，然后转给销售部跟进，成单的客户再交由客户成功部服务，服务过程中客户有需求反馈给产品部。只要销售部不同步，市场部便不知道线索跟进的真实情况，客户成功部不清楚销售人员是否为了赢单过度承诺而给自己"挖坑"。当然，也有客观原因，例如，销售人员上门演示产品等人与人的线下互动，目前实现数字化还比较困难。

但随着企业客户生命旅程越来越非线性，客户决策是否签约或续签时受干扰的因素越来越变幻莫测，B2B 企业亟需尽可能地将客户全生命周期的互动数字化，并集中在一个直接汇报给 CEO 的部门或团队管理所有的触点和内容，其他部门也有相对应的权限查看和使用。

一方面，只有掌握更全面的客户流转动态，我们才能及时将客户拉回正轨，在企业客户生命旅程中探索更短、更高效的客户传递路径，并及时洞察客户的其他需求进行交叉销售和向上销售；另一方面，只有打破部门与部门之间的信息传递壁垒和由人带来的信息传递偏差，当 B2B 企业内部的业务部门都能清晰地了解客户是从哪里来，又是经过一番怎样的曲折才顺利签单，客户正式使用产品后又反馈如何等所有与客户互动的过程时，各业务部门才能正视自身的问题，并让整个组织配合更高效。

目前，已经有工具在集合短信和邮件这两个基本的触达方式上，支持私域和公域大部分触点的统一管理与触达，将极大地提升我们的运营效率。例如，当节假日、客户生日、企业周年庆等需要进行客户关怀的日子到来时，我们可以通过邮件、短信、产品内消息提醒等触达方式为客户统一发送定制化的关怀消息。

B2B 企业各个部门产出的、任何触达客户的内容都将集中在一起进行管理。例如，认知阶段和教育阶段的文章、信息图、公开课，选型阶段和采购阶段的解决方案 PPT、技术报告，使用阶段的项目阶段性汇报 PPT 等，只要是已触达或准备触达客户的内容都将集中管理并数字化。

这样做的好处包括多个方面。一是在组织成长上，每个部门产出的内容不会因为员工离职而导致传递断层，后人就有机会在此基础上进行一次又一次的迭代，最终打磨和沉淀能促进企业客户生命旅程更进一步的标准化内容；二是在组织连通上，各个部门都知道其他部门正在产出什么内容，例如，市场部可以查看其他部门是否向客户传递了正确的价值主张，销售部可以查看市场部正在着力推广的内容是否对自己正在重点跟进的客户有帮助，各组织互相之间将更紧密地围绕客户进行内容规划与制作。组织的成长和连通将共同促进整个企业的内容进化。

员工与客户互动原本是最难数字化的环节，但现在也有相应的工具积极弥补。这类工具会将员工在与客户互动时所需的企业宣传册、客户案例、产品介绍、个人名片、海报、直播、视频等内容都集中在某个为 B2B 企业定制的小程序或移动端网站上，供员工在与客户互动时使用。上传至该工具的内容可以由一个部门统一管理，通过该工具还可以为员工分配内容推广的任务并查看员工的推广效果。通过小程序或移动端网站，便可以将这部分原本很难数字化的客户互动数字化。

8.1.2　客户互动的重点向私域转移

随着流量红利见顶，获客成本不断攀升，客户旅程越来越复杂，各赛道竞争越来越激烈，对于需要长周期线索培育、依赖客户续费获得持续增长的 B2B 企业来说，在私域重点进行客户互动将是必然选择。

近年来，"私域"一词被各行各业反复提及。目前，业内普遍认为，私域就是企业可自主控制的、可免费触达的、可多次重复利用的流量池。在本书中，我新增可自主采集数据的条件，将私域分为自有私域和第三方私域。因此，B2B 企业的私域可如表 8-1 所示。

表 8–1　B2B 企业的私域

自有私域		第三方私域	
可自主控制、可免费触达、可多次重复利用、可自主采集数据		可自主控制、可免费触达、可多次重复利用	
触点	触达方式示例	触点	触达方式示例
企业官网（包括 PC 端和移动端）	弹窗、Banner	微信 · 个人号（包括微信和企业微信）	私信、朋友圈动态
SaaS 产品（包括 PC 端和移动端）	产品内消息提醒、App 推送	公众号（包括订阅号和服务号）	推文、公众号模板消息
小程序（包括微信、抖音、支付宝、百度小程序等）	小程序服务通知、悬浮按钮	群（包括微信和企业微信）	群消息、群公告、群直播
其他			

　　一方面，B2B 企业可以将流量从公域引导至私域，以便多次低成本地触达，进行线索的培育孵化。此外，B2B 企业在私域还可以借助裂变迅速扩大覆盖目标客户群的流量池。另一方面，只有依托私域，B2B 企业才能沉淀客户数据资产，更好地了解和服务客户，构建以客户为中心的运营体系，提升客户 LTV。

　　自有私域不言而喻，包括企业官网、SaaS 产品和自建的小程序。企业官网是 B2B 企业的"门面"，借助不同的触达方式逐步引导浏览官网的客户注册试用产品、填写意向表单，甚至在线采购。在不影响客户体验的情况下，SaaS 产品内也可以设置触达方式，及时为老客户提供更丰富的增值价值。小程序虽然包括多种，但目前大多数 B2B 企业主要聚焦微信小程序，小程序服务通知、悬浮按钮等都是十分高效的客户触达方式。

微信私域的五大增长机会

　　作为月活跃用户数超过 12 亿的国民级应用，微信自然是我们进行客户互动的极佳场所。例如，微信公众号已经是大多数 B2B 企业的标配。随着小程序、视频号的相继推出，以及企业微信的各项功能逐步完善，微信生态（见图 8–1）将更加有利于 B2B 企业进行客户互动。

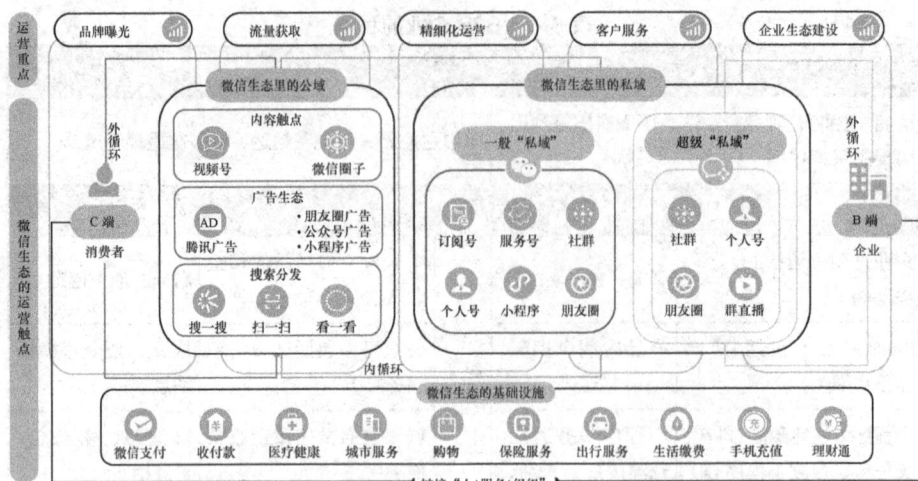

图 8-1　微信生态

机会一：微信搜索引擎优化与营销

百度 SEM 一直是 B2B 企业在每年营销预算中占比较高的一部分，但在移动端的搜索上，微信搜一搜的月活跃用户数已快迎头赶上百度 App。截至 2021 年 1 月，二者的月活跃用户数均超过 5 亿。凭借微信庞大的用户基数，加上微信搜一搜在微信内部的战略地位不断提高，微信搜一搜将根据用户需求把搜索范围扩大至全网，成为微信生态最关键的"连接器"，其月活跃用户数或将超过百度 App。微信搜索引擎优化与营销也将成为我们争夺流量的潜在机会。

我们要想率先进入微信搜索引擎优化与营销的蓝海，拿下这个"重要战场"，就必须了解微信搜一搜自研的 People Rank 算法机制。Peole Rank 算法通过大数据的方式，在脱敏保护用户隐私的情况下，会把很多专业人士和权威人士对内容的判断附着在搜索的排序结果上，让用户可以很方便地找到各个领域的专业内容和服务。

相比其他搜索引擎更注重页面之间的连接关系，微信搜一搜更注重人之间的连接关系。让内容获得更多专业人士和权威人士的认可，将成为突破口。

机会二：微信视频号运营

从 3G、4G 到 5G，内容的传播形式从文字、图片升级至视频。微信创始人张小龙在"2021 微信公开课 PRO"的演讲中披露了一组数据：最近 5 年，朋友圈的视频发表数上升了 10 倍，用户每天发送的视频消息数更是上升了 33 倍。

由此可见，视频化表达已经成为越来越多用户的习惯。

微信视频号自 2020 年 1 月上线以来，正逐步具备与公众号、搜一搜、看一看、小程序等微信生态产品连接的能力。作为微信生态的重要支柱，微信视频号的定位已经升级为微信生态中"每个机构的官网"，而在这之前公众号才是"每个机构的官网"。

相比迅猛发展的抖音、快手等短视频 App，微信视频号仍然是一片蓝海，率先入局微信视频号的 B2B 企业也将有机会获得更多的流量扶持。此外，相比抖音和快手主打有趣的内容，微信视频号主打有用的内容，将更有利于 B2B 企业进行内容营销。

目前，微信视频号的主页已经支持关联公众号和企业微信个人号。我们应加快微信视频号的布局，着力制作和推广视频型内容，在浩瀚的微信公域获取流量。同时，我们也要加强视频号与其他微信私域触点的连接，例如，制作与视频对应的诱饵，吸引潜在客户沉淀至公众号，引导意向客户添加企业微信个人号进行咨询。

机会三：坚持做对客户有价值的公众号

信息的泛滥及内容制作门槛越来越低，让公众号上的优质内容尤其显得稀缺。为了去粗存精，让用户看到更多好内容，同时也让创作者创作更多好内容。微信公众号自 2020 年开始了一系列前所未有的频繁迭代。例如，引起较大轰动的消息列表不按推送时间排序，而是智能排序，以及专辑功能、话题订阅等。

经过一系列的迭代后，截至 2021 年 12 月，公众号推文的底部已经包含"阅读原文""分享""收藏""点赞""在看"等多种交互动作，其最终目的都是为了提升优质内容的曝光率和触达率。

此外，随着推荐算法的支持，公众号正在逐步公域化，整体流量也在大幅上升，或将迎来"第二春"。

B2B 企业对内容应该坚持宁缺毋滥，明确内容质量的重要性要远胜于数量；少一些以企业自我为中心的内容，坚持以客户为中心，制作有高度、有深度、有广度的内容，打造对客户有价值的公众号。一方面，企业将获得黏性更高的读者，因为经过深度阅读的读者，其黏性会越高；另一方面，对客户有价值的公众号也将得到微信推荐算法更多的流量扶持。

机会四：小程序连接企业客户生命旅程

"健康码""行程卡"等政务民生类小程序的出现，让小程序成了众多行业的服务承载基建。在新冠肺炎疫情的助推下，一大批用户已经养成了使用小程序的习惯。

在微信生态内，用户不管是沉淀在个人号、微信群、公众号，还是视频号，我们都不能获取用户在这些触点上的行为数据，只能根据微信提供的部分数据初步了解用户。例如，公众号后台的数据模块可以对用户、内容等进行数据分析。但是，企业自建的小程序可以进行数据采集，获取全面的用户行为数据。

通过构建具有不同作用的小程序，我们将可以很好地补充企业客户生命旅程中因数字化程度不足而缺失的用户行为轨迹。例如，将企业的内容库移至小程序，运营人员进行线索培育、销售人员进行成单转化、CSM 人员进行客服服务时，可以通过转发小程序的文章、公开课、解决方案、客户案例等内容，了解客户是否查看、阅读多久、浏览了哪些内容等行为，再制定针对性的运营策略。对于客户来说，在即用即走、轻快便捷的小程序上进行阅读和学习等行为的体验也将会更流畅。

机会五：企业微信统一沉淀客户资源

作为唯一与微信互连互通的企业级软件，企业微信将成为越来越多 B2B 企业直连客户的数字化工具。目前，企业微信已经具备以下 4 项非常重要的能力。

- **客户获取**：帮助企业在微信生态更便捷地获取客户，并建立客户关系。其中，企业微信的个人号和群都具有活码功能，可以帮助我们高效地通过一对一和一对多的方式将客户引流至企业微信。

- **客户沉淀**：帮助企业集中沉淀客户信息。其中，离职继承功能将打破以往客户资源容易伴随销售人员离职而流失的窘境，通过企业微信个人号添加的客户都将成为 B2B 企业的资产。

- **客户管理**：帮助企业结合标签功能精细化管理客户关系。其中，企业客户标签功能可以自定义标签组，建立个性化的客户标签，将帮助我们赋能各个部门精细化管理客户全生命周期。

- **客户运营**：帮助企业对客户进行私域运营。其中，欢迎语、快捷回复、商品图册等内容都可由我们在企业微信后台统一上传和编辑，将大幅提升各岗位与客户交流时的效率，以及确保对外传递信息的一致性，同时也将弥补由于"人"这个不可数字化的触点在与客户互动时缺失的部分数据。

蓄势待发的其他第三方私域

不仅只有微信在发展私域，抖音、支付宝、美团、天猫、微博等头部互联网平台都在着力为企业提供私域运营的能力，致力于构建更完善的商业闭环。例如，抖音企业号升级为抖音私域体系的核心驾驶舱，支付宝从支付工具升级至数字生活服务平台为商家提供全链路的私域运营，美团外卖为商家新增粉丝群功能，微博品牌号新上线"品牌挚友"功能。这些尚未发展得十分成熟的私域正如多年前的微信私域，谁先入局并找到适合自己的运营方法，谁就能率先抢占红利。

除了微信私域以外，我们可以重点关注抖音、知乎和喜马拉雅这三个平台，分别覆盖了三种不同的内容呈现形式，如表 8-2 所示。在这三个平台中，目前仅有抖音对外公开了以抖音企业号为核心的私域体系，其私域成熟度要高于知乎、喜马拉雅。知乎和喜马拉雅在目前可被视为公域。

表 8-2　B2B 运营可重点关注的其他平台

平台名称	平台主要的内容呈现形式	月活跃用户数	是否支持申请企业号	企业号主页是否可添加官网链接	企业号主页是否可展示商品	是否可建立企业粉丝群
抖音	视频	12 亿以上（含Tiktok）	是	是	是	是
知乎	图文	1 亿以上	是	是	否	否
喜马拉雅	音频	2.5 亿以上	是	否	否	否

作为截至目前我国全球化成绩最亮眼的 App，抖音在全球的发展势不可当。在内容视频化的大趋势下，抖音可以成为我们通过视频型内容实现引流培育、转化采购的重要抓手，也将更好地助力 B2B 企业的出海营销。

知乎拥有腾讯和百度的双重投资，在微信搜一搜、搜狗[1] 和百度的搜索权重都非常高，一个问题回答完毕后可以获取长尾流量。此外，知乎的"提问—回答"

1　搜狗已于2021年9月被腾讯收购。

模式不仅可以帮助我们通过提问或回答对应问题找到对应的客户群,还可以帮助我们将客户群引导至企业官网或其他私域进行转化,因为知乎是少有的、可以比较自由地添加外链的平台。以提供有价值的内容为前提,知乎将会成为我们可以通过打造专家人设实现精准获客的平台。

喜马拉雅是我国月活跃用户数最高的音频型内容平台,虽然目前还不是十分便于 B2B 企业进行私域运营,但我们可以提前布局音频型内容,尤其是播客音频。因为随着汽车普及带来的车载音频用户数量增加,以及参考国外播客音频赛道已经进入白热化竞争的现状,主打"耳朵经济"的播客音频或将成为继短视频、直播后的又一波新媒体浪潮。

8.1.3　数据的融合打通

继土地、劳动力、资本、技术之后,数据成为第五大生产要素,其在各行各业的重要性不言而喻。分担我国企业数字化转型重任的 SaaS 企业更需要重视数据,不论是企业内部的经营管理,还是通过数据赋能客户。

目前,只要客户在线上与我们进行互动,采集数据已经不是难事,有很多企业级 SaaS 产品就可以帮助我们采集并存储来自不同触点的各种数据。难点就在于,我们如何将这些数据融合打通,构建准确的用户画像和企业画像,支撑我们的精细化运营。

在客户侧,随着企业客户生命旅程越来越非线性,客户与 B2B 企业接触的触点不再也不可能单一,自有私域、第三方私域、公域上的各种触点都可能触达客户并采集数据。这就可能导致客户在触点 A 上是张三、在触点 B 上是李四。因为不同的触点识别用户唯一身份的标准是不一样的,例如,网站通过 Cookie ID、微信通过 Union ID、已采购客户通过注册账号 ID 识别用户的唯一性。

在企业内部,各部门使用的沉淀客户数据的工具通常是割裂的。例如,销售部使用 CRM 工具记录和跟进客户情况,产品部使用用户行为分析(User Behavior Analysis,UBA)工具分析客户使用产品的行为,市场部使用 MA 工具对客户进行线索打分。B2B 企业各部门使用的工具少则几个,多则几十个;集团型 B2B 企业使用的工具甚至可能上百个。然而,通常情况下这些工具之间的数据都是没有融合打通的,这就会导致客户在任何工具中沉淀的数据都可能是片面的、模糊的。即使数字化工具有很多，但也是一个个数据孤岛。

数据的融合打通需要跨触点、跨工具，将用户行为数据、广告投放数据、CRM 数据、交易数据、活动数据等不同类型的数据汇聚在一起，再通过一定的数据处理技术形成用户身份的唯一标识，如图 8-2 所示。

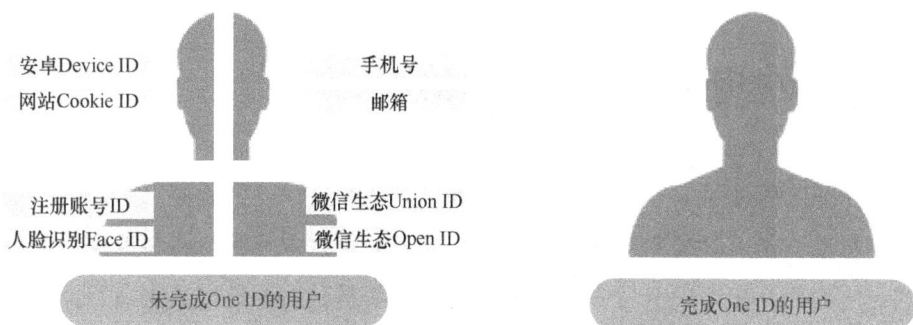

| 安卓Device ID
网站Cookie ID | 手机号
邮箱 |

| 注册账号ID
人脸识别Face ID | 微信生态Union ID
微信生态Open ID |

未完成One ID的用户　　　　　　　　　　完成One ID的用户

图 8-2 数据融合打通形成用户身份的唯一标识

在用户身份唯一标识的基础上建立的用户标签才会是准确的，在用户标签的基础上形成的单个用户画像和群体用户画像才会是准确的，由此我们才能进行准确的用户分群或用户分层，开展精细化运营。

B2B 企业在用户画像的层面还会建立企业画像。用户画像以人为单位，一般包含一个人的人口属性（姓名、性别、学历、手机号码、邮箱等）、社会属性（所在企业、所在行业、所任职位等）、兴趣属性（喜欢阅读什么内容、观看什么公开课、参加什么线下活动等）等用户属性数据，以及登录、浏览、试用等用户行为数据。企业画像则以企业为单位，数据融合打通后的企业画像将清晰勾勒出以下情况。

- 企业的基本情况：所属行业、主营业务、员工规模、财务状况、发展阶段等。

- 企业的互动情况：已有哪些员工产生互动、产生什么互动，这些员工的职级又是什么，采购角色链是怎样的，等等。

- 企业所属的客户生命旅程：处在哪个阶段，每个阶段已经发生了哪些互动，等等。

- 企业的采购情况：属于哪种采购类型、采购品牌偏好、采购预算范围、已采购哪些产品，等等。

- 企业的使用情况：已有哪些人员正在使用产品，使用产品的频率和时长，以及近一个月的活跃情况等。

不管是以用户为单位，还是以企业为单位，数据融合打通后，我们都将能看到清晰的用户画像和企业画像，更全面地了解客户全生命周期的互动情况。

8.2 数据驱动客户终身价值增长

数据化的过程是分析并应用数据指导业务的过程，以数据为中心进行决策和行动，也可以被称为数据驱动。数据驱动可以应用在企业客户生命旅程的方方面面，在客户全生命周期互动数字化的基础上，通过数据发现问题并解决问题，提升客户全生命周期各个环节的转化率，进而实现客户终身价值的增长。

8.2.1 有效线索的量质转化点

什么才能被称为有效线索？最好由负责获取有效线索和将有效线索转化为付费客户的各部门共同决定。从 Leads、MQL、SQL 到 OPP（Opportunity，商机）的线索阶段划分是目前大多数 B2B 企业常用的线索划分方式，有效线索可能是指 Leads、MQL，也可能是指 SQL，每家 B2B 企业对于线索所处不同阶段的划分标准各异。某 B2B 企业的线索阶段划分如表 8-3 所示。

表 8-3 划分不同阶段线索的示例

Leads	MQL	SQL	OPP
有姓名	有姓名	有姓名	有姓名
有手机号	有手机号	有手机号	有手机号
有公司名称	有公司名称	有公司名称	有公司名称
有企业邮箱	有企业邮箱	有企业邮箱	有企业邮箱
	有下载解决方案	有下载解决方案	有下载解决方案
		有采购预算	有采购预算
			有上线日期
			已预约产品演示

客户全生命周期互动数字化的 B2B 企业可以通过线索打分进行线索阶段的划分。线索打分分为用户信息和用户行为两个维度，进行客户互动时引发的用户行为会进一步补充用户信息。例如，下载白皮书就需要填写姓名、手机号、公司名称等信息；SDR 致电询问，补充是否有采购需求、采购预算等信息。分数达到某个界限便会被判定为某个阶段的线索，例如，满分 100 分，达到 10 分即为 Leads，达到 50 分即为 MQL，达到 80 分即为 SQL，达到 95 分即为 OPP。

但是，线索打分并不万能。假设一个场景，在同一天，某在校大学生以学习为目的下载了十几本白皮书、观看了五六节课程，分数很快达到了 MQL 阶段；有一名 CEO 直接下载了一本解决方案电子书，但分数还没有达到 MQL 阶段。这时，根据线索打分，SDR 通常会优先跟进这名在校大学生，而错过了这名有意向的 CEO。

很多情况下，用户只是多次观看公开课、阅读文章、下载白皮书学习。此时通过线索打分获得高分的用户往往没有采购的需求，也不适合交给 SDR 或销售人员去跟进。这样只会浪费他们的时间和精力，还有可能因此贻误时机而错过真正的有效线索。

通过数据驱动，我们可以找到有效线索的量质转化点，即从量变到质变的关键，让线索打分更高效地筛选。关键行为、魔法数字（Magic Number）和时间窗口是 B2C 行业的增长黑客常用的一种提升用户留存率的组合方法，通过数据分析高留存用户群的共性特征，让其他用户也进行相同次数的相同行为，以提升其他用户的留存率。

- 领英通过数据分析发现，如果新用户在 7 天内添加 5 名联系人，新用户的留存率和使用频率就会得到提升。关键行为是添加联系人，魔法数字是 5，时间窗口是 7 天。

- Twitter 通过数据分析发现，如果新用户在 30 天内关注 30 位好友，新用户的活跃率将会得到大幅提升。关键行为是关注好友，魔法数字是 30，时间窗口是 30 天。

- Facebook 通过数据分析发现，如果新用户在 10 天内关注 7 位好友，新用户就会选择留下来与好友持续互动。关键行为是关注好友，**魔法数字**是 7，时间窗口是 30 天。

关键行为、魔法数字和时间窗口也是有效线索的量质转化点，简单地说，就是在规定的某段时间进行了多少次某种行为的用户更有可能成为有效线索。那么在线索打分的基础上，如果有某些用户未达到某个阶段的分数标准，但达到了量质转化点，仍然可以优先判断是否应该进入下一个阶段。

以 MQL 为例，成为 MQL 的线索通常会经由 SDR 致电询问，确定有需求或采购意向后会转给销售人员，销售人员联系确认后进而成为 SQL。

第 1 步：找到关键行为

我们首先对已经成为 SQL 的线索进行数据分析，找到排名靠前的用户行为；然后通过定量或定性调研确定某个用户行为为关键行为。在进行数据分析之前，我们需要对人群进行细分，如不同行业、不同岗位、不同职级等。只有当用户属于同一群体时，通过数据分析得出的关键行为才会更准确。针对互联网行业运营总监的关键行为分析示例如表 8-4 所示，排名第一的用户行为为行为 1，我们就可以初步判断行为 1 为关键行为。

表 8-4　关键行为分析示例

用户	用户行为					
A	行为 1		行为 3	行为 4	行为 5	行为 N
B	行为 1	行为 2				
C		行为 2	行为 3			
D			行为 3			
E	行为 1					行为 N
F			行为 3			
占比	50%	33%	67%	17%	17%	33%

行为 1 可能是浏览了官网的某个页面、试用了产品的某个关键功能，也可能是下载了某个解决方案、听了某节公开课。

第 2 步：确定魔法数字和时间窗口

根据关键行为确定魔法数字。在分析留存魔法数字时，我们经常以关键行为的次数为横轴，以留存率为纵轴，绘制曲线图。该曲线图的增长临界点对应的关键行为的次数即魔法数字。此外，我们还可以采用一种更简便的方法，同样是针对这部分用户群体罗列每个用户进行关键行为的次数，其中占比最多的可确定为魔法数字。针对互联网行业运营总监的关键行为 1 的魔法数字的分析如表 8-5 所示，可以判断 1 为魔法数字。

表 8-5　魔法数字分析示例

用户	A	B	C	D	E	F
进行行为1的次数	1	1	1	1	2	3

时间窗口一般是根据产品的实际情况而定。B2C 行业大多以天和周为时间窗口，B2B 行业大多以月和季为时间窗口。

当然，这样得出的有效线索的量质转化点并非因果关系，而是相关关系。所以，量质转化点也并非一成不变，而是需要我们不断地进行验证和迭代。针对尚未在某个时间段进行固定次数的关键行为的用户，引导其进行，然后观察其是否能顺利进入下一个线索阶段。如果 MQL 转为 SQL 的转化率有所提升，也就验证了因果关系。

8.2.2　PLG 成为 SaaS 增长新潮流

销售驱动增长（Sales Led Growth，SLG）一直是大部分 B2B 企业增长的主流模式。但是，这种过分依赖销售、自上而下、基本只在乎决策层的模式正在发生改变。随着终端用户的话语权越来越大，客户对企业级产品体验的要求越来越高，自下而上的产品主导增长（Product Led Growth，PLG）模式正在成为 SaaS 增长的新潮流。

近些年快速增长的 Slack、Zoom、Figma、Twilio、Canva 等明星 SaaS 企业，以及在我国也有广泛客户群的 Atlassian[1]，无一例外都采用了 PLG 模式。相对于传统 SaaS，它们的获客成本更低，实现 1 亿美元年度经常性收入（Annual Recurring Revenue，ARR）的速度也更快。达到 1 亿美元年度经常性收入通常被视为 SaaS 企业的成年礼，具有里程碑式的重要意义。

PLG 模式要求 B2B 企业以使用者即终端用户为中心，以产品本身作为获客、

1　该企业旗下有Confluence、JIRA等热门产品。

转化、留存等提升客户终身价值的主要驱动力。

PLG 模式的 SaaS 企业通常会给客户提供免费试用甚至免费使用的产品。如果客户觉得合适，还可以很方便地在线上自行完成采购。这也是很多 PLG 模式的 SaaS 企业在创业初期都没有、也不需要销售团队的原因。例如，2002 年成立的 Atlassian 在没有专职销售团队的情况下，在 2012 年突破了 1 亿美元的营收，并于 2015 年在纳斯达克成功上市。

如此一来，企业的销售人员成本和营销费用都会相应地减少。被称为"女版巴菲特"的凯瑟琳·伍德（Catherine Wood）执掌的方舟投资（ARK Invest）在 2020 年 8 月发布了《SaaS：2020—2030 年会是黄金时代吗？》（*SaaS: Could 2020—2030 be the Golden Age？*）白皮书，其研究表明，采用 PLG 模式的 SaaS 企业收回获客成本所需的时间平均仅为 7 个月，而传统 SaaS 企业则平均需要 1.9 年，如图 8-3 所示。

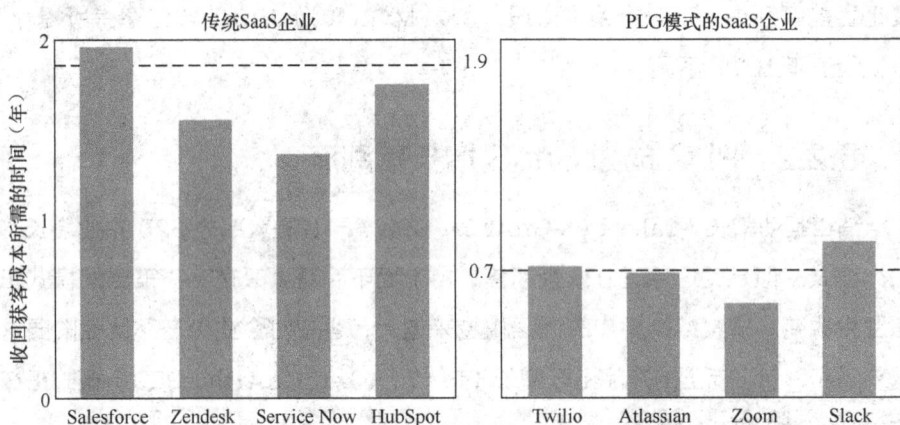

图 8-3　传统 SaaS 企业与 PLG 模式的 SaaS 企业收回获客成本所需时间的对比

收回获客成本所需的时间缩短，意味着企业能将资金更快速地投入研发和运营，能为客户提供更好的产品和服务，以此又能获得更多的客户，形成良性发展的增长循环。

用户行为数据是 PLG 模式下产品迭代的核心。借助不断扩大的免费用户基数，收集足够多的用户行为数据，将能够很方便地了解使用者在产品上的各种行为，进而对产品上手引导进行漏斗分析、对产品界面进行热图分析、对产品功能模块进行留存分析、对产品使用流程进行路径分析等，数据驱动产品功能的优化和需求优先级的决策，为使用者打造更极致的产品体验，进而产生口碑效应，让产品形成自传播。

给客户提供免费版本使用的 PLG 模式的 SaaS 企业，通常都会在客户超出产品使用的某个临界值才会提示付费。付费版本的价格公开透明，并且计费方式简单易理解，以尽量缩短采购时间。例如，产品上线两年半时间就完成 1 亿美元年度经常性收入的 Slack，在客户发送信息超过 10000 条时会提示客户付费，其具体收费模式如表 8-6 所示。如果 Slack 通过数据发现某付费使用者已经停止使用 Slack 长达 14 天，Slack 还会按时间比例退还相应的费用，保证收费公平、公正。

表 8-6　Slack 的收费模式

版本	价格		部分功能差别		
			历史消息记录	集成应用数量	文件储存
免费版	0		10000 条	10 个	共 5GB
专业版	按年支付：6.67 美元 / 月 / 人	按年支付：12.5 美元 / 月 / 人	无限	无限	10GB/ 人
增强版	按月支付：8 美元 / 月 / 人	按月支付：15 美元 / 月 / 人	无限	无限	20GB/ 人
定制版	联系销售		无限	无限	1TB/ 人

当然，并不是说 PLG 模式完全不需要销售。面向中小企业，PLG 模式的 SaaS 企业会尽量引导其线上自行试用、使用及采购，并自行在线上进行自助服务。但面向大型企业，PLG 模式的 SaaS 企业通常需要专业的咨询型的销售团队，销售人员介入的时间点也相应地发生了变化。

过去，销售人员介入的时间基本都在客户真正体验到产品的核心价值之前，毕竟有很多 B2B 企业是不提供免费试用的，更不用提免费使用，采购方往往只有在销售人员上门或远程演示产品时才能一睹产品的真容。而 PLG 模式下，在销售人员介入之前，使用者就已经体验到了产品的核心价值，只差是否上升到企业采购。由于有了使用者使用产品的各种数据，销售人员可以根据这些数据判断该企业的规模、是否有需求，以及企业中具体有哪些角色在使用等。这就能让销售人员更有针对性地将精力放在跟进大客户上，提高投入产出比。

不仅仅是销售，各业务部门的工作方式和核心指标都会发生相应的变化。例如，以往负责获取有效线索的部门，由于客户已经能注册试用或使用产品，核心指标或将变为激活用户数，即让试用或使用产品的用户能尽快体验到产品的核心价值，然后发自内心地想让更多人及其所在的企业用起来；负责将有效线索转化为付费客户的部门，其工作将会更依赖数据驱动，如何把产品描述得天花乱坠不再是重点，更重要的是通过数据驱动发现高潜力的客户，并向客户传递如何把产品用得更好之后能带来的更多、更大的价值。

不难发现，PLG 模式下，各业务部门的工作重心都在数据驱动下围绕产品展开，并且围绕产品联系得更紧密了。所以，践行 PLG 模式不只是产品部门的事情，而是整个企业的战略，需要集合各方力量共同为客户打磨一款好产品，用产品驱动增长。

8.2.3　客户成功从被动到主动

客户采购后能真正用起来，才算 B2B 行业真正意义上的客户激活。是否完成客户激活，将在很大程度上决定客户接下来是否续约和续费。如果没有，B2B 企业将难以收回获客成本，严重的将永远失去这家客户；如果有，B2B 企业将获得健康的、可持续的现金流，实现良性的增长循环。

所以，客户服务这个环节是 B2B 运营的重点，相当于 B2C 运营中想方设法让用户活跃、留存及转化的用户运营。只不过在 B2B 行业诞生了一个专门的岗位，也可以说是一个部门——客户成功。

客户成功起源于 SaaS 鼻祖 Salesforce。传统 B2B 企业的产品通常是买断式的，采购后长期的客户服务通常不是它们的重点。但对于订阅制的 Salesforce 来说，必须要重视客户的售后服务。因为只有客户真正用起来，体会到产品的核心价值，才有可能来年继续订阅，并且一直订阅。因此，创业初期的 Salesforce 就将其核心 CRM 产品的北极星指标定为"每个账户创建的客户条数"，销售人员在 CRM 创建的客户条数越多，才能说明真正把产品用了起来。

客户全生命周期互动数字化后，我们将可以掌握客户使用产品时的所有行为，也能监测到这家客户是否正在使用我们的产品、以什么样的频率使用产品、都有哪些角色在使用产品、最常用的功能是哪些等数据。监测客户的产品使用情况离不开数据看板，数据看板的搭建通常包含以下 3 个层级。

- **高层级**：以所有企业为单位，关注已付费客户总数、总活跃客户占比、客户整体的活跃率等核心指标的概览数据，方便对客户进行总体的分析，为接下来的产品规划和战略制定提供数据依据。
- **部门级**：以企业为单位，关注每家客户的总体使用情况，如每家客户的登录用户数、平均使用时长、客户流失预警等数据，是整个客户成功部门需要关注的数据。
- **个人级**：以企业中的个人为单位，每名 CSM 需要关注自己所负责客户细化到每个使用者的相关数据，如这家客户中每名员工的登录数、核心员工的登录频次、核心功能的使用频次等数据，帮助 CSM 监测客户使用情况是否健康。

有了数据看板实时监测数据，CSM 的核心 KPI 又是客户续约率和续费率，便能数据驱动客户服务从被动到主动。

在没有实现客户产品使用情况数字化的情况下，以往的客户服务模式大多是客户在使用过程中遇到了什么问题，有什么需求才来找 CSM，CSM 处于被动响应的状态。这就很有可能导致以下情况。

一、如果是非成熟期的产品，客户使用过程中遇到的问题多、新需求多，让客户频繁来找我们就会留下不好的印象，甚至每次来找我们还会带着怨气，最严重的情况将会是把 B2B 企业永远拉进采购的黑名单。

二、如果客户在很长时间没有使用产品，也没有主动问询，那么 CSM 会误以为客户的使用情况良好。殊不知客户早已不再使用，甚至已经替换其他产品，造成永久性流失。

我所在的部门曾经采购一款每年需付费上万元的 App 运营工具，该工具可以很方便地帮助运营人员在后台快速上线弹窗、悬浮窗、Push 等触达动作，以及快速创建自定义的积分商城。前期遇到产品的使用问题时，都是我们主动询问 CSM，CSM 也会给予相应的解决办法。但由于我们的 App 主要面向小微企业的管理者，日常活动频率较低，可积分的事项也较少，该工具并不能很好地帮助我们做运营，所以该工具使用不到 3 个月就已经接近无人使用的状态。而 CSM 在第 11 个月才主动来与我们互动，显而易见，是来提醒续费的。由于我们没有体验到该工具带来的核心价值，其间 CSM 也没有很好地引导我们发现该工具的核心价值，所以续费也就此终止。

不应为了让客户续费才在订阅期快结束时关怀客户，而是要通过数据了解客户的使用现状、洞察客户的潜在需求，在客户活跃度下降、即将流失前主动给予客户切实需要的关怀，帮助客户真正体会到产品的核心价值。

同样以这款 App 运营工具为例，如果 CSM 通过数据发现我们在使用的第 3 个月活跃率已经明显下降（见图 8-4），查看我们历史使用功能的情况，发现我们并没有体验到该产品的核心价值，于是主动来找我们重新梳理需求，并上门拜访给予针对性的产品使用培训，这样我们或许会在来年主动续费。

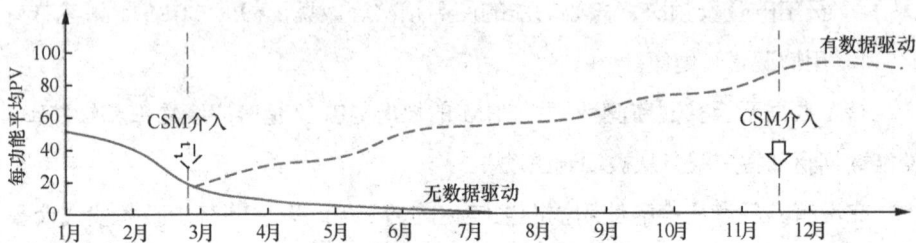

图 8-4　有无数据驱动 CSM 介入情况对比示例

8.2.4　基于账户的精准营销

以上针对市场营销侧、产品侧、客户服务侧分别列举了数据驱动客户终身价值增长的发展趋势和应用场景，这些大多是基于企业自主采集的第一方数据。除了第一方数据以外，其实还有第二方数据和第三方数据，它们之间的具体区别如下。

- **第一方数据**：企业自己收集的一手数据，基本来源于在私域自主采集的数据、CRM 系统录入的数据、调研及客户反馈数据等，通常是最有价值的数据。
- **第二方数据**：企业通过合法途径购买或交换到的数据，这些数据通常来源于其他企业直接收集的第一方数据。例如，淘宝、微信、百度都有搜集大量的数据，我们可以在这些平台上选择符合自己目标客户的人群包进行广告投放。
- **第三方数据**：企业向专业的数据公司合法采购批准使用的数据，这些专业的数据公司会从各处收集（并不直接收集第一方数据）、存储、整理并出售数据。数据来源大多为与运营商合作、与其他企业合作、爬虫抓取及自己的定量和定性调研，往往具有站在整个行业高度的视野。例如，易观、艾瑞咨询就属于第三方的大数据公司。

基于账户的营销（Account Based Marketing，ABM）是一种针对目标账户的精准营销策略，需要结合第一、二、三方数据找到目标账户所在地，并在各触点为其提供一致的互动体验以转化目标账户。这里的账户可以理解为企业，包含该企业的整条采购角色链。

如果把集客式营销比作用"渔网"捞"鱼"，那么 ABM 便是用"鱼叉"直接叉"鱼"，这里的"鱼"是指我们的目标企业。我们通过 ABM 将可以直接与自己认为最有价值的目标企业进行互动，而不必浪费时间在非目标企业上，进而缩短销售周期。ABM 既包含一对一，也包含一对多。一对一往往被用于针对超大型的集团企业，它们往往组织架构复杂，参与采购决策的人员众多。而像针对某个行业按照年营收排名前 10 的企业便是一对多。

假设有一款 MA 工具，主要面向 B2B 企业的市场部，客单价在 20 万元以上。此时，销售人员想要针对正在跟进的、采购预算为 200 万元 / 年的集团企业进行一对一的 ABM，运营人员想要寻找融资超过 B 轮的 B2B 企业进行一对多的 ABM。

在一对一的情况下

接到销售人员的需求，运营人员开始整合第一、二、三方数据，找到该集团企业下正在参与采购决策的所有角色，并向销售人员了解目前各角色的基本情况，为各角色匹配能促进他们转化的内容。这些内容可以通过销售人员触达客户，也可以通过私域触点免费触达客户。对于没有沉淀在私域的客户，还可以通过公域的广告投放定向触达。有必要的话，运营人员可以为该客户量身定制线上和线下活动。

在一对多的情况下

运营人员同样可以整合第一、二、三方数据，找到融资超过 B 轮的 B2B 企业，并找到其市场部的相关联系人。要想更快速地找到有需求的目标企业，我们可以挖掘已经在其他 MA 工具的官网上访问、下载解决方案、注册试用的数据，甚至已采购其他 MA 工具即将到期的数据，为这些 B2B 企业的不同角色制作个性化的内容进行批量触达。同时，整个过程需要有销售人员的配合，及时了解触达情况，与已进行关键互动行为的客户迅速建立联系。

ABM 不仅仅是一项基于数据的技术，更是一种跨部门协作的工作方式。任何一件增进跨部门协作的事情都有利于企业的整体增长。践行 ABM，将能让负责获取客户的各部门专注于相同的目标，群策群力实现一个共同的目标。

需要注意的是，随着 2021 年 11 月 1 日起正式实行《中华人民共和国个人信息保护法》，我们对数据的采集与应用一定要合法合规。为了避免违法违规，我们最好直接选择专业的第三方供应商（如火眼云、探迹等）进行 ABM，以规避此类风险。

8.3　运营自动化迈向智能化

随着智能化时代的到来，B2B 运营也将进行从数字化、数据化到智能化的迭代升级，进而围绕客户实现从粗放式运营向企业客户生命旅程不同阶段的精细化智能运营转变。

2017 年 12 月，麦肯锡全球研究院（McKinsey Global Institute）发布《失业与就业：自动化时代的劳动力转型》报告，预测到 2030 年，全球最少 4 亿、最多 8 亿人的工作将被自动化的机器取代。

机器最终是否将取代人类，或者人机结合是否将诞生超智慧生命，不在本书的讨论范围内。本书主要着眼于当下，讨论已经初步成熟的自动化和智能化技术会给 B2B 运营带来哪些变化。

8.3.1　自动化工作流

自动化（Automation）这个概念最早由美国福特汽车公司的机械工程师于 1946 年提出，指机器按照人的要求自动执行一系列动作，实现人的预期目标的过程。随着科技的进步，自动化技术已经广泛应用于各个领域，如办公自动化、工业自动化、农业自动化。

工作流（Workflow）便起源于办公自动化领域，工作流管理联盟（Workflow Management Coalition，WfMC）给予以下定义：

"工作流是指一类能够完全自动执行的经营过程，根据一系列过程规则，将文档、信息或任务在不同的执行者之间进行传递与执行。"

因为工作流能把员工从机械式的工作中解放出来，让员工转而聚焦更有意义的工作，所以能极大地提升员工的生产力。如今，在市场营销领域，工作流已经是众多 MA 工具的基本功能，流畅运行的工作流离不开触点和内容的集中管理，以及数据的融合打通。通过工作流，我们可以将运营流程中的部分或整体在计算机的应用环境下实现自动化。

以 B2B 企业经常举办的线上公开课为例，为了提升课前、课中、课后各个环节的转化率，假设制定以下运营策略。

- 在线上公开课开始前 30 分钟通过短信、前 5 分钟通过微信模板消息，向已报名用户推送课程即将开始的提示消息。
- 在线上公开课已进行 35 分钟时，在直播间提示用户可领取解决方案，并通过邮件向领取成功的用户发送。
- 在线上公开课结束 1 小时后，通过短信向所有已报名用户推送回放链接；1 天后通过短信向在直播间有点赞和留言行为的用户推送解决方案；同步 SDR，针对打开邮件已阅读解决方案的用户优先进行电话联系。

运营策略制定完毕后，首先，按照课前、课中、课后三个阶段，将不同阶段的运营策略转化为向什么用户、在什么节点、以什么触达方式、触达什么内容 4 种模块；然后，将这些模块与条件判断互相连接，组成具有逻辑的关系链，形成一条工作流，如图 8-5 所示；最后，对所有模块和条件判断进行全面检查，保证用户能按照既定的运营策略顺利进行运营流程。这也是形成一条工作流的基本逻辑。

在没有工作流时，我们执行这节线上公开课的运营策略主要依靠人工，最少需要横跨 2 天时间、进行 7 次操作，才能完成整个运营流程。有工作流之后，我们只需提前设置好具有逻辑的关系链，剩下的运营流程便可以让机器自动执行。结合 B2B 企业自身的业务情况，我们可以根据不同的场景设置多条工作流。

- 企业官网注册试用场景。针对在企业官网注册试用的用户，通知 SDR 在 1 小时内完成电话联系；如果未接通，1 天后向用户推送痛点激发文章；如果用户点击阅读，1 天后再向其推送解决方案。
- 线下会议参与场景。针对已报名参会的用户，会前 1 天发送参会指南，会中实时提示会议进程和抽奖活动，会后 10 分钟推送满意度调研表。

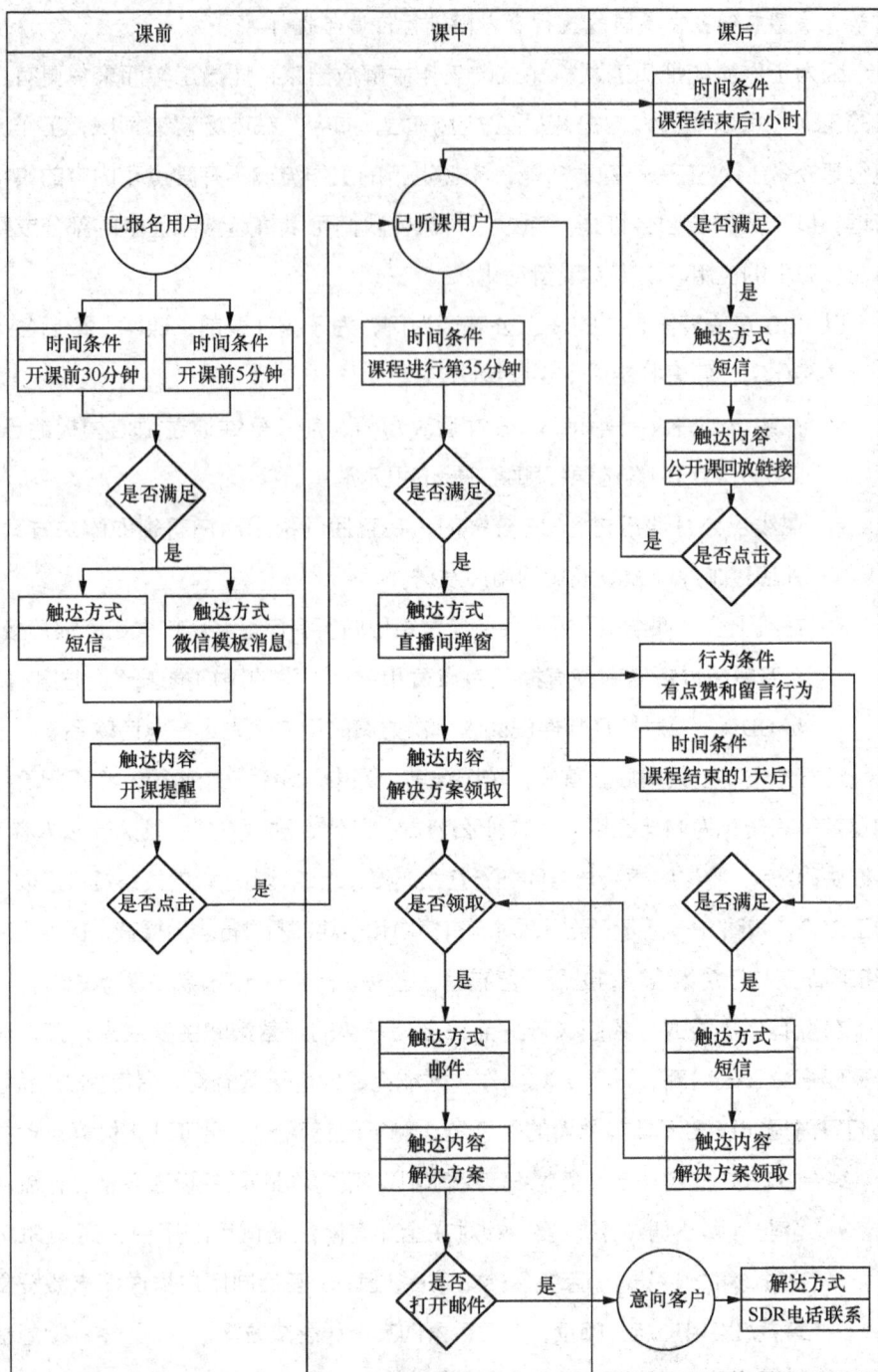

课前	课中	课后

时间条件
课程结束后1小时

已报名用户 → 已听课用户 → 是否满足 → 是

时间条件
开课前30分钟

时间条件
开课前5分钟

时间条件
课程进行第35分钟

触达方式
短信

是否满足

是否满足

触达内容
公开课回放链接

触达方式
短信

触达方式
微信模板消息

触达方式
直播间弹窗

是否点击

触达内容
开课提醒

触达内容
解决方案领取

行为条件
有点赞和留言行为

时间条件
课程结束的1天后

是否点击 → 是

是否领取

是否满足

触达方式
邮件

触达方式
短信

触达内容
解决方案

触达内容
解决方案领取

是否
打开邮件 → 是 → 意向客户 → 解达方式
SDR电话联系

图 8-5 线上公开课工作流示例

- 白皮书下载场景。针对已下载白皮书的用户，第 1 天提示用户阅读，第
  5 天向用户推送白皮书读后感调研问卷……

当然，这些都只是简单的工作流，现实情况往往更复杂，我们要综合考虑
的因素也更多。

每条工作流设置完毕后，具体的执行工作将由机器自动完成。这样一来，
我们的工作效率将会跨越式提升，便可以将精力放在能产生更大、更多价值的
工作上，如数据分析与洞察、关键环节优化、运营策略迭代及更多创意类的工作。

8.3.2　悄然而至的 AI

自动化是按照人制定的规则高效执行，智能化是机器能根据自己的判断优
化人制定的规则并高效执行。前者侧重执行，主要帮助人"省力"；后者侧重分
析，主要帮助人"省脑"。

近百年来，新兴技术呈指数式爆发增长，以往只能在科幻片中听到和看到
的 AI，早已润物无声地走进了许多人的日常生活。

微信支付用人脸识别技术实现"刷脸"付款，有道翻译用神经机器翻译技
术实现快速中英互译，抖音用推荐算法实现个性化推荐视频，特斯拉用无人驾
驶技术实现汽车自动驾驶，这些都是 AI 的具体应用。AI 并不是说一定要制造
出像人一样模样的机器人，它其实早已悄然来到大众身边。

在 B2B 运营领域，AI 也有很多令人期待的具体应用。例如，智能内容制作
与分发、智能外呼机器人、智能聊天机器人、智能线索挖掘与打分、个性化客
户互动、客户流失智能预警、智能数据分析等，其中有很多已经在头部的 B2B
企业得以应用。

人们现在在腾讯新闻、今日头条等 App 上浏览新闻，机器会根据点击、浏
览、评论等用户行为记录每个人的偏好，为每个人量身定制并推送内容。

不仅如此，现在很多新闻稿，其中的某一篇甚至很多篇可能都是由机器撰
写的。2015 年，腾讯新闻发布"Dreamwriter"智能撰稿机器人，让机器替代
人工撰写新闻稿，它只需花费几秒的时间就可以撰写一篇新闻稿，并且起好了
标题、配好了图片，还可以自动发布。经过大量数据的训练，机器已经具备撰
写一些有特定格式的新闻稿的能力。

当然，更多复杂的、创意的内容制作还是需要依靠人，但 AI 也能在其中起到非常重要的作用。

如果你是一名 B2B 内容运营人员，想象一下这样一个场景。清晨，你喝着一杯咖啡，打开电脑，将已经写完的客户案例文章交给机器审校。机器对文章给出各方面的优化建议，修改完毕、确定无误后点击发送。机器将根据媒体特性优化文章在各媒体的标题、摘要、排版，然后自动分发在企业官网、微信公众号、知乎、搜狐、今日头条等媒体，并为每个媒体自动生成带参数的网址链接的 CTA。原本需要人工一天完成的工作，机器可能只需要几分钟。而你只需要等待机器分发完毕后进行数据分析即可。与此同时，机器也能对比历史客户案例文章的数据，对本次文章给予各方面的优化建议。

不仅是文字类的内容，图片、视频、音频等形式的内容制作与分发也可以结合 AI。例如，根据照片智能匹配文案，根据不同尺寸智能批量优化图片和视频。AI 能节省内容运营过程中的大部分体力工作和少部分脑力工作，成为内容运营人员的好搭档。

AI 的本质是大数据，大数据追求样本数据尽量等于全量数据，这也给 B2B 企业应用 AI 带来了一定的门槛。但是，哪里有需求，哪里就有市场，越来越多价格适宜又好用的 AI 工具相继出现，我们不需要理解 AI 背后的复杂技术，也能很快学会使用各种 AI 工具。

Peppertype.ai 是一款 AI 驱动的内容快速生成工具，使用者只需要经过 3 个步骤便能得到该工具智能生成的各种内容。第 1 步，选择要生成的内容类型，包括社交媒体的标题和推文、官网博客的标题和文章、SEO 优化的标题和元描述（Meta Description）等；第 2 步，输入产品名称或品牌名称，以及产品简介和详细需求；第 3 步，选择该工具生成的多条内容，保存或复制即可直接使用。

Chatflue 是两名俄罗斯人创立的企业，主要销售智能聊天机器人工具。自 2015 年创立至今，Chatflue 现在每个月最少要处理 10 亿次对话。这款智能聊天机器人可以充当企业在 Facebook、Instgram 等社交媒体上的客服，7×24 小时不间断地工作。它不仅可以在社交媒体上主动和被动与用户个性化对话，还能在对话的过程中引导客户做某些动作，如给出联系方式、下载白皮书、进行产品注册试用等，进而自动挖掘潜在客户、生成有效线索。使用者只需要在智能聊天机器人的管理后台自定义组合各种功能模块、对话内容，最快几个小时就可以生成一个简单的聊天机器人。

Zoominfo 是一家主要为 B2B 企业提供智能精准营销的企业，自 2000 年成立至今，通过自主采集、爬虫技术、第三方数据供应商采购及 AI 建立了庞大的商务人士数据库。如果使用者想要查询某家企业的概况，通过 Zoominfo 能一目了然地看到企业的基本信息、组织架构、员工的职位及联系方式、各部门已采购的产品等信息。此外，Zoominfo 还会根据企业需求，帮助企业智能挖掘有采购需求的潜在客户、智能评估客户互动时的意向程度，并及时提示使用者与其进行联系。

以上列举只是 AI 应用的冰山一角，不管是对外部客户的运营，还是对内部工作和协作流程的优化，AI 都能够极大地提升工作效率，解放体力，释放脑力，成为我们的好搭档。

在《神奇宝贝》的动漫世界里，训练师可以拥有皮卡丘、可达鸭、胖丁等不同技能的精灵宝可梦。在未来的运营世界里，每位 B2B 运营人员或许也将拥有"身怀各艺"的 AI 机器人，二者同成长、共进步。遐想无限，未来可期。